VORWORT

Die Sammlung "Alles wird gut!" von T&P Books ist für Menschen, die für Tourismus und Geschäftsreisen ins Ausland reisen. Die Sprachführer beinhalten, was am wichtigsten ist - die Grundlagen für eine grundlegende Kommunikation. Dies ist eine unverzichtbare Reihe von Sätzen um zu "überleben", während Sie im Ausland sind.

Dieser Sprachführer wird Ihnen in den meisten Fällen helfen, in denen Sie etwas fragen müssen, Richtungsangaben benötigen, wissen wollen wie viel etwas kostet usw. Es kann auch schwierige Kommunikationssituationen lösen, bei denen Gesten einfach nicht hilfreich sind.

Dieses Buch beinhaltet viele Sätze, die nach den wichtigsten Themen gruppiert wurden. Die Ausgabe enthält auch einen kleinen Wortschatz, der etwa 3.000 der am häufigsten verwendeten Wörter enthält. Ein weiterer Abschnitt des Sprachführers bietet ein gastronomisches Wörterbuch, das Ihnen helfen könnte, Essen in einem Restaurant zu bestellen oder Lebensmittel in einem Lebensmittelladen zu kaufen.

Nehmen Sie den "Alles wird gut" Sprachführer mit Ihnen auf die Reise und Sie werden einen unersetzlichen Begleiter haben, der Ihnen helfen wird, Ihren Weg aus jeder Situation zu finden und Ihnen beibringen wird keine Angst beim Sprechen mit Ausländern zu haben.

INHALTSVERZEICHNIS

T&P Books Publishing

Reisesprachführersammlung
"Alles wird gut!"

T&P Books Publishing

SPRACHFÜHRER

— LITAUISCH —

Andrey Taranov

Die nützlichsten Wörter und Sätze

Dieser Sprachführer
beinhaltet die häufigsten
Sätze und Fragen,
die für die grundlegende
Kommunikation mit
Ausländern benötigt wird

T&P BOOKS

Sprachführer + Wörterbuch mit 3000 Wörtern

Sprachführer Deutsch-Litauisch und thematischer Wortschatz mit 3000 Wörtern

Von Andrey Taranov

Die Sammlung "Alles wird gut!" von T&P Books ist für Menschen, die für Tourismus und Geschäftsreisen ins Ausland reisen. Die Sprachführer beinhalten, was am wichtigsten ist - die Grundlagen für eine grundlegende Kommunikation. Dies ist eine unverzichtbare Reihe von Sätzen um zu "überleben", während Sie im Ausland sind.

Dieses Buch beinhaltet auch ein kleines Vokabular mit etwa 3000, am häufigsten verwendeten Wörtern. Ein weiterer Abschnitt des Sprachführers bietet ein gastronomisches Wörterbuch, das Ihnen helfen kann, Essen in einem Restaurant zu bestellen oder Lebensmittel im Lebensmittelladen zu kaufen.

T&P Books Publishing
www.tpbooks.com

ISBN: 978-1-78716-274-7

Dieses Buch ist auch im E-Book Format erhältlich.
Besuchen Sie uns auch auf www.tpbooks.com oder auf einer der bedeutenden Buchhandlungen online.

AUSSPRACHE

Buchstabe	Litauisch Beispiel	T&P phonetisches Alphabet	Deutsch Beispiel
Aa	adata	[a]	schwarz
Ą ą	ąžuolas	[a:]	Zahlwort
Bb	badas	[b]	Brille
Cc	cukrus	[ts]	Gesetz
Č č	česnakas	[tʃ]	Matsch
Dd	dumblas	[d]	Detektiv
Ee	eglė	[æ]	ärgern
Ę ę	vedęs	[æ:]	verschütten
Ė ė	ėdalas	[e:]	Wildleder
Ff	fleita	[f]	fünf
Gg	gandras	[g]	gelb
Hh	husaras	[ɣ]	Vogel (Berlinerisch)
I i	ižas	[i]	ihr, finden
Į į	mįslė	[i:]	Wieviel
Yy	vynas	[i:]	Wieviel
J j	juokas	[j]	Jacke
Kk	kilpa	[k]	Kalender
L l	laisvė	[l]	Juli
Mm	mama	[m]	Mitte
Nn	nauda	[n]	nicht
Oo	ola	[o], [o:]	wohnen, oft
Pp	pirtis	[p]	Polizei
Rr	ragana	[r]	richtig
Ss	sostinė	[s]	sein
Š š	šūvis	[ʃ]	Chance
Tt	tėvynė	[t]	still
Uu	upė	[u]	kurz
Ų ų	siųsti	[u:]	Zufall
Ū ū	ūmėdė	[u:]	Zufall
Vv	vabalas	[ʋ]	Invalide
Zz	zuikis	[z]	sein
Ž ž	žiurkė	[ʒ]	Regisseur

Anmerkungen

Macron (ū), ogonek (ą, ę, į, ų) kann verwendet werden, um lange Vokale in der modernen litauischen anzugeben. Akuter Stress (Áá Ą́ą̨), Gravis (Àà) und Tilde (Ãã Ą̃ą̃) - Umlaute werden verwendet, um die System-Töne geben. Diese Zeichen werden in der Regel nur in Wörterbüchern und Lehrbüchern verwendet.

LISTE DER ABKÜRZUNGEN

Deutsch. Abkürzungen

Adj	-	Adjektiv
Adv	-	Adverb
Amtsspr.	-	Amtssprache
f	-	Femininum
f, n	-	Femininum, Neutrum
Fem.	-	Femininum
m	-	Maskulinum
m, f	-	Maskulinum, Femininum
m, n	-	Maskulinum, Neutrum
Mask.	-	Maskulinum
n	-	Neutrum
pl	-	Plural
Sg.	-	Singular
ugs.	-	umgangssprachlich
unzähl.	-	unzählbar
usw.	-	und so weiter
v mod	-	Modalverb
vi	-	intransitives Verb
vi, vt	-	intransitives, transitives Verb
vt	-	transitives Verb
zähl.	-	zählbar
z.B.	-	zum Beispiel

Litauisch. Abkürzungen

dgs	-	Plural
m	-	Femininum
m dgs	-	Femininum plural
v	-	Maskulinum
v dgs	-	Maskulinum plural

T&P BOOKS

LITAUISCHER SPRACHFÜHRER

Dieser Teil beinhaltet
wichtige Sätze, die sich in
verschiedenen realen
Situationen als nützlich
erweisen können.
Der Sprachführer wird Ihnen
dabei helfen nach dem Weg
zu fragen, einen Preis
zu klären, Tickets zu kaufen
und Essen in einem
Restaurant zu bestellen.

T&P Books Publishing

INHALT SPRACHFÜHRER

T&P Books Publishing

Entschuldigen Sie bitte, …	**Atsiprašaŭ, …** [atsʲɪpraˈʃɑʊ, …]
Hallo.	**Sveikì.** [svʲɛɪˈkʲɪ.]
Danke.	**Ãčiū.** [ˈaːtʃʲuː.]
Auf Wiedersehen.	**Ikì.** [ɪˈkʲɪ.]
Ja.	**Taĩp.** [ˈtʌɪp.]
Nein.	**Nè.** [ˈnʲɛ.]
Ich weiß nicht.	**Nežinaŭ.** [nʲɛʒɪˈnɑʊ.]
Wo? | Wohin? | Wann?	**Kur̃? | Kur? | Kadà?** [ˈkʊr? | ˈkʊr? | kaˈda?]

Ich brauche …	**Mán reĩkia …** [ˈman ˈrʲɛɪkʲɛ …]
Ich möchte …	**Nóriu …** [ˈnorʲʊ …]
Haben Sie …?	**Ar̃ tùrite …?** [ar ˈtʊrʲɪtʲɛ …?]
Gibt es hier …?	**Ar̃ čià yrà …?** [ar ˈtʂʲæ iːˈra …?]
Kann ich …?	**Ar̃ galiù …?** [ar gaˈlʲʊ …?]
Bitte (anfragen)	**Prašaŭ …** [praˈʃɑʊ …]

Ich suche …	**Íeškau …** [ˈrʲɛʃkɑʊ …]
die Toilette	**tualèto** [tʊaˈlʲɛtɔ]
den Geldautomat	**bankomãto** [baŋkoˈmaːtɔ]
die Apotheke	**váistinės** [ˈvʌɪstʲɪnʲɛːs]
das Krankenhaus	**ligóninės** [lʲɪˈgonʲɪnʲɛːs]
die Polizeistation	**polìcijos skỹriaus** [poˈlʲɪtsɪjɔs ˈskʲiːrʲɛʊs]
die U-Bahn	**metrò** [mʲɛˈtro]

das Taxi	**taksì** [tak'sʲɪ]
den Bahnhof	**traukinių̃ stotiẽs** [trɑʊkʲɪ'nʲu: sto'tʲɛs]

Ich heiße …	**Mãno var̃das …** ['ma:nɔ 'vardas …]
Wie heißen Sie?	**Kuõ jū̃s vardù?** ['kʊɑ 'ju:s var'dʊ?]
Helfen Sie mir bitte.	**Atsiprašaũ, ar̃ gãlite padė́ti?** [atsʲɪpra'ʃɑʊ, ar 'ga:lʲɪte pa'dʲe:tʲɪ?]
Ich habe ein Problem.	**Atsitìko problemà.** [atsʲɪ'tʲɪkɔ problʲɛ'ma.]
Mir ist schlecht.	**Mán blogà.** ['man blʲo'ga.]
Rufen Sie einen Krankenwagen!	**Kviẽskite greĩtąją!** ['kvʲɛskʲɪtʲɛ 'grʲɛɪta:ja:!]
Darf ich telefonieren?	**Ar̃ galiù paskam̃binti?** [ar ga'lʲʊ pas'kambʲɪntʲɪ?]

Entschuldigung.	**Atsiprašaũ.** [atsʲɪpra'ʃɑʊ.]
Keine Ursache.	**Nėrà ùž ką̃.** [nʲe:'ra 'ʊʒ ka:.]

ich	**àš** ['aʃ]
du	**tù** ['tʊ]
er	**jìs** [jɪs]
sie	**jì** [jɪ]
sie (Pl, Mask.)	**jiẽ** ['jiɛ]
sie (Pl, Fem.)	**jõs** ['jɔ:s]
wir	**mẽs** ['mʲæs]
ihr	**jū̃s** ['ju:s]
Sie	**Jū̃s** ['ju:s]

EINGANG	**ĮĖJÌMAS** [i:ʲɛ:'jɪmas]
AUSGANG	**IŠĖJÌMAS** [ɪʃe:'jɪmas]
AUßER BETRIEB	**NEVEĨKIA** [nʲɛ'vʲɛɪkʲɛ]
GESCHLOSSEN	**UŽDARÝTA** [ʊʒda'rʲi:ta]

OFFEN	**ATIDARÝTA**
	[atⁱɪda'riˑta]
FÜR DAMEN	**MÓTERŲ**
	['motⁱɛruˑ]
FÜR HERREN	**VÝRŲ**
	['vⁱiˑruˑ]

Fragen

Wo?	**Kur̃?** ['kʊr?]
Wohin?	**Į kur̃?** [i: 'kʊr?]
Woher?	**Iš kur̃?** [ɪʃ 'kʊr?]
Warum?	**Kodėl?** [kɔ'dʲeːlʲ?]
Wozu?	**Kodėl?** [kɔ'dʲeːlʲ?]
Wann?	**Kadà?** [ka'da?]

Wie lange?	**Kíek laĩko?** ['kʲiɛk 'lʲʌɪko?]
Um wie viel Uhr?	**Kadà?** [ka'da?]
Wie viel?	**Kíek?** ['kʲiɛk?]
Haben Sie ...?	**Ar̃ tùrite ...?** [ar 'tʊrʲɪtʲɛ ...?]
Wo befindet sich ...?	**Kur̃ yrà ...?** ['kʊr iː'ra ...?]

Wie spät ist es?	**Kíek dabar̃ valandų̃?** ['kʲiɛk da'bar valʲan'duː?]
Darf ich telefonieren?	**Ar̃ galiù paskam̃binti?** [ar ga'lʲʊ pas'kambʲɪntʲɪ?]
Wer ist da?	**Kàs teñ?** ['kas tʲɛn?]
Darf ich hier rauchen?	**Ar̃ čià galimà rūkýti?** [ar 'tʃʲæ galʲɪ'ma ruː'kʲiːtʲɪ?]
Darf ich ...?	**Ar̃ galiù ...?** [ar ga'lʲʊ ...?]

Bedürfnisse

Ich hätte gerne …	**Norečiau …** [no'rʲeːtsʲɛʊ …]
Ich will nicht …	**Nenóriu …** [nʲɛ'norʲʊ …]
Ich habe Durst.	**Nóriu atsigérti.** ['norʲʊ atsʲɪ'gʲɛrtʲɪ.]
Ich möchte schlafen.	**Nóriu miēgo.** ['norʲʊ 'mʲɛgɔ.]

Ich möchte …	**Nóriu …** ['norʲʊ …]
abwaschen	**nusipraūsti** [nʊsʲɪ'prɑʊstʲɪ]
mir die Zähne putzen	**išsivalýti dantìs** [ɪʃsʲɪva'lʲiːtʲɪ dan'tʲɪs]
eine Weile ausruhen	**trupùtį pailséti** [trʊ'pʊtʲɪː pʌɪlʲ'sʲeːtʲɪ]
meine Kleidung wechseln	**pérsirengti** ['pʲɛrsʲɪrʲɛŋktʲɪ]

zurück ins Hotel gehen	**grį̃žti i viẽšbutį** ['grʲiːʒtʲɪ ɪ 'vʲɛʃbʊtʲiː]
kaufen …	**nusipìrkti …** [nʊsʲɪ'pʲɪrktʲɪ …]
gehen …	**eĩti į̃ …** ['ɛɪtʲɪ iː …]
besuchen …	**aplankýti …** [apʲlʲaŋ'kʲiːtʲɪ …]
treffen …	**susitìkti sù …** [sʊsʲɪ'tʲɪktʲɪ 'sʊ …]
einen Anruf tätigen	**paskambìnti** [pas'kambʲɪntʲɪ]

Ich bin müde.	**Àš pavar̃gęs /pavar̃gusi/.** ['aʃ pa'vargʲɛːs /pa'vargʊsʲɪ/.]
Wir sind müde.	**Mēs pavar̃gome.** ['mʲæs pa'vargomʲɛ.]
Mir ist kalt.	**Mán šálta.** ['man 'ʃalʲta.]
Mir ist heiß.	**Mán karštà.** ['man karʃta.]
Mir passt es.	**Mán vìskas geraĩ.** ['man 'vʲɪskas gʲɛ'rʌɪ.]

Ich muss telefonieren.

Mán reìkia paskam̃binti.
['man 'rʲɛɪkʲɛ pas'kambʲɪntʲɪ.]

Ich muss auf die Toilette.

Mán reìkia į̃ tualètą.
['man rʲɛɪkʲɛ iː tʊa'lʲɛta:.]

Ich muss gehen.

Mán reìkia eĩti.
['man 'rʲɛɪkʲɛ 'ɛɪtʲɪ.]

Ich muss jetzt gehen.

Mán jaũ reìkia eĩti.
['man jɛʊ 'rʲɛɪkʲɛ 'ɛɪtʲɪ.]

Wie man nach dem Weg fragt

Entschuldigen Sie bitte, …	**Atsiprašaũ, …** [atsʲɪpraˈʃɑʊ, …]
Wo befindet sich …?	**Kur̃ yrà …?** [ˈkʊr iːˈra …?]
Welcher Weg ist …?	**Į̃ kurią̃ pùsę yrà …?** [iː kʊˈrʲæː ˈpʊsʲɛː iːˈra …?]
Könnten Sie mir bitte helfen?	**Atsiprašaũ, ar̃ gãlite padė́ti?** [atsʲɪpraˈʃɑʊ, ar ˈgaːlʲɪte paˈdʲeːtʲɪ?]

Ich suche …	**Àš íeškau …** [ˈaʃ ˈrʲɛʃkɑʊ …]
Ich suche den Ausgang.	**Àš íeškau išėjìmo.** [ˈaʃ ˈɪeʃkɑʊ iʃʲeːˈjɪmɔ.]
Ich fahre nach …	**Àš einù į̃ …** [ˈaʃ ɛɪˈnʊ iː …]
Gehe ich richtig nach …?	**Ar̃ àš teisìngai einù į̃ …?** [ar ˈaʃ tʲɛɪˈsʲɪːngʌɪ ɛɪˈnʊ iː …?]

Ist es weit?	**Ar̃ tolì?** [ar toˈlʲɪ?]
Kann ich dort zu Fuß hingehen?	**Ar̃ galiù nueĩti teñ pė̃sčiomìs?** [ar gaˈlʲʊ ˈnʊʲɛɪtʲɪ ten pʲeːstʂʲoˈmʲɪs?]
Können Sie es mir auf der Karte zeigen?	**Ar̃ gãlite paródyti žemė́lapyje?** [ar ˈgaːlʲɪte paˈrodʲiːtʲɪ ʒeˈmʲeːlapʲiːje?]
Zeigen Sie mir wo wir gerade sind.	**Paródykite, kur̃ dabar̃ ẽsame.** [paˈrodʲiːkʲɪtʲɛ, kʊr daˈbar ˈɛsamʲɛ.]

Hier	**Čià** [ˈtʂʲæ]
Dort	**Teñ** [ˈtʲɛn]
Hierher	**Eimė̃ čià** [ɛɪˈmʲɛ tʂʲæ]

Biegen Sie rechts ab.	**Sùkite dešinẽn.** [ˈsʊkʲɪte deʃʲɪˈnʲeːn.]
Biegen Sie links ab.	**Sùkite kairẽn.** [ˈsʊkʲɪte kʌɪˈrʲeːn.]
erste (zweite, dritte) Abzweigung	**pìrmas (añtras, trẽčias) pósūkis** [ˈpʲɪrmas (ˈantras, ˈtrʲeːtʂɛs) ˈposuːkʲɪs]
nach rechts	**į̃ dẽšinę** [iː ˈdʲæʃʲɪnʲɛː]

nach links

į kaĩrę
[i: 'kʌɪrʲɛ:]

Laufen Sie geradeaus.

Eĩkite tiẽsiai.
['ɛɪkʲɪtʲɛ 'tʲɛsʲɛɪ.]

Schilder

HERZLICH WILLKOMMEN!	**SVEIKÌ ATVỸKĘ!** [svʲɛɪ'kʲɪ at'vʲi:kʲɛ:!]
EINGANG	**ĮĖJÌMAS** [i:ʲɛ:'jɪmas]
AUSGANG	**IŠĖJÌMAS** [ɪʃe:'jɪmas]
DRÜCKEN	**STÙMTI** ['stʊmtʲɪ]
ZIEHEN	**TRÁUKTI** ['trɑʊktʲɪ]
OFFEN	**ATIDARÝTA** [atʲɪda'rʲi:ta]
GESCHLOSSEN	**UŽDARÝTA** [ʊʒda'rʲi:ta]
FÜR DAMEN	**MÓTERŲ** ['motʲɛru:]
FÜR HERREN	**VÝRŲ** ['vʲi:ru:]
HERREN-WC	**VÝRŲ** ['vʲi:ru:]
DAMEN-WC	**MÓTERŲ** ['motʲɛru:]
RABATT | REDUZIERT	**NÚOLAIDOS** ['nʊolʲʌɪdos]
AUSVERKAUF	**IŠPARDAVÌMAS** [ɪʃparda'vʲɪmas]
GRATIS	**NEMÓKAMAI** [nʲɛ'mokamʌɪ]
NEU!	**NAUJÍENA!** [nɑʊ'jiɛna!]
ACHTUNG!	**DĖ̃MESIO!** ['dʲe:mesʲo!]
KEINE ZIMMER FREI	**LAISVŲ̃ VIẼTŲ NĖRÀ** [lʲʌɪs'vu: 'vʲɛtu: nʲe:'ra]
RESERVIERT	**REZERVÚOTA** [rʲɛzʲɛr'vʊota]
VERWALTUNG	**ADMINISTRÃCIJA** [admʲɪnʲɪs'tra:tsʲɪja]
NUR FÜR PERSONAL	**TÌK PERSONÃLUI** ['tʲɪk pʲɛrso'nalʲʊi]

BISSIGER HUND	**ATSARGIAĬ, ŠUŎ!** [atsar'gʲɛɪ, 'ʃʊɑ!]
RAUCHEN VERBOTEN!	**NERŪKÝTI!** [nʲɛru:'kʲi:tʲɪ!]
NICHT ANFASSEN!	**NELIĖSTI!** [nʲɛ'lʲɛstʲɪ!]
GEFÄHRLICH	**PAVOJÌNGA** [pavo'jɪnga]
GEFAHR	**PAVŎJUS** [pa'voːjʊs]
HOCHSPANNUNG	**AUKŠTÀ ĮTAMPA** [ɑʊkʃ'ta 'iːtampa]
BADEN VERBOTEN	**NESIMÁUDYTI!** [nʲɛsʲɪ'mɑʊdʲiːtʲɪ!]

AUßER BETRIEB	**NEVEĬKIA** [nʲɛ'vʲɛɪkʲæ]
LEICHTENTZÜNDLICH	**DEGÙ** [dʲɛ'gʊ]
VERBOTEN	**UŽDRAUSTÀ** [ʊʒdrɑʊs'ta]
DURCHGANG VERBOTEN	**PRAĖJÌMO NĖRÀ!** [praʲeː'jɪmɔ nʲeː'ra!]
FRISCH GESTRICHEN	**DAŽÝTA** [da'ʒʲiːta]

WEGEN RENOVIERUNG GESCHLOSSEN	**UŽDARÝTA REMÒNTUI** [ʊʒda'rʲiːta rʲɛ'montʊi]
ACHTUNG BAUARBEITEN	**KĖLIO DARBAĬ** ['kʲælʲɔ dar'bʌɪ]
UMLEITUNG	**APÝLANKA** [a'pʲiːlʲaŋka]

Transport - Allgemeine Phrasen

Flugzeug	**lėktùvas** [lʲeːkˈtʊvas]
Zug	**traukinỹs** [trɑʊkʲɪˈnʲiːs]
Bus	**autobùsas** [ɑʊtoˈbʊsas]
Fähre	**kéltas** [ˈkʲɛlʲtas]
Taxi	**taksì** [takˈsʲɪ]
Auto	**automobìlis** [ɑʊtomoˈbʲɪlʲɪs]

Zeitplan	**tvarkãraštis** [tvarˈkaːraʃtʲɪs]
Wo kann ich den Zeitplan sehen?	**Kuř galiù ràsti tvarkãraštį?** [ˈkʊr gaˈlʲʊ ˈrastʲɪ tvarˈkaːraʃtʲɪ:?]
Arbeitstage	**dárbo dienomìs** [ˈdarbɔ dʲiɛnoˈmʲɪs]
Wochenenden	**saváitgaliais** [saˈvʌɪtgalʲɛɪs]
Ferien	**šveñtinėmis dienomìs** [ˈʃventʲɪnʲeːmʲɪs dʲiɛnoˈmʲɪs]

ABFLUG	**IŠVYKÌMAS** [ɪʃvʲiːˈkʲɪmas]
ANKUNFT	**ATVYKÌMAS** [atvʲiːˈkʲɪmas]
VERSPÄTET	**ATIDĖTAS** [atʲɪˈdʲeːtas]
GESTRICHEN	**ÀTŠAUKTAS** [ˈatʃɑʊktas]

nächste (Zug, usw.)	**kìtas** [ˈkʲɪtas]
erste	**pìrmas** [ˈpʲɪrmas]
letzte	**paskutìnis** [paskʊˈtʲɪnʲɪs]

Wann kommt der Nächste …?	**Kadà kìtas …?** [kaˈda ˈkʲɪtas …?]
Wann kommt der Erste …?	**Kadà pìrmas …?** [kaˈda ˈpʲɪrmas …?]

Wann kommt der Letzte …?	**Kada paskutìnis …?** [ka'da pasku'tʲɪnʲɪs …?]
Transfer	**pérsėdimas** ['pʲɛrsʲeːdʲɪmas]
einen Transfer machen	**pérsėsti** ['pʲɛrsʲeːstʲɪ]
Muss ich einen Transfer machen?	**Ar̃ mán reĩkia pérsėsti?** [ar 'man 'rʲɛɪkʲɛ 'pʲærsʲeːstʲɪ?]

Eine Fahrkarte kaufen

Wo kann ich Fahrkarten kaufen?
Kur galiù nusipìrkti bìlietą?
['kʊr ga'lʲʊ nʊsʲɪ'pʲɪrktʲɪ 'bʲɪlʲiɛta:?]

Fahrkarte
bìlietas
['bʲɪlʲiɛtas]

Eine Fahrkarte kaufen
nusipìrkti bìlietą
[nʊsʲɪ'pʲɪrktʲɪ 'bʲɪlʲiɛta:]

Fahrkartenpreis
bìlieto kaína
['bʲɪlʲiɛtɔ 'kʌɪna]

Wohin?
Į kur̃?
[i: 'kʊr?]

Welche Station?
Į kurią stõtį?
[i: kʊ'rʲæ: 'stɔ:tʲɪ?]

Ich brauche …
Mán reíkia …
['man 'rʲɛɪkʲɛ …]

eine Fahrkarte
víeno bìlieto
['vʲiɛnɔ 'bʲɪlʲiɛtɔ]

zwei Fahrkarten
dviejų̃ bìlietų
[dvʲiɛ'ju: 'bʲɪlʲiɛtu:]

drei Fahrkarten
trijų̃ bìlietų
[trʲɪ'ju: 'bʲɪlʲiɛtu:]

in eine Richtung
į̃ víeną pùsę
[i: 'vʲiɛna: 'pʊsʲɛ:]

hin und zurück
pirmỹn - atgal̃
[pʲɪr'mʲi:n - at'galʲ]

erste Klasse
pirmája klasè
[pʲɪr'ma:ja klʲa'sʲɛ]

zweite Klasse
antrája klasè
[ant'ra:ja klʲa'sʲɛ]

heute
šiañdien
['ʃændʲiɛn]

morgen
rytój
[rʲi:'toj]

übermorgen
porýt
[po'rʲi:t]

am Vormittag
rytè
[rʲi:'tʲɛ]

am Nachmittag
põ pietų̃
['po: pʲiɛ'tu:]

am Abend
vakarè
[vaka'rʲɛ]

Gangplatz	**vietà prie praėjìmo** [vʲiɛˈta prʲɛ praʲeːˈjɪmɔ]
Fensterplatz	**vietà prie lángo** [vʲiɛˈta prʲɛ ˈlʲangɔ]
Wie viel?	**Kíek?** [ˈkʲiɛk?]
Kann ich mit Karte zahlen?	**Aȓ galiù mokéti kredìto kortelè?** [ar gaˈlʲʊ moˈkʲeːtʲɪ kreˈdʲɪtɔ korteˈlʲɛ?]

Bus

Bus	**autobùsas** [auto'busas]
Fernbus	**tarpmiestìnis autobùsas** [tarpmʲiɛs'tʲɪnʲɪs auto'busas]
Bushaltestelle	**autobùsų stotėlė** [auto'busu: sto'tʲælʲe:]
Wo ist die nächste Bushaltestelle?	**Kur̃ yrà arčiáusia autobùsų stotėlė?** ['kur i:'ra ar'tʂʲæusʲɛ auto'busu: sto'tʲælʲe:?]

Nummer	**nùmeris** ['numʲɛrʲɪs]
Welchen Bus nehme ich um nach … zu kommen?	**Kuriuõ autobusù galimà nuvažiuoti į …?** [kuʲrʲuo: autobu'su galʲɪ'ma nuva'ʒʲuotʲɪ i: …?]
Fährt dieser Bus nach …?	**Ar̃ šìs autobùsas važiúoja į …?** [ar ʃɪ:s auto'busas va'ʒʲuo:jɛ i: …?]
Wie oft fahren die Busse?	**Kàs kíek laĩko važiúoja autobùsai?** ['kas 'kʲiɛk 'lʲʌɪkɔ va'ʒʲuɑ:jɛ auto'busʌɪ?]

alle fünfzehn Minuten	**kàs penkiólika minùčių** ['kas pʲɛŋ'kʲolʲɪka mʲɪ'nutʂʲu:]
jede halbe Stunde	**kàs pùsvalandį** ['kas 'pusvalʲandʲɪ:]
jede Stunde	**kàs vãlandą** ['kas 'va:lʲanda:]
mehrmals täglich	**Kelìs kartùs per̃ diẽną** [kʲɛ'lʲɪs kar'tus pʲɛr 'dʲɛna:]
… Mal am Tag	**… kartùs per̃ diẽną** [… kar'tus pʲɛr 'dʲɛna:]

Zeitplan	**tvarkãraštis** [tvar'ka:raʃtʲɪs]
Wo kann ich den Zeitplan sehen?	**Kur̃ galiù ràsti tvarkãraštį?** ['kur ga'lʲu 'rastʲɪ tvar'ka:raʃtʲɪ:?]
Wann kommt der nächste Bus?	**Kadà kìtas autobùsas?** [ka'da 'kʲɪtas auto'busas?]
Wann kommt der erste Bus?	**Kadà pìrmas autobùsas?** [ka'da 'pʲɪrmas auto'busas?]
Wann kommt der letzte Bus?	**Kadà paskutìnis autobùsas?** [ka'da pasku'tʲɪnʲɪs auto'busas?]

Halt	**stotėlė** [sto'tʲælʲeː]
Nächster Halt	**kità stotėlė** [kʲɪ'ta sto'tʲælʲeː]
Letzter Halt	**paskutìnė maršrùto stotėlė** [paskʊ'tʲɪnʲeː marʃrʊtɔ sto'tʲælʲeː]
Halten Sie hier bitte an.	**Prašaũ, sustókite čià.** [pra'ʃɑʊ, sʊs'tokʲɪtʲɛ tʂʲæ.]
Entschuldigen Sie mich, dies ist meine Haltestelle.	**Atsiprašaũ, taĩ mãno stotėlė.** [atsʲɪpra'ʃɑʊ, tʌɪ 'maːnɔ sto'tʲælʲeː.]

Zug

Zug	**traukinỹs** [trɑʊkʲɪˈrʲnʲiːs]
S-Bahn	**priemiestìnis traukinỹs** [prʲiɛmʲiɛsˈtʲɪnʲɪs trɑʊkʲɪˈnʲiːs]
Fernzug	**tarpmiestìnis traukinỹs** [tarpmʲiɛsˈtʲɪnʲɪs trɑʊkʲɪˈnʲiːs]
Bahnhof	**traukinių̃ stotìs** [trɑʊkʲɪnʲʊ sto'tʲɪs]
Entschuldigen Sie bitte, wo ist der Ausgang zum Bahngleis?	**Atsiprašaũ, kuř yrà išėjìmas į̃ peroną̃?** [atsʲɪpraˈʃɑʊ, kʊr iːˈra iʃeːˈjɪmas iː pe'rona:?]

Fährt dieser Zug nach …?	**Ař šìs traukinỹs važiúoja į̃ …?** [ar ʃɪːs trɑʊkʲɪˈnʲɪːs vaˈʒʲʊoːjɛ iː …?]
nächste Zug	**kìtas traukinỹs** [ˈkʲɪtas trɑʊkʲɪˈnʲiːs]
Wann kommt der nächste Zug?	**Kadà kìtas traukinỹs?** [ka'da kʲɪtas trɑʊkʲɪˈnʲiːs?]
Wo kann ich den Zeitplan sehen?	**Kuř galiù ràsti tvarkãraštį?** ['kʊr ga'lʲʊ 'rastʲɪ tvar'ka:raʃtɪ:?]
Von welchem Bahngleis?	**Ìš kuriõ peróno?** [ɪʃ kʊˈrʲo: pʲɛ'rono?]
Wann kommt der Zug in … an?	**Kadà traukinỹs atvažiuõs į̃ …?** [ka'da trɑʊkʲɪˈnʲɪːs atvaˈʒʲʊoːs iː …?]

Helfen Sie mir bitte.	**Prašaũ, padėkite mán.** [praˈʃɑʊ, pa'dʲeːkʲɪte 'man.]
Ich suche meinen Platz.	**Íeškau sàvo viẽtos.** ['ɪʲɛʃkɑʊ 'savɔ 'vʲɛtos.]
Wir suchen unsere Plätze.	**Íeškome sàvo viẽtų.** ['ɪʲɛʃkomʲɛ 'savɔ 'vʲɛtʊ:.]
Unser Platz ist besetzt.	**Màno vietà užimtà.** ['manɔ vʲiɛˈta ʊʒʲɪm'ta.]
Unsere Plätze sind besetzt.	**Mū̃sų viẽtos ùžimtos.** ['mu:su: 'vʲɛtos 'ʊʒʲɪmtos.]

Entschuldigen Sie, aber das ist mein Platz.	**Atsiprašaũ, bèt taĩ màno vietà.** [atsʲɪpraˈʃɑʊ, bʲɛt tʌɪ 'ma:nɔ vʲiɛ'ta.]
Ist der Platz frei?	**Ař šì vietà užimtà?** [ar ʃɪ vʲiɛ'ta ʊʒʲɪm'ta?]
Darf ich mich hier setzen?	**Ař galiù čià atsisė́sti?** [ar ga'lʲʊ 'ʦʲæ atsʲɪ'sʲeːstɪ?]

Im Zug - Dialog (Keine Fahrkarte)

Fahrkarte bitte.

Prašau parodyti bilietą.
[pra'ʃɑʊ pa'rodʲiːtʲɪ bʲɪlʲiɛtaː.]

Ich habe keine Fahrkarte.

Aš neturiu bilieto.
['aʃ nʲɛtʊ'rʲʊ 'bʲɪlʲiɛto.]

Ich habe meine Fahrkarte verloren.

Pamečiau savo bilietą.
['pamʲɛtʂʲɛʊ 'savɔ 'bʲɪlʲiɛtaː.]

Ich habe meine Fahrkarte
zuhause vergessen.

Pamiršau savo bilietą namuose.
[pamʲɪr'ʃɑʊ 'savɔ 'bʲɪlʲiɛtaː namʊɑ'sʲɛ.]

Sie können von mir
eine Fahrkarte kaufen.

Galite nusipirkti bilietą iš manęs.
['gaːlʲɪtʲɛ nʊsʲɪ'pʲɪrktʲɪ 'bʲɪlʲiɛtaː ɪʃ ma'nʲɛːs.]

Sie werden auch eine Strafe zahlen.

Taip pat turėsite sumokėti baudą.
['tʌɪp 'pat tʊ'rʲeːsʲɪte sʊmo'kʲeːtʲɪ 'bɑʊdaː.]

Gut.

Gerai.
[gʲɛ'rʌɪ.]

Wohin fahren Sie?

Kur važiuojate?
['kʊr va'ʒʲʊɔːjɛtʲɛ?]

Ich fahre nach …

Važiuoju …
[va'ʒʲʊɔːjʊ iː …]

Wie viel? Ich verstehe nicht.

Kiek? Aš nesuprantu.
['kʲiɛk? aʃ nʲɛsʊpran'tʊ.]

Schreiben Sie es bitte auf.

Ar galite užrašyti?
[ar 'gaːlʲɪtʲɛ ʊʒra'ʃɪːtʲɪ?]

Gut. Kann ich mit Karte zahlen?

**Gerai. Ar galiu mokėti kredito
kortele?**
[gʲɛ'rʌɪ. ar ga'lʲʊ mo'kʲeːtʲɪ kre'dʲɪtɔ
korte'lʲɛ?]

Ja, das können Sie.

Taip, galite.
['tʌɪp, 'gaːlʲɪtʲɛ.]

Hier ist ihre Quittung.

Štai jūsų čekis.
['ʃtʌɪ 'juːsu: 'tʂʲɛkʲɪs.]

Tut mir leid wegen der Strafe.

Atsiprašau dėl baudos.
[atsʲɪpra'ʃɑʊ dʲeːlʲ bɑʊ'dɔːs.]

Das ist in Ordnung. Es ist meine Schuld.

Nieko, tai mano kaltė.
['nʲɛko, 'tʌɪ 'maːno kalʲ'tʲeː.]

Genießen Sie Ihre Fahrt.

Geros kelionės.
['gʲɛroːs kʲɛ'lʲonʲɛs.]

Taxi

Taxi	**taksi** [tak'sʲɪ]
Taxifahrer	**taksi vairúotojas** [tak'sʲɪ vʌɪˈruoto:jɛs]
Ein Taxi nehmen	**susistabdýti taksì** [susʲɪstab'dʲi:tʲɪ tak'sʲɪ]
Taxistand	**taksì stotélé** [tak'sʲɪ sto'tʲælʲe:]
Wo kann ich ein Taxi bekommen?	**Kur̃ galiù išsikviẽsti taksì?** ['kʊr ga'lʲʊ ɪʃsʲɪk'vʲɛstʲɪ tak'sʲɪ?]
Ein Taxi rufen	**išsikviẽsti taksì** [ɪʃsʲɪ'kvʲɛstʲɪ tak'sʲɪ]
Ich brauche ein Taxi.	**Mán reĩkia taksì.** ['man 'rʲɛɪkʲɛ tak'sʲɪ.]
Jetzt sofort.	**Dabar̃.** [da'bar.]
Wie ist Ihre Adresse? (Standort)	**Kóks júsų ãdresas?** ['koks 'ju:su: 'a:drʲɛsas?]
Meine Adresse ist …	**Màno ãdresas yrà…** ['manɔ 'a:drʲɛsas i:'ra…]
Ihr Ziel?	**Kur̃ važiúosite?** ['kʊr va'ʒʲuosʲɪtʲɛ?]

Entschuldigen Sie bitte, …	**Atsiprašaũ, …** [atsʲɪpra'ʃɑʊ, …]
Sind Sie frei?	**Ar̃ Jū̃s neužimtas?** [ar 'ju:s 'nʲɛʊ ʒʲɪmtas?]
Was kostet die Fahrt nach …?	**Kíek kainúotų nuvažiúoti į …?** ['kʲiɛk kʌɪ'nuotu: nʊva'ʒʲuotʲɪ i: …?]
Wissen Sie wo es ist?	**Ar̃ žìnote, kur̃ taĩ yrà?** [ar 'ʒʲɪnotʲɛ, kʊr tʌɪ i:'ra?]

Flughafen, bitte.	**Į́ óro úostą.** [i: 'orɔ 'ʊasta:.]
Halten Sie hier bitte an.	**Sustókite čià, prašaũ.** [sʊs'tokʲɪtʲɛ tʂʲæ, pra'ʃɑʊ.]
Das ist nicht hier.	**Taĩ nè čià.** ['tʌɪ nʲɛ 'tʂʲæ.]
Das ist die falsche Adresse.	**Čià nè tàs ãdresas.** ['tʂʲæ nʲɛ 'tas 'a:drʲɛsas.]
nach links	**Sùkite kaiřẽn.** ['sʊkʲɪtʲɛ kʌɪ'rʲe:n.]
nach rechts	**Sùkite dešiněn̂.** ['sʊkʲɪtʲɛ deʃɪ'rʲe:n.]

Was schulde ich Ihnen?	**Kíek àš skolìngas/skolìnga?** ['kʲiɛk aʃ sko'lʲɪngas /sko'lʲɪnga?/]
Ich würde gerne ein Quittung haben, bitte.	**Noréčiau čèkio.** [no'rʲe:tsʲɛʊ 'tsʲɛkʲɔ.]
Stimmt so.	**Grąžą pasilìkite.** [gra:'ʒa: pasʲɪ'lʲɪkʲɪtʲɛ.]

Warten Sie auf mich bitte	**Prašaũ màņes paláukti.** [pra'ʃaʊ 'ma:nʲɛ:s pa'lʲɑʊktʲɪ.]
fünf Minuten	**penkiàs minutès** [pʲɛŋ'kʲæs mʲɪnʊ'tʲɛs]
zehn Minuten	**dèšimt minùčių** ['dʲæʃɪmt mʲɪ'nʊtʂʲu:]
fünfzehn Minuten	**penkiólika minùčių** [pʲɛŋ'kʲolʲɪka mʲɪ'nʊtʂʲu:]
zwanzig Minuten	**dvìdešimt minùčių** ['dvʲɪdʲɛʃɪmt mʲɪ'nʊtʂʲu:]
eine halbe Stunde	**pùsvalandį** ['pʊsvalʲandʲɪ:]

Hotel

Guten Tag.	**Sveiki.** [svʲɛɪˈkʲɪ.]
Mein Name ist …	**Mano vardas …** [ˈmaːnɔ ˈvardas …]
Ich habe eine Reservierung.	**Aš rezervavau kambarį.** [ˈaʃ rʲɛzʲɛrvaˈvɑʊ ˈkambarʲɪː.]

Ich brauche …	**Man reikia …** [ˈman ˈrʲɛɪkʲɛ …]
ein Einzelzimmer	**kambario vienam žmógui** [ˈkambarʲɔ vʲɪɛˈnam ˈʒmoguɪ]
ein Doppelzimmer	**kambario dviems žmonéms** [ˈkambarʲɔ ˈdvʲiɛms ʒmoˈnʲeːms]
Wie viel kostet das?	**Kíek tai kainuõs?** [ˈkʲiɛk ˈtʌɪ kʌɪˈnuɑs?]
Das ist ein bisschen teuer.	**Trupùtį brangù.** [truˈputiː branˈgu.]

Haben Sie sonst noch etwas?	**Ar tùrite kažką kìto?** [ar ˈturʲɪtʲɛ kaʒˈka: ˈkʲɪto?]
Ich nehme es.	**Paimsiu.** [ˈpʌɪmsʲʊ.]
Ich zahle bar.	**Mokésiu grynaìs.** [moˈkʲeːsʲʊ grʲiˈnʌɪs.]

Ich habe ein Problem.	**Turiù problèmą.** [tuˈrʲʊ probˈlʲɛma:.]
Mein … ist kaputt.	**Sulū̃žo mano … .** [suˈlʲuːʒɔ ˈmanɔ …]
Mein … ist außer Betrieb.	**Neveìkia mano … .** [nʲɛˈvʲɛɪkʲɛ ˈmanɔ …]
Fernseher	**televìzorius** [tʲɛlʲɛˈvʲɪzorʲʊs]
Klimaanlage	**óro kondicioniẽrius** [ˈorɔ kondʲɪtsʲɪjɔˈnʲɛrʲʊs]
Wasserhahn	**čiáupas** [ˈtʃʲæʊpas]

Dusche	**dùšas** [ˈduʃas]
Waschbecken	**praustùvė** [prɑʊsˈtuvʲeː]
Safe	**seìfas** [ˈsʲɛɪfas]

Türschloss	durų spyna
	[dʊ'ru: spʲi:'na]
Steckdose	elektros lizdas
	[ɛ'lʲɛktros 'lʲɪzdas]
Föhn	plaukų džiovintuvas
	[plʲɑʊ'ku: dʒʲovʲɪn'tʊvas]

Ich habe kein …	Aš neturiu …
	['aʃ nʲɛtʊ'rʲʊ …]
Wasser	vandens
	[van'dʲɛns]
Licht	šviesos
	[ʃvʲiɛ'so:s]
Strom	elektros
	[ɛ'lʲɛktros]

Können Sie mir … geben?	Ar galite duoti …?
	[ar 'ga:lʲɪtʲɛ 'dʊotʲɪ …?]
ein Handtuch	rankšluostį
	['raŋkʃlʲʊɑsti:]
eine Decke	antklodę
	['antklʲodʲɛ:]
Hausschuhe	šlepetes
	[ʃlʲɛpʲɛ'tʲɛs]
einen Bademantel	chalatą
	[xa'lʲa:ta:]
etwas Shampoo	šampūno
	[ʃam'pu:no]
etwas Seife	muilo
	['mʊɪlʲo]

Ich möchte ein anderes Zimmer haben.	Norečiau pakeisti kambarį.
	[no'rʲe:tʂʲɛʊ pa'kʲɛɪstʲɪ 'kambarʲɪ:.]
Ich kann meinen Schlüssel nicht finden.	Nerandu savo rakto.
	[nʲɛran'dʊ 'savo 'ra:kto.]
Machen Sie bitte meine Tür auf	Ar galite atrakinti mano kambarį?
	[ar 'ga:lʲɪtʲɛ atrakʲɪ:ntʲɪ 'mano 'kambarʲɪ:?]
Wer ist da?	Kas ten?
	['kas tʲɛn?]
Kommen Sie rein!	Užeikite!
	[ʊ'ʒʲɛɪkʲɪtʲɛ!]
Einen Moment bitte!	Palaukite minutę!
	[pa'lʲɑʊkʲɪtʲɛ mʲɪ'nʊtʲɛ:!]
Nicht jetzt bitte.	Ne dabar, prašau.
	['nʲɛ da'bar, pra'ʃɑʊ.]

Kommen Sie bitte in mein Zimmer.	Prašau, užeikite į mano kambarį.
	[pra'ʃɑʊ, ʊ'ʒʲɛɪkʲɪtʲɛ i: 'mano 'kambarʲɪ:.]
Ich würde gerne Essen bestellen.	Norečiau užsisakyti maisto.
	[no'rʲe:tʂʲɛʊ ʊʒsʲɪsa'kʲi:tʲɪ 'mʌɪsto.]
Meine Zimmernummer ist …	Mano kambario numeris …
	['ma:no 'kambarʲo 'nʊmʲɛrʲɪs …]

Ich reise … ab.	**Àš išvykstù …** [ˈaʃ iʃvʲiːksˈtʊ …]
Wir reisen … ab.	**Mẽs išvỹkstame …** [ˈmʲæs iʃvʲiːkstamʲɛ …]
jetzt	**dabar̃** [daˈbar]
diesen Nachmittag	**põ pietų̃** [ˈpoː pʲiɛˈtuː]
heute Abend	**šią̃nakt** [ˈʃæːnakt]
morgen	**rytój** [rʲiːˈtoj]
morgen früh	**rýt rytè** [ˈrʲiːt rʲiːˈtʲɛ]
morgen Abend	**rýt vakarè** [ˈrʲiːt vakaˈrʲɛ]
übermorgen	**porýt** [poˈrʲiːt]

Ich möchte die Zimmerrechnung begleichen.	**Noréčiau sumokéti.** [noˈrʲeːtʂʲɛʊ sʊmoˈkʲeːtʲɪ.]
Alles war wunderbar.	**Vìskas bùvo nuostabù.** [ˈvʲɪskas ˈbʊvɔ nʊɑstaˈbʊ.]
Wo kann ich ein Taxi bekommen?	**Kur̃ galiù išsikviẽsti taksì?** [ˈkʊr gaˈlʲʊ ɪʃsʲɪkˈvʲɛstʲɪ takˈsʲɪ?]
Würden Sie bitte ein Taxi für mich holen?	**Ar̃ galétumėte mán iškviẽsti taksì?** [ar gaˈlʲeːtʊmʲeːte ˈman iʃkˈvʲɛstʲɪ takˈsʲɪ?]

Restaurant

Könnte ich die Speisekarte sehen bitte?	**Ar̃ galiù gáuti meniù?** [ar ga'lʲʊ 'gaʊtʲɪ mʲɛ'nʲʊ?]
Tisch für einen.	**Stãlą vienám.** ['staːlʲa: vʲiɛ'nam.]
Wir sind zu zweit (dritt, viert).	**Mū̃sų dù (trỹs, keturì).** ['muːsuː 'dʊ ('tryiːs, ketʊ'rʲɪ).]

Raucher	**Rū̃kantiems** ['ruːkantʲiɛms]
Nichtraucher	**Nerū̃kantiems** [nʲɛ'ruːkantʲiɛms]
Entschuldigen Sie mich! (Einen Kellner ansprechen)	**Atsiprašaũ!** [atsʲɪpra'ʃaʊ!]
Speisekarte	**meniù** [mʲɛ'nʲʊ]
Weinkarte	**vỹno meniù** ['vʲiːnɔ mʲɛ'nʲʊ]
Die Speisekarte bitte.	**Meniù, prašaũ.** [mʲɛ'nʲʊ, pra'ʃaʊ.]

Sind Sie bereit zum bestellen?	**Ar̃ jaũ norésite užsisakýti?** [ar jɛʊ no'rʲeːsʲɪte ʊʒsʲɪsa'kʲiːtʲɪ?]
Was würden Sie gerne haben?	**Ką̃ užsisakýsite?** [ka: ʊʒsʲɪsa'kʲiːsʲɪtʲɛ?]
Ich möchte …	**Àš paim̃siu …** ['aʃ 'pʌɪmsʲʊ …]

Ich bin Vegetarier.	**Àš vegetãras /vegetãrė/.** ['aʃ vege'taːras /vege'taːrʲe:/.]
Fleisch	**mėsõs** [mʲeː'soːs]
Fisch	**žuviẽs** [ʒʊ'vʲɛs]
Gemüse	**daržóvės** [dar'ʒovʲe:s]
Haben Sie vegetarisches Essen?	**Ar̃ tùrite vegetãriškų patiekalų̃?** [ar 'tʊrʲɪtʲɛ vʲɛgʲɛ'taːrʲɪʃku: patʲiɛka'lʲʊ:?]
Ich esse kein Schweinefleisch.	**Àš neválgau kiaulíenos.** ['aʃ nʲɛ'valʲgau kʲɛʊ'lʲiɛnos.]
Er /Sie/ isst kein Fleisch.	**Jìs /jì/ neválgo mėsõs.** [jɪs /jɪ/ ne'valʲgɔ mʲeː'soːs.]
Ich bin allergisch auf …	**Àš alèrgiškas /alèrgiška/ …** ['aʃ a'lʲɛrgʲɪʃkas /a'lʲɛrgʲɪʃka/ …]

Könnten Sie mir bitte … Bringen.	**Prašaũ atnèšti mán …** [pra'ʃɑʊ at'nʲɛʃtʲɪ 'man …]
Salz | Pfeffer | Zucker	**drùskos | pipìrų | cùkraus** ['drʊskos | pʲɪ'pʲɪru: | 'tsʊkrɑʊs]
Kaffee | Tee | Nachtisch	**kavõs | arbãtos | desèrtą** [ka'vo:s | ar'ba:tos | dʲɛ'sʲɛrta:]
Wasser | Sprudel | stilles	**vandeñs | gazúoto | negazúoto** [van'dʲɛns | ga'zʊotɔ | nʲɛga'zʊotɔ]
einen Löffel | eine Gabel | ein Messer	**šáukštą | šakùtę | peĩlį** ['ʃɑʊkʃta: | ʃa'kʊtʲɛ: | 'pʲɛɪʲlʲɪ:]
einen Teller | eine Serviette	**lė́kštę | servetė̀lę** [lʲe:kʃtʲɛ: | serve'tʲe:lʲɛ:]

Guten Appetit!	**Skanaũs!** [ska'nɑʊs!]
Noch einen bitte.	**Prašaũ dár víeną.** [pra'ʃɑʊ 'dar 'vʲiɛna:.]
Es war sehr lecker.	**Bùvo lãbai skanù.** ['bʊvɔ 'lʲa:bʌɪ ska'nʊ.]

Scheck | Wechselgeld | Trinkgeld	**są́skaita | grąžà | arbãtpinigiai** ['sa:skʌɪta | gra:'ʒa | ar'ba:tpʲɪnʲɪgʲɛɪ]
Zahlen bitte.	**Są́skaitą, prašaũ.** ['sa:skʌɪta:, pra'ʃɑʊ.]
Kann ich mit Karte zahlen?	**Ar̃ galiù mokéti kredìto kortelè?** [ar ga'lʲʊ mo'kʲɛ:tʲɪ kre'dʲɪtɔ korte'lʲɛ?]
Entschuldigen Sie, hier ist ein Fehler.	**Atsiprašaũ, bèt jũs suklýdote.** [atsʲɪpra'ʃɑʊ, bʲɛt 'ju:s sʊk'lʲi:dotʲɛ.]

Einkaufen

Kann ich Ihnen behilflich sein?	**Kuõ galiù padéti?** ['kʊɑ ga'lʲʊ pa'dʲe:tʲɪ?]
Haben Sie ...?	**Ar̃ tùrite ...?** [ar 'tʊrʲɪtʲɛ ...?]
Ich suche ...	**Íeškau ...** ['rɛʃkɑʊ ...]
Ich brauche ...	**Mán reĩkia ...** ['man 'rʲɛɪkʲɛ ...]

Ich möchte nur schauen.	**Àš tìk apžiūrinéju.** ['aʃ tʲɪk apʒʲu:rʲɪ'nʲe:jʊ.]
Wir möchten nur schauen.	**Mẽs tìk apžiūrinéjame.** ['mʲæs 'tʲɪk apʒʲu:rʲɪ'nʲe:jame.]
Ich komme später noch einmal zurück.	**Sugrį̃šiu vėliaũ.** [sʊg'rʲɪːʃʊ vʲe:'lʲɛʊ.]
Wir kommen später vorbei.	**Sugrį̃šime vėliaũ.** [sʊg'rʲɪːʃɪme vʲe:'lʲɛʊ.]
Rabatt | Ausverkauf	**núolaidos | išpardavìmas** ['nʊolʲʌɪdos | iʃparda'vʲɪmas]

Zeigen Sie mir bitte ...	**Paródykite mán, prašaũ, ...** [pa'rodʲiːkʲɪtʲɛ 'man, pra'ʃɑʊ, ...]
Geben Sie mir bitte ...	**Dúokite mán, prašaũ, ...** ['dʊokʲɪtʲɛ 'man, pra'ʃɑʊ, ...]
Kann ich es anprobieren?	**Ar̃ galiù pasimatúoti?** [ar ga'lʲʊ pasʲɪma'tʊotʲɪ?]
Entschuldigen Sie bitte, wo ist die Anprobe?	**Atsiprašaũ, kur̃ yrà matãvimosi kabìnos?** [atsʲɪpra'ʃɑʊ, kʊr iːra ma'ta:vʲɪmosʲɪ ka'bʲɪnos?]
Welche Farbe mögen Sie?	**Kokiõs spalvõs norétumėte?** [kɔ'kʲoːs spalʲ'voːs no'rʲe:tʊmʲe:te?]
Größe | Länge	**dỹdis | ìlgis** ['dʲiːdʲɪs | 'ilʲgʲɪs]
Wie sitzt es?	**Ar̃ tiñka?** [ar 'tʲɪŋka?]

Was kostet das?	**Kíek taĩ kainúoja?** ['kʲiɛk 'tʌɪ kʌɪ'nʊoːjɛ?]
Das ist zu teuer.	**Per̃ brangù.** ['pʲer bran'gʊ.]
Ich nehme es.	**Paim̃siu.** ['pʌɪmsʲʊ.]

Entschuldigen Sie bitte, wo ist die Kasse?	**Atsiprašaū, kuř galiù sumokéti?** [atsʲɪpraˈʃɑʊ, kʊr gaˈlʲʊ sʊmoˈkʲeːtʲɪ?]
Zahlen Sie Bar oder mit Karte?	**Mokésite grynaĩs ař kredìto kortelè?** [moˈkʲeːsʲɪte grʲiːˈnʌɪs ar krʲɛˈdʲɪtɔ korteˈlʲɛ?]
in Bar | mit Karte	**grynaĩs | kredìto kortelè** [grʲiːˈnʌɪs | krʲɛˈdʲɪtɔ kortʲɛˈlʲɛ]

Brauchen Sie die Quittung?	**Ař reĩkia čèkio?** [ar ˈrʲɛɪkʲɛ ˈtʂʲɛkʲo?]
Ja, bitte.	**Taĩp.** [ˈtʌɪp.]
Nein, es ist ok.	**Nè, nereĩkia.** [ˈnʲɛ, nʲɛˈrʲɛɪkʲæ.]
Danke. Einen schönen Tag noch!	**Ãčiū. Vìso gẽro.** [ˈaːtʂʲuː. ˈvʲɪsɔ ˈgʲærɔ.]

In der Stadt

Entschuldigen Sie bitte, ...
Atsiprašaũ, ...
[atsⁱɪpraˈʃɑʊ.]

Ich suche ...
Íeškau ...
[ˈɪˈɛʃkɑʊ ...]

die U-Bahn
metrò
[mⁱɛˈtro]

mein Hotel
sàvo viẽšbučio
[ˈsavɔ ˈvⁱɛʃbʊʦⁱɔ]

das Kino
kìno teãtro
[ˈkⁱɪnɔ tⁱɛˈaːtrɔ]

den Taxistand
taksì stotẽlę
[takˈsⁱɪ stoˈtⁱælⁱɛ:]

---

einen Geldautomat
bankomãto
[baŋkoˈmaːtɔ]

eine Wechselstube
valiùtos keitỹklos
[vaˈlⁱʊtos kⁱɛɪˈtⁱiːklos]

ein Internetcafé
internèto kavìnės
[ɪnterˈnⁱɛtɔ kavⁱɪˈnⁱeːs]

die ... -Straße
... gãtvės
[... gaːtⁱvⁱeːs]

diesen Ort
šiõs viẽtos
[ˈʃoːs ˈvⁱɛtos]

Wissen Sie, wo ... ist?
Ar̃ žìnote, kur̃ yrà ...?
[ar ˈʒⁱɪnotⁱɛ, kʊr iːˈra ...?]

Wie heißt diese Straße?
Kokià čià gãtvė?
[kɔˈkⁱæ ʦⁱæ ˈgaːtⁱvⁱeː?]

Zeigen Sie mir wo wir gerade sind.
Paródykite, kur̃ dabar̃ ẽsame.
[paˈrodⁱiːkⁱɪtⁱɛ, kʊr daˈbar ˈɛsamⁱɛ.]

Kann ich dort zu Fuß hingehen?
Ar̃ galiù nueĩti teñ pėsčiomìs?
[ar gaˈlⁱʊ ˈnuⁱɛɪtⁱɪ ten pⁱeːsʦⁱoˈmⁱɪs?]

Haben Sie einen Stadtplan?
Ar̃ tùrite miẽsto žemélapį?
[ar ˈtʊrⁱɪte ˈmⁱiːɛstɔ ʒeˈmⁱeːlⁱapⁱɪ:?]

Was kostet eine Eintrittskarte?
Kíek kainúoja įėjìmo bìlietas?
[ˈkⁱiɛk kʌⁱˈnʊɑːjɛ iːɛˈjɪmɔ ˈbⁱɪlⁱietas?]

Darf man hier fotografieren?
Ar̃ čià galimà fotografúoti?
[ar ˈʦⁱæ galⁱɪˈma fotograˈfʊotⁱɪ?]

Haben Sie offen?
Ar̃ jũs veĩkiate?
[ar ˈjuːs ˈvⁱɛɪkⁱætⁱɛ?]

Wann öffnen Sie?

Kadà atsidãrote?
[ka'da atsⁱɪ'da:rotⁱɛ?]

Wann schließen Sie?

Kadà užsidãrote?
[ka'da ʊʒsⁱɪ'da:rotⁱɛ?]

Geld

Geld	**pinigaĩ** [pʲɪnʲɪˈgʌɪ]
Bargeld	**gryníeji** [grʲiːˈnʲiɛjɪ]
Papiergeld	**banknòtai** [baŋkˈnotʌɪ]
Kleingeld	**monètos** [moˈnʲɛtos]
Scheck | Wechselgeld | Trinkgeld	**są̃skaita | grąžà | arbãtpinigiai** ['saːskʌɪta | graːˈʒa | arˈbaːtpʲɪnʲɪgʲɛɪ]

Kreditkarte	**kredìto kortẽlė** [krʲɛˈdʲɪto korˈtʲælʲeː]
Geldbeutel	**piniginė** [pʲɪnʲɪˈgʲɪnʲeː]
kaufen	**pìrkti** ['pʲɪrktʲɪ]
zahlen	**mokéti** [moˈkʲeːtʲɪ]
Strafe	**baudà** [bɑʊˈda]
kostenlos	**nemókamai** [nʲɛˈmokamʌɪ]

Wo kann ich ... kaufen?	**Kur̃ galiù nusipìrkti ...?** ['kʊr gaˈlʲʊ nʊsʲɪˈpʲɪrktʲɪ ...?]
Ist die Bank jetzt offen?	**Ar̃ bánkas jaũ dìrba?** [ar ˈbaŋkas ˈjɛʊ ˈdʲɪrba?]
Wann öffnet sie?	**Kadà atsidãro?** [kaˈda atsʲɪˈdaːro?]
Wann schließt sie?	**Kadà užsidãro?** [kaˈda ʊʒsʲɪˈdaːro?]

Wie viel?	**Kíek?** ['kʲiɛk?]
Was kostet das?	**Kíek taĩ kainúoja?** ['kʲiɛk 'tʌɪ kʌɪˈnʊoːjɛ?]
Das ist zu teuer.	**Per̃ brangù.** ['pʲɛr branˈgʊ.]

Entschuldigen Sie bitte, wo ist die Kasse?	**Atsiprašaũ, kur̃ galiù sumokéti?** [atsʲɪpraˈʃɑʊ, kʊr gaˈlʲʊ sʊmoˈkʲeːtʲɪ?]
Ich möchte zahlen.	**Čekį̃, prašaũ.** ['tʂʲɛkʲɪː, praˈʃɑʊ.]

Kann ich mit Karte zahlen?

Ar galiù mokéti kredìto kortelè?
[ar ga'lʲʊ mo'kʲe:tʲɪ kre'dʲɪtɔ korte'lʲɛ?]

Gibt es hier einen Geldautomat?

Ar čià yrà bankomãtas?
[ar 'tʂʲæ i:'ra baŋko'ma:tas?]

Ich brauche einen Geldautomat.

Íeškau bankomãto.
['ɪʲɛʃkɑʊ baŋko'ma:tɔ.]

Ich suche eine Wechselstube.

Íeškau valiùtos keitýklos.
['ɪʲɛʃkɑʊ va'lʲʊtos kʲɛɪ'tʲi:klos.]

Ich möchte … wechseln.

Nóriu pasikeìsti …
['norʲʊ pasʲɪ'kʲɛɪstʲɪ …]

Was ist der Wechselkurs?

Kóks valiùtos kùrsas?
['koks va'lʲʊtos 'kʊrsas?]

Brauchen Sie meinen Reisepass?

Ar reìkia màno pãso?
[ar 'rʲɛɪkʲɛ 'manɔ 'pa:so?]

Zeit

Wie spät ist es?	**Kíek dabař valandǫ̃?** ['kʲiɛk da'bar valʲan'du:?]
Wann?	**Kadà?** [ka'da?]
Um wie viel Uhr?	**Kadà?** [ka'da?]
jetzt | später | nach …	**dabař | véliaũ | põ …** [da'bar | vʲe:'lʲɛʊ | 'po: …]

ein Uhr	**pìrmą vãlandą** ['pʲɪrma: 'va:lʲanda:]
Viertel zwei	**põ pirmõs penkiólika** ['po: pʲɪr'mo:s pʲɛŋ'kʲolʲɪka]
Ein Uhr dreißig	**pùsė dviejũ** ['pusʲe: dvʲiɛ'ju:]
Viertel vor zwei	**bè penkiólikos dvì** ['bʲɛ pʲɛŋ'kʲolʲɪkos dvʲɪ]

eins | zwei | drei	**pirmà | antrà | trečià** [pʲɪr'ma | an'tra | trʲɛ'tɕʲæ]
vier | fünf | sechs	**ketvirtà | penktà | šeštà** [kʲɛtvʲɪr'ta | pʲɛŋk'ta | ʃɛʃ'ta]
sieben | acht | neun	**septintà | aštuntà | devintà** [sʲɛptʲɪn'ta | aʃtʊn'ta | dʲɛvʲɪn'ta]
zehn | elf | zwölf	**dešimtà | vienúolikta | dvýlikta** [dʲɛʃɪm'ta | vʲiɛ'nuolʲɪkta | 'dvʲi:lʲɪkta]

in …	**ùž …** ['ʊʒ …]
fünf Minuten	**penkių̃ minùčių** [pʲɛŋ'kʲu: mʲɪ'nutɕʲu:]
zehn Minuten	**dẽšimt minùčių** ['dʲæʃɪmt mʲɪ'nutɕʲu:]
fünfzehn Minuten	**penkiólikos minùčių** [pʲɛŋ'kʲolʲɪkos mʲɪ'nutɕʲu:]
zwanzig Minuten	**dvìdešimt minùčių** ['dvʲɪdʲɛʃɪmt mʲɪ'nutɕʲu:]
einer halben Stunde	**pùsvalandžio** ['pusvalʲandʒʲɔ]
einer Stunde	**valandõs** [valʲan'do:s]

am Vormittag	**rytè** [rʲiː'tʲɛ]
früh am Morgen	**ankstì rytè** [aŋk'stʲɪ rʲiː'tʲɛ]
diesen Morgen	**šį̇́ryt** ['ʃɪ:rʲɪ:t]
morgen früh	**rýt rytè** ['rʲiːt rʲiː'tʲɛ]

am Mittag	**per̃ pietùs** ['pʲɛr pʲiɛ'tʊs]
am Nachmittag	**põ pietų̃** ['po: pʲiɛ'tu:]
am Abend	**vakarè** [vaka'rʲɛ]
heute Abend	**šiãnakt** ['ʃæ:nakt]

in der Nacht	**nãktį** ['na:ktiː]
gestern	**vãkar** ['va:kar]
heute	**šiañdien** ['ʃændʲiɛn]
morgen	**rytój** [rʲiː'toj]
übermorgen	**porýt** [po'rʲiːt]

Welcher Tag ist heute?	**Kokià šiañdien dienà?** [kɔ'kʲæ 'ʃændʲiɛn dʲiɛ'na?]
Es ist …	**Šiañdien yrà …** ['ʃændʲiɛn iː'ra …]
Montag	**pirmãdienis** [pʲɪr'ma:dʲiɛnʲɪs]
Dienstag	**antrãdienis** [an'tra:dʲiɛnʲɪs]
Mittwoch	**trečiãdienis** [trʲɛ'tʂʲædʲiɛnʲɪs]

Donnerstag	**ketvirtãdienis** [kʲɛtvʲɪr'ta:dʲiɛnʲɪs]
Freitag	**penktãdienis** [pʲɛŋk'ta:dʲiɛnʲɪs]
Samstag	**šeštãdienis** [ʃɛʃ'ta:dʲiɛnʲɪs]
Sonntag	**sekmãdienis** [sʲɛk'ma:dʲiɛnʲɪs]

Begrüßungen und Vorstellungen

Hallo.

Sveikì.
[svⁱɛɪ'kⁱɪ.]

Freut mich, Sie kennen zu lernen.

Malonù susipažìnti.
[malⁱo'nʊ sʊsⁱɪpa'ʒⁱɪntⁱɪ.]

Ganz meinerseits.

Mán ir̃gi.
['man 'irgⁱɪ.]

Darf ich vorstellen? Das ist ...

Nóriu, kàd susipažìntum sù ...
['norⁱʊ, 'kad sʊsⁱɪpa'ʒⁱɪntʊm 'sʊ ...]

Sehr angenehm.

Malonù susipažìnti.
[malⁱo'nʊ sʊsⁱɪpa'ʒⁱɪntⁱɪ.]

Wie geht es Ihnen?

Kaĩp laĩkotės?
['kʌɪp 'lⁱʌɪkotⁱe:s?]

Ich heiße ...

Mãno var̃das ...
['ma:nɔ vardas ...]

Er heißt ...

Jõ var̃das ...
[jo: 'vardas ...]

Sie heißt ...

Jì vardù ...
['jɪ var'dʊ ...]

Wie heißen Sie?

Kuõ jũs vardù?
['kʊɑ 'ju:s var'dʊ?]

Wie heißt er?

Kuõ jìs vardù?
['kʊɑ jɪs var'dʊ?]

Wie heißt sie?

Kuõ jì vardù?
['kʊɑ jɪ var'dʊ?]

Wie ist Ihr Nachname?

Kokià jū́sų pavardė̃?
[kɔ'kⁱæ 'ju:su: pavar'dⁱe:?]

Sie können mich ... nennen.

Gãli manè vadìnti ...
['ga:lⁱɪ ma'nⁱɛ va'dⁱɪntⁱɪ ...]

Woher kommen Sie?

Ìš kur̃ jũs ẽsate?
[ɪʃ 'kʊr 'ju:s 'ɛsatⁱɛ?]

Ich komme aus ...

Àš ìš ...
['aʃ ɪʃ ...]

Was machen Sie beruflich?

Kuõ užsìimate?
['kʊɑ ʊʒ'sⁱɪimatⁱɛ?]

Wer ist das?

Kàs tàs žmogùs?
['kas 'tas ʒmo'gʊs?]

Wer ist er?

Kàs jìs?
['kas 'jɪs?]

Wer ist sie?

Kàs jì?
['kas jɪ?]

Wer sind sie?

Kàs jiẽ?
['kas jɪɛ?]

Das ist …	**Taĩ …** ['tʌɪ …]
mein Freund	**mãno draũgas** ['maːnɔ 'drɑʊgas]
meine Freundin	**mãno draugě** ['maːnɔ drɑʊˈgʲeː]
mein Mann	**mãno výras** ['maːnɔ 'vʲiːras]
meine Frau	**mãno žmonà** ['maːnɔ ʒmoˈna]
mein Vater	**màno tévas** ['manɔ 'tʲeːvas]
meine Mutter	**mãno mamà** ['maːnɔ maˈma]
mein Bruder	**mãno brólis** ['maːnɔ 'brolʲɪs]
meine Schwester	**mãno sesuõ** ['maːnɔ sʲɛˈsʊɑ]
mein Sohn	**mãno sūnùs** ['maːnɔ suːˈnʊs]
meine Tochter	**mãno dukrà** ['maːnɔ dʊkˈra]
Das ist unser Sohn.	**Taĩ mū́sų sūnùs.** ['tʌɪ 'muːsuː suːˈnʊs.]
Das ist unsere Tochter.	**Taĩ mū́sų dukrà.** ['tʌɪ 'muːsuː dʊkˈra.]
Das sind meine Kinder.	**Taĩ mãno vaikaĩ.** ['tʌɪ 'maːnɔ vʌɪˈkʌɪ.]
Das sind unsere Kinder.	**Taĩ mū́sų vaikaĩ.** ['tʌɪ 'muːsuː vʌɪˈkʌɪ.]

Verabschiedungen

Auf Wiedersehen!	**Vìso gẽro!**
	['vʲɪsɔ 'gʲæro!]
Tschüss!	**Ikì!**
	[ɪ'kʲɪ!]
Bis morgen.	**Pasimatýsim rýt.**
	[pasʲɪma'tʲi:sʲɪm 'rʲi:t.]
Bis bald.	**Greĩtai pasimatýsime.**
	['grʲɛɪtʌɪ pasʲɪma'tʲi:sʲɪmʲɛ.]
Bis um sieben.	**Pasimatýsime septiñtą.**
	[pasʲɪma'tʲi:sʲɪmʲɛ sʲɛp'tʲɪnta:.]

Viel Spaß!	**Pasilìnksminkite!**
	[pasʲɪ'lʲɪŋksmʲɪŋkʲɪtʲɛ!]
Wir sprechen später.	**Pašnekẽsim vėliaũ.**
	[paʃnʲɛ'kʲeːsʲɪm vʲeː'lʲɛʊ.]
Ich wünsche Ihnen ein schönes Wochenende.	**Gẽro savaĩtgalio.**
	['gʲæro sa'vʌɪtgalʲɔ.]
Gute Nacht.	**Labãnakt.**
	[lʲa'baːnakt.]

Es ist Zeit, dass ich gehe.	**Mán jaũ laĩkas eĩti.**
	['man 'jɛʊ 'lʲʌɪkas 'ɛɪtʲɪ.]
Ich muss gehen.	**Mán reĩkia eĩti.**
	['man 'rʲɛɪkʲɛ 'ɛɪtʲɪ.]
Ich bin gleich wieder da.	**Tuõj grĩšiu.**
	['tʊɔj 'grʲiːʃʊ.]

Es ist schon spät.	**Jaũ vėlù.**
	['jɛʊ vʲe:'lʲʊ.]
Ich muss früh aufstehen.	**Mán reĩkia ankstì kéltis.**
	['man 'rʲɛɪkʲɛ aŋk'stʲɪ 'kʲɛlʲtʲɪs.]
Ich reise morgen ab.	**Àš išvykstù rýt.**
	['aʃ iʃvʲiːks'tʊ 'rʲi:t.]
Wir reisen morgen ab.	**Mẽs išvýkstame rýt.**
	['mʲæs iʃ'vʲi:kstamʲɛ 'rʲi:t.]

Ich wünsche Ihnen eine gute Reise!	**Gẽros keliõnės!**
	[gʲæros kʲɛ'lʲoːnʲeːs!]
Hat mich gefreut, Sie kennen zu lernen.	**Bùvo malonù susipažìnti.**
	['bʊvɔ malʲo'nʊ susʲɪpa'ʒʲɪntʲɪ.]
Hat mich gefreut mit Ihnen zu sprechen.	**Bùvo malonù pasišnekéti.**
	['bʊvɔ malʲo'nʊ pasʲɪʃnɛ'kʲeːtʲɪ.]
Danke für alles.	**Ãčiū ùž vìską.**
	['aːtʂʲu: 'ʊʒ 'vʲɪska:.]

Ich hatte eine sehr gute Zeit.	**Puĭkiai praléidau laĭką.** [pʊɪkʲɛɪ praˈlʲɛɪdɑʊ ˈlʌɪkaː.]
Wir hatten eine sehr gute Zeit.	**Mẽs puĭkiai praléidome laĭką.** [ˈmʲæs ˈpʊɪkʲɛɪ praˈlʲɛɪdomʲɛ ˈlʌɪkaː.]
Es war wirklich toll.	**Bùvo tikraĭ smagù.** [ˈbʊvɔ tʲɪkˈrʌɪ smaˈgʊ.]
Ich werde Sie vermissen.	**Pasiĭlgsiu tavę̃s.** [pasʲɪˈlʲgsʲʊ taˈvʲɛːs.]
Wir werden Sie vermissen.	**Pasiĭlgsime jū́sų.** [pasʲɪˈlʲgsʲɪmʲɛ ˈjuːsuː.]

Viel Glück!	**Sėkmė̃s!** [sʲeːkˈmʲeːs!]
Grüßen Sie …	**Pérduokite linkéjimus …** [ˈpʲɛrdʊɑkʲɪtʲɛ lʲɪŋˈkʲɛjɪmʊs …]

Fremdsprache

Ich verstehe nicht.	**Nesuprantù.** [nʲɛsʊpran'tʊ.]
Schreiben Sie es bitte auf.	**Užrašýkite, prašaũ.** [ʊʒra'ʃʲɪːkʲɪtʲɛ, pra'ʃɑʊ.]
Sprechen Sie ...?	**Aⁿ kaĺbate ...?** [ar 'kalʲbatʲɛ ...?]

Ich spreche ein bisschen ...	**Trupùtį kalbù ...** [trʊ'pʊtiː kalʲ'bʊ ...]
Englisch	**ángliškai** ['anglʲɪʃkʌɪ]
Türkisch	**tuⁿkiškai** ['tʊrkʲɪʃkʌɪ]
Arabisch	**arãbiškai** [a'raːbʲɪʃkʌɪ]
Französisch	**prancūziškai** [pran'tsuːzʲɪʃkʌɪ]

Deutsch	**vókiškai** ['vokʲɪʃkʌɪ]
Italienisch	**itãliškai** [ɪ'taːlʲɪʃkʌɪ]
Spanisch	**ispãniškai** [ɪs'paːnʲɪʃkʌɪ]
Portugiesisch	**portugãliškai** [portʊ'gaːlʲɪʃkʌɪ]
Chinesisch	**kìniškai** ['kʲɪnʲɪʃkʌɪ]
Japanisch	**japòniškai** [ja'ponʲɪʃkʌɪ]

Können Sie das bitte wiederholen.	**Aⁿ gãlite pakartóti?** [ar 'gaːlʲɪtʲɛ pakar'totʲɪ?]
Ich verstehe.	**Suprantù.** [sʊpran'tʊ.]
Ich verstehe nicht.	**Nesuprantù.** [nʲɛsʊpran'tʊ.]
Sprechen Sie etwas langsamer.	**Aⁿ gãlite kalbéti lėčiaũ?** [ar 'gaːlʲɪte kalʲ'bʲeːtʲɪ lʲeː'tʃʲɛʊ?]

Ist das richtig?	**Aⁿ teisìngai?** [ar tʲɛɪ'sʲɪŋgʌɪ?]
Was ist das? (Was bedeutet das?)	**Ką̃ taĩ reĩškia?** [kaː 'tʌɪ 'rʲɛɪʃkʲæ?]

Entschuldigungen

Entschuldigen Sie bitte.

Atléiskite.
[at'lʲɛɪskʲɪtʲɛ.]

Es tut mir leid.

Atsiprašaũ.
[atsʲɪpra'ʃɒʊ.]

Es tut mir sehr leid.

Mán labaĩ gaĩla.
[ˈman lʲaˈbʌɪ ˈgʌɪlʲa.]

Es tut mir leid, das ist meine Schuld.

Atsiprašaũ, taĩ aš káltas /kaltà/.
[atsʲɪpra'ʃɒʊ, 'tʌɪ aʃ 'kalʲtas /kal'ta/.]

Das ist mein Fehler.

Taĩ máno klaidà.
[ˈtʌɪ ˈmaːnɔ klʲɪˈʌɪˈda.]

Darf ich ...?

Aȓ galiù ...?
[ar ga'lʲʊ ...?]

Haben Sie etwas dagegen, wenn ich ...?

Aȓ jũs nièko priẽš, jéi ...?
[ar ˈjuːs 'nʲɛkɔ 'prʲɛʃ, jɛɪ ...?]

Es ist okay.

Nièko tókio.
[ˈnʲɛkɔ 'tokʲɔ.]

Alles in Ordnung.

Vìskas geraĩ.
[ˈvʲɪskas gʲɛˈrʌɪ.]

Machen Sie sich keine Sorgen.

Nesijáudinkite dė̃l tõ.
[nʲɛsʲɪ'jɑʊdʲɪŋkʲɪte 'dʲeːlʲ 'toː.]

Einigung

Ja.	**Taip.** ['tʌɪp.]
Ja, natürlich.	**Žinoma.** ['ʒʲɪnoma.]
Ok! (Gut!)	**Gerai.** [gʲɛ'rʌɪ.]
Sehr gut.	**Puiku.** [pʊi'kʊ.]
Natürlich!	**Būtinai!** [buːtʲɪ'nʌɪ!]
Genau.	**Sutinku.** [sʊtʲɪŋ'kʊ.]

Das stimmt.	**Tikrai.** [tʲɪk'rʌɪ.]
Das ist richtig.	**Teisingai.** [tʲɛɪ'sʲɪŋgʌɪ.]
Sie haben Recht.	**Jūs teisus /teisi/.** ['juːs tʲɛɪ'sʊs /tʲɛɪ'sʲɪ/.]
Ich habe nichts dagegen.	**Man tinka.** ['man 'tʲɪŋka.]
Völlig richtig.	**Tikrai taip.** [tʲɪk'rʌɪ 'tʌɪp.]

Das kann sein.	**Įmanoma.** [iː'maːnoma.]
Das ist eine gute Idee.	**Gera mintis.** [gʲɛ'ra mʲɪn'tʲɪs.]
Ich kann es nicht ablehnen.	**Negaliu atsisakyti.** [nʲɛga'lʲʊ atsʲɪsa'kʲiːtʲɪ.]
Ich würde mich freuen.	**Mielai.** [mʲiɛ'lʲʌɪ.]
Gerne.	**Su mielu noru.** ['sʊ 'mʲiɛlʲʊ 'norʊ.]

Ablehnung. Äußerung von Zweifel

Nein.	**Nè.** ['nʲɛ.]
Natürlich nicht.	**Tikraĩ nè.** [tʲɪk'rʌɪ nʲɛ.]
Ich stimme nicht zu.	**Àš nesutinkù.** ['aʃ nʲɛsʊtʲɪŋ'kʊ.]
Das glaube ich nicht.	**Nemanaũ.** [nʲɛma'nɑʊ.]
Das ist falsch.	**Taĩ netiesà.** ['tʌɪ nʲɛtʲiɛ'sa.]

Sie liegen falsch.	**Jũs klýstate.** ['juːs 'klʲiːstatʲɛ.]
Ich glaube, Sie haben Unrecht.	**Manaũ, jũs klýstate.** [ma'nɑʊ, 'juːs 'klʲiːstatʲɛ.]
Ich bin nicht sicher.	**Nesù tìkras /tikrà/.** [nʲɛ'sʊ 'tʲɪkras /tʲɪk'ra/.]
Das ist unmöglich.	**Neįmãnoma.** [nʲɛɪ'maːnoma.]
Nichts dergleichen!	**Nièko panašaũs!** ['nʲɛkɔ pana'ʃɑʊs!]

Im Gegenteil!	**Vìsiškai príešingai.** ['vʲɪsʲɪʃkʌɪ 'prʲiɛʃɪngʌɪ.]
Ich bin dagegen.	**Àš prieštaráuju.** ['aʃ prʲiɛʃta'rɑʊjʊ.]
Es ist mir egal.	**Mán nerũpi.** ['man nʲɛ'ruːpʲɪ.]
Keine Ahnung.	**Neįsivaizdúoju.** [nʲɛɪsʲɪvʌɪz'dʊoːjʊ.]
Ich bezweifle, dass es so ist.	**Abejóju.** [abʲɛ'jɔjʊ.]

Es tut mir leid, ich kann nicht.	**Atsiprašaũ, bèt negaliù.** [atsʲɪpra'ʃɑʊ, bʲɛt nʲɛga'lʲʊ.]
Es tut mir leid, ich möchte nicht.	**Atsiprašaũ, bèt nenóriu.** [atsʲɪpra'ʃɑʊ, bʲɛt nʲɛ'norʲʊ.]

Danke, das brauche ich nicht.	**Ãčiū, bèt mán nereĩkia.** ['aːtʃuː, bʲɛt 'man nʲɛ'rʲɛɪkʲæ.]
Es ist schon spät.	**Jaũ vėlù.** ['jɛʊ vʲeː'lʲʊ.]

Ich muss früh aufstehen.

Mir geht es schlecht.

Mán reĩkia ankstì kéltis.
['man 'rʲɛɪkʲɛ aŋk'stʲɪ 'kʲɛlʲtʲɪs.]

Nesijaučiù geraĩ.
[nʲɛsʲɪjɛʊ'tʂʲʊ gʲɛ'rʌɪ.]

Dankbarkeit ausdrücken

Danke.	**Ãčiū.** ['a:tʂʲu:.]
Dankeschön.	**Labaĩ ãčiū.** [ˡʲa'bʌɪ 'a:tʂʲu:.]
Ich bin Ihnen sehr verbunden.	**Àš labaĩ dėkìngas /dėkìnga/.** ['aʃ ˡʲa'bʌɪ dʲe:'kʲɪngas /dʲe:'kʲɪnga/.]
Ich bin Ihnen sehr dankbar.	**Labaĩ jùms dėkóju.** [ˡʲa'bʌɪ 'jʊms dʲe:'ko:jʊ.]
Wir sind Ihnen sehr dankbar.	**Mẽs jùms labaĩ dėkìngi.** ['mʲæs 'jʊms ˡʲa'bʌɪ dʲe:'kʲɪngʲɪ.]

Danke, dass Sie Ihre Zeit geopfert haben.	**Ãčiū už jū́sų laĩką.** ['a:tʂʲu: 'ʊʒ 'ju:su: 'ˡʲʌɪka:.]
Danke für alles.	**Ãčiū už vìską.** ['a:tʂʲu: 'ʊʒ 'vʲɪska:.]
Danke für …	**Ãčiū už …** ['a:tʂʲu: 'ʊʒ …]
Ihre Hilfe	**pagálbą** [pa'galʲba:]
die schöne Zeit	**smagiaĩ praléistą laĩką** [sma'gʲɛɪ pra'lʲɛɪsta: 'ˡʌɪka:]

das wunderbare Essen	**nuostãbų pãtiekalą** [nʊɑ'sta:bu: 'pa:tʲiɛkalʲa:]
den angenehmen Abend	**malõnų vãkarą** [ma'lʲˡo:nu: 'va:kara:]
den wunderschönen Tag	**nuostãbią diẽną** [nʊɑ'sta:bʲæ: 'dʲɛna:]
die interessante Führung	**nuostãbią keliõnę** [nʊɑ'sta:bʲæ: kʲɛ'lʲˡo:nʲɛ:]

Keine Ursache.	**Nėrà už ką̃.** [nʲe:'ra 'ʊʒ ka:.]
Nichts zu danken.	**Nedėkókite.** [nʲɛdʲe:'kokʲɪte.]
Immer gerne.	**Bèt kadà.** ['bʲɛt ka'da.]
Es freut mich, geholfen zu haben.	**Bùvo malonù padéti.** ['bʊvɔ malʲo'nʊ pa'dʲe:tʲɪ.]
Vergessen Sie es.	**Ką̃ jũs, vìskas geraĩ.** [ka: 'ju:s, 'vʲɪskas gʲɛ'rʌɪ.]
Machen Sie sich keine Sorgen.	**Nesijáudinkite dėl tõ.** [nʲɛsʲɪ'jɑʊdʲɪŋkʲɪte 'dʲe:lʲ 'to:.]

Glückwünsche. Beste Wünsche

Glückwunsch!

Sveikinu!
['svʲɛɪkʲɪnʊ!]

Alles gute zum Geburtstag!

Sù gimìmo dienà!
['sʊ gʲɪ'mʲɪmɔ dʲiɛ'na!]

Frohe Weihnachten!

Linksmų̃ Kalė̃dų!
[lʲɪŋks'mu: ka'lʲiɛːdu:!]

Frohes neues Jahr!

Sù Naujàisiais mẽtais!
['sʊ nɑʊ'jʌɪsʲɛɪs 'mʲætʌɪs!]

Frohe Ostern!

Sù Šventõm Velýkom!
['sʊ ʃvʲɛn'tom vʲɛ'lʲiːkom!]

Frohes Hanukkah!

Sù Chanùka!
['sʊ xa'nʊka!]

Ich möchte einen Toast ausbringen.

Nóriu paskélbti tòstą.
['norʲʊ pas'kʲɛlʲptʲɪ 'tosta..]

Auf Ihr Wohl!

Į̃ sveikãtą!
[iː svʲɛɪ'kaːta!]

Trinken wir auf …!

Išgérkime ùž …!
[ɪʃ'gʲɛrkʲɪmʲɛ 'ʊʒ …!]

Auf unseren Erfolg!

Ùž mū̃sų sė́kmę!
['ʊʒ 'muːsu: 'sʲeːkmʲɛ:!]

Auf Ihren Erfolg!

Ùž jū̃sų sė́kmę!
['ʊʒ 'juːsu: 'sʲeːkmʲɛ:!]

Viel Glück!

Sė́kmės!
[sʲeːk'mʲeːs!]

Einen schönen Tag noch!

Gẽros diẽnos!
['gʲɛ̃ros 'dʲɛnos!]

Haben Sie einen guten Urlaub!

Gerų̃ atóstogų!
[gʲɛ'ru: a'tostogu:!]

Haben Sie eine sichere Reise!

Saũgios keliõnės!
['sɑʊɡʲos kʲɛ'lʲʲo:nʲeːs!]

Ich hoffe es geht Ihnen bald besser!

Lìnkiu greĩtai pasveĩkti!
['lʲɪŋkʲʊ 'ɡrʲɛɪtʌɪ pas'vʲɛɪktʲɪ!]

Sozialisieren

Warum sind Sie traurig?

Kodėl táu liūdnà?
[kɔ'dʲeːl 'tɑʊ lʲuːd'na?]

Lächeln Sie!

Nusišypsók! Pralinksmék!
[nʊsʲɪʃʲɪːp'sok! pralʲɪŋk'smʲeːk!]

Sind Sie heute Abend frei?

Aȓ jūs šiandien neužsiėmę?
[ar 'juːs 'ʃændʲiɛn neʊʒ'sʲɪeːmʲɛ:?]

Darf ich Ihnen was zum
Trinken anbieten?

Aȓ galiù táu pasiū́lyti išgérti?
[ar ga'lʲʊ 'tɑʊ pa'sʲuːlʲiːtʲɪ ɪʃ'gʲɛrtʲɪ?]

Möchten Sie tanzen?

Aȓ norétum pašókti?
[ar no'rʲeːtʊm pa'ʃoktʲɪ?]

Gehen wir ins Kino.

Gál eĩkime į̃ kìną?
['galʲ 'ɛɪkʲɪmʲɛ iː 'kʲɪːna:?]

Darf ich Sie ins … einladen?

Aȓ galiù tavè pakviẽsti …?
[ar ga'lʲʊ ta'vʲɛ pak'vʲɛstʲɪ …?]

Restaurant

į̃ restorãną
[iː rʲɛsto'ra:na:]

Kino

į̃ kìną
[iː 'kʲɪːna:]

Theater

į̃ teãtrą
[iː tʲɛ'a:tra:]

auf einen Spaziergang

pasiváikščioti
[pasʲɪ'vʌɪkʃtʂʲotʲɪ]

Um wie viel Uhr?

Kadà?
[ka'da?]

heute Abend

šiąnakt
['ʃæ:nakt]

um sechs Uhr

šéštą
['ʃæʃta:]

um sieben Uhr

septiñtą
[sʲɛp'tʲɪnta:]

um acht Uhr

aštuñtą
[aʃ'tʊnta:]

um neun Uhr

deviñtą
[dʲɛ'vʲɪnta:]

Gefällt es Ihnen hier?

Aȓ táu čià patiñka?
[ar 'tɑʊ tʂʲæ pa'tʲɪŋka?]

Sind Sie hier mit jemandem?

Aȓ tù nè víena?
[ar 'tʊ nʲɛ 'vʲiɛna?]

Ich bin mit meinem Freund /meiner
Freundin/.

Àš sù draugù /draugè/.
['aʃ 'sʊ drɑʊ'gʊ /drɑʊ'gʲɛ/.]

Ich bin mit meinen Freunden.

Aš su draugaìs /draugėmìs/.
['aʃ 'su drɑu'gʌɪs /drɑugʲe:'mʲɪs/.]

Nein, ich bin alleine.

Nè, aš vìena.
['nʲɛ, aʃ 'vʲiena.]

Hast du einen Freund?

Ar tùri vaikìną?
[ar 'tʊrʲɪ vʌɪ'kʲɪna:?]

Ich habe einen Freund.

Turiù vaikìną.
[tʊ'rʲʊ vʌɪ'kʲɪna:.]

Hast du eine Freundin?

Ar tùri mergìną?
[ar 'tʊrʲɪ mʲɛr'gʲɪna:?]

Ich habe eine Freundin.

Turiù mergìną.
[tʊ'rʲʊ mʲɛr'gʲɪna:.]

Kann ich dich nochmals sehen?

Ar gãlime dár kadà pasimatýti?
[ar 'ga:lʲɪmʲɛ 'dar ka'da pasʲɪma'tʲi:tʲɪ?]

Kann ich dich anrufen?

Ar galiù táu paskambìnti?
[ar ga'lʲʊ 'tɑu pas'kambʲɪntʲɪ?]

Ruf mich an.

Paskambìnk mán.
[pas'kambʲɪŋk 'man.]

Was ist deine Nummer?

Kóks tàvo nùmeris?
['koks 'tavɔ 'nʊmʲɛrʲɪs?]

Ich vermisse dich.

Pasìilgau tavę̃s.
[pasʲɪ'ɪlʲgɑu ta'vʲɛ:s.]

Sie haben einen schönen Namen.

Tàvo gražùs vãrdas.
['tavɔ gra'ʒus 'vardas.]

Ich liebe dich.

Mýliu tavè.
['mʲi:lʲʊ ta'vʲɛ.]

Willst du mich heiraten?

Ar tekėsi už manę̃s?
[ar te'kʲe:sʲɪ 'ʊʒ ma'nʲɛ:s?]

Sie machen Scherze!

Tù juokáuji!
['tʊ jʊɑ'kɑujɪ!]

Ich habe nur gescherzt.

Aš juokáuju.
['aʃ jʊɑ'kɑujʊ.]

Ist das Ihr Ernst?

Ar tù rimtaĩ?
[ar 'tʊ rʲɪm'tʌɪ?]

Das ist mein Ernst.

Aš rimtaĩ.
['aʃ rʲɪm'tʌɪ.]

Echt?!

Tikraĩ?
[tʲɪk'rʌɪ?]

Das ist unglaublich!

Neįtikétina!
[nʲɛɪ:tʲɪ'kʲe:tʲɪna!]

Ich glaube Ihnen nicht.

Nètikiu.
['nʲɛtʲɪkʲʊ.]

Ich kann nicht.

Aš negaliù.
['aʃ nʲɛga'lʲʊ.]

Ich weiß nicht.

Nežinaũ.
[nʲɛʒʲɪ'nɑu.]

Ich verstehe Sie nicht.

Nesuprantù tavę̃s.
[nʲɛsʊpran'tʊ ta'vʲɛ:s.]

Bitte gehen Sie weg.

Prašau atstók.
[pra'ʃɑʊ ats'tok.]

Lassen Sie mich in Ruhe!

Palìk manè víeną!
[pa'lʲɪk ma'nʲɛ 'vʲiɛnaː!]

Ich kann ihn nicht ausstehen.

Àš negaliù jõ pakęst.
['aʃ nʲɛga'lʲʊ jɔː pa'kʲɛːst.]

Sie sind widerlich!

Tù šlykštùs!
['tʊ ʃlʲiːkʃtʊs!]

Ich rufe die Polizei an!

Àš iškviēsiu polìciją!
['aʃ iʃkʲ'vʲɛsʲʊ po'lʲɪtsʲɪjaː!]

Gemeinsame Eindrücke. Emotionen

Das gefällt mir.	**Mán patiñka.** ['man pa't'ɪŋka.]
Sehr nett.	**Labaì gražù.** [lʲa'bʌɪ gra'ʒʊ.]
Das ist toll!	**Puikù!** [pʊi'kʊ!]
Das ist nicht schlecht.	**Neblogaì.** [nʲɛblʲo'gʌɪ.]

Das gefällt mir nicht.	**Mán nepatiñka.** ['man nʲɛpa't'ɪŋka.]
Das ist nicht gut.	**Taì nėrà geraì.** ['tʌɪ nʲeː'ra ge'rʌɪ.]
Das ist schlecht.	**Taì blogaì.** ['tʌɪ blʲogʌɪ.]
Das ist sehr schlecht.	**Taì labaì blogaì.** ['tʌɪ lʲa'bʌɪ blʲo'gʌɪ.]
Das ist widerlich.	**Taì šlykštù.** [tʌɪ ʃlʲiːkʃ'tʊ.]

Ich bin glücklich.	**Àš laimìngas /laimìnga/.** ['aʃ lʲʌɪ'm'ɪngas /lʲʌɪ'm'ɪnga/.]
Ich bin zufrieden.	**Àš paténkintas /paténkinta/.** ['aʃ pa't'ɛŋk'ɪntas /pat'ɛŋk'ɪnta/.]
Ich bin verliebt.	**Àš įsimyléjęs /įsimyléjusi/.** ['aʃ iːs'ɪm'ɪː'lʲeːjɛːs /iːs'ɪm'ɪː'lʲeːjusʲɪ/.]
Ich bin ruhig.	**Àš ramùs /ramì/.** ['aʃ ra'mʊs /ra'm'ɪ/.]
Ioh bin gelangweilt.	**Mán nuobodù.** ['man nʊɑbo'dʊ.]

Ich bin müde.	**Àš pavar̃gęs /pavar̃gusi/.** ['aʃ pa'vargʲɛːs /pa'vargusʲɪ/.]
Ich bin traurig.	**Mán liūdnà.** ['man 'lʲuːd'na.]
Ich habe Angst.	**Àš išsigañdęs /išsigañdusi/.** ['aʃ iʃsʲɪ'gandʲɛːs /iʃsʲɪ'gandʊsʲɪ/.]

Ich bin wütend.	**Àš supýkęs /supýkusi/.** ['aʃ sʊ'pʲiːkʲɛːs /sʊ'pʲiːkʊsʲɪ/.]
Ich mache mir Sorgen.	**Àš susirū́pinęs /susirū́pinusi/.** ['aʃ sʊsʲɪ'ruːpʲɪnʲɛːs /sʊsʲɪ'ruːpʲɪnʊsʲɪ/.]
Ich bin nervös.	**Àš susinèrvinęs /susinèrvinusi/.** ['aʃ sʊsʲɪ'nʲɛrvʲɪnʲɛːs /sʊsʲɪ'nʲɛrvʲɪnʊsʲɪ/.]

Ich bin eifersüchtig.

Àš pavýdžiu.
['aʃ pa'vʲiːdʒʲʊ.]

Ich bin überrascht .

Àš nustẽbęs /nustẽbusi/.
['aʃ nʊstʲæbʲɛːs /nʊstʲæbʊsʲɪ/.]

Es ist mir peinlich.

Àš sumìšęs /sumìšusi/.
['aʃ sʊ'mʲɪʃɛːs /sʊ'mʲɪʃʊsʲɪ/.]

Probleme. Unfälle

Ich habe ein Problem.	**Atsitìko problemà.** [atsʲɪˈtʲɪkɔ problʲɛˈma.]
Wir haben Probleme.	**Mẽs tùrime problemà.** ['mʲæs 'tʊrʲɪmʲɛ problʲɛˈma.]
Ich bin verloren.	**Àš pasiklýdau.** ['aʃ pasʲɪkˈlʲiːdɑʊ.]
Ich habe den letzten Bus (Zug) verpasst.	**Nèspéjau į̃ paskutìnį autobùsą (traukinį).** [nʲɛsˈpʲeːjɛʊ iː paskʊˈtʲɪːnʲɪ ɑʊtɔˈbʊsa: ('traʊkʲɪnʲɪː).]
Ich habe kein Geld mehr.	**Nebeturiù pinigų̃.** [nʲɛbʲɛtʊˈrʲʊ pʲɪnʲɪˈguː.]

Ich habe mein … verloren.	**Àš pàmečiau …** ['aʃ 'pamʲɛtʲɕɛʊ …]
Jemand hat mein … gestohlen.	**Kažkàs pàvogė màno …** [kaʒˈkas 'pavogʲe: 'manɔ …]
Reisepass	**pãsą** ['paːsa:]
Geldbeutel	**piniginę̃** [pʲɪnʲɪˈgʲɪnʲɛ:]
Papiere	**dokumentùs** [dokʊmʲɛnˈtʊs]
Fahrkarte	**bìlietą** ['bʲɪlʲiɛta:]

Geld	**pìnigus** ['pʲɪnʲɪgʊs]
Tasche	**rañkinę** ['raŋkʲɪnʲɛ:]
Kamera	**fotoaparãtą** [fotoapaˈraːta:]
Laptop	**nešiójamąjį kompiùterį** [nʲɛˈʃojamaːjiː komˈpʲʊtʲɛrʲɪ:]
Tabletcomputer	**planšètinį kompiùterį** [plʲanˈʃɛtʲɪnʲɪː komˈpʲʊtʲɛrʲiː]
Handy	**mobìlųjį telefòną** [moˈbʲɪluːjiː tʲɛlʲɛˈfona:]

Hilfe!	**Padékite mán!** [paˈdʲeːkʲɪte 'man!]
Was ist passiert?	**Kàs atsitìko?** ['kas atsʲɪˈtʲɪkɔ?]

Feuer	**gaĩsras** [ˈɡʌɪsras]
Schießerei	**kažkàs šáudė** [kaʒˈkas ˈʃɑudʲeː]
Mord	**žmogžudỹstė** [ʒmoɡʒʊˈdʲiːstʲeː]
Explosion	**sprogìmas** [sproˈɡʲɪmas]
Schlägerei	**muštỹnės** [mʊʃˈtʲiːnʲeːs]

Rufen Sie die Polizei!	**Kvíeskite polìciją!** [ˈkvʲɛskʲɪtʲɛ poˈlʲɪtsʲɪjaː!]
Beeilen Sie sich!	**Prašaũ, paskubékite!** [praˈʃɑʊ, paskʊˈbʲeːkʲɪtʲe!]
Ich suche nach einer Polizeistation.	**Ìeškau polìcijos skỹriaus.** [ˈɪɛʃkɑʊ poˈlʲɪtsɪjɔs ˈskʲiːrʲɛʊs.]
Ich muss einen Anruf tätigen.	**Mán reĩkia paskambìnti.** [ˈman ˈrʲɛɪkʲɛ pasˈkambʲɪntʲɪ.]
Kann ich Ihr Telefon benutzen?	**Aȓ galiù pasinaudóti jū́sų telefonù?** [ar ɡaˈlʲʊ pasʲɪnɑʊˈdotʲɪ ˈjuːsu: tʲɛlʲɛfoˈnʊ?]

Ich wurde …	**Manè …** [maˈnʲɛ …]
ausgeraubt	**apiplė́šė** [apʲɪˈplʲeːʃeː]
überfallen	**àpvogė** [ˈapvoɡʲeː]
vergewaltigt	**išprievartãvo** [ɪʃprʲiɛvarˈtaːvɔ]
angegriffen	**užpúolė** [ʊʒˈpuolʲeː]

Ist bei Ihnen alles in Ordnung?	**Aȓ vìskas geraĩ?** [ar ˈvʲɪskas ɡʲɛˈrʌɪ?]
Haben Sie gesehen wer es war?	**Aȓ mãtėte, kàs taĩ bùvo?** [ar ˈmaːtʲɛtɛ, ˈkas tʌɪ ˈbʊvɔ?]
Sind Sie in der Lage die Person wiederzuerkennen?	**Aȓ sugebétumėte atpažìnti tą̃ žmogų?** [ar sʊɡeˈbʲeːtʊmʲɛtɛ atpaˈʒʲɪntʲɪ taː ˈʒmoɡu:?]
Sind sie sicher?	**Aȓ jū̃s tìkras /tikrà/?** [ar ˈjuːs tʲɪkras /tʲɪkˈra/?]

Beruhigen Sie sich bitte!	**Prašaũ, nurìmkite.** [praˈʃɑʊ, nʊˈrʲɪmkʲɪtʲɛ.]
Ruhig!	**Ramiaũ!** [raˈmʲɛʊ!]
Machen Sie sich keine Sorgen	**Nesijáudinkite!** [nʲɛsʲɪˈjɑʊdʲɪŋkʲɪtʲɛ!]
Alles wird gut.	**Vìskas bùs geraĩ.** [ˈvʲɪskas ˈbʊs ɡʲɛˈrʌɪ.]

Alles ist in Ordnung.

Vìskas geraĩ.
['vʲɪskas gʲɛ'rʌɪ.]

Kommen Sie bitte her.

Prašaũ, ateĩkite čià.
[pra'ʃɑʊ, a'tʲɛɪkʲɪtʲɛ tʂʲæ.]

Ich habe einige Fragen für Sie.

Turiù jùms kẽletą kláusimų.
[tʊ'rʲʊ 'jʊms 'kʲælʲɛta: 'klɑʊsʲɪmu:.]

Warten Sie einen Moment bitte.

Prašaũ trupùtį paláukti.
[pra'ʃɑʊ trʊ'pʊtʲɪ: pa'lʲɑʊktʲɪ.]

Haben Sie einen
Identifikationsnachweis?

Aȓ tùrite kokiùs nórs asmeñs dokumentùs?
[ar 'tʊrʲɪtʲɛ ko'kʲʊs 'nors as'mʲɛns dokʊmʲɛn'tʊs?]

Danke. Sie können nun gehen.

Ãčiũ. Gãlite eĩti.
['a:tʂʲu:. 'ga:lʲɪtʲɛ 'ɛɪtʲɪ.]

Hände hinter dem Kopf!

Rankàs ùž galvõs!
[raŋ'kas 'ʊʒ galʲvo:s!]

Sie sind verhaftet!

Jū̃s sùimamas!
['ju:s 'sʊimamas!]

Gesundheitsprobleme

Helfen Sie mir bitte.	**Prašaũ, padékite mán.** [pra'ʃɑʊ, padʲe:kʲɪte 'man.]
Mir ist schlecht.	**Mán blogà.** ['man blʲo'ga.]
Meinem Ehemann ist schlecht.	**Māno výrui blogà.** ['ma:nɔ 'vʲi:rʊɪ blʲo'ga.]
Mein Sohn ...	**Màno sū́nui ...** ['manɔ 'su:nʊɪ ...]
Mein Vater ...	**Màno tévui ...** ['manɔ 'tʲe:vʊɪ ...]
Meine Frau fühlt sich nicht gut.	**Màno žmónai blogà.** ['manɔ 'ʒmonʌɪ blʲo'ga.]
Meine Tochter ...	**Màno dùkrai ...** ['manɔ 'dʊkrʌɪ ...]
Meine Mutter ...	**Màno mãmai ...** ['manɔ 'ma:mʌɪ ...]
Ich habe ... schmerzen.	**Mán ...** ['man ...]
Kopf-	**skaũda gálvą** ['skɑʊda 'galʲva:]
Hals-	**skaũda gérklę** ['skɑʊda 'gʲɛrklʲɛ:]
Bauch-	**skaũda skrañdį** ['skɑʊda 'skrandʲɪ:]
Zahn-	**skaũda dañtį** ['skɑʊda 'danti:]
Mir ist schwindelig.	**Mán svaĩgsta galvà.** ['man 'svʌɪgsta galʲ'va.]
Er hat Fieber.	**Jìs karščiúoja.** [jɪs karʃ'tʂʲʊo:jɛ.]
Sie hat Fieber.	**Jì karščiúoja.** [jɪ karʃ'tʂʲʊo:jɛ.]
Ich kann nicht atmen.	**Negaliù kvėpúoti.** [nʲɛga'lʲʊ kvʲe:'pʊotʲɪ.]
Ich kriege keine Luft.	**Mán sunkù kvėpúoti.** ['man sʊn'kʊ kvʲe:'pʊotʲɪ.]
Ich bin Asthmatiker.	**Sergù astmà.** [sʲɛr'gʊ ast'ma.]
Ich bin Diabetiker /Diabetikerin/	**Sergù diabetù.** [sʲɛr'gʊ dʲæbʲɛ'tʊ.]

Ich habe Schlaflosigkeit.	**Negaliu užmigti.**
	[nʲɛga'lʲʊ ʊʒ'mʲɪktʲɪ.]
Lebensmittelvergiftung	**apsinuodijimas maistu**
	[apsʲɪ'nʊɑdʲɪjimas mʌɪs'tʊ]

Es tut hier weh.	**Skauda čia.**
	['skɑʊda 'tʂʲæ.]
Hilfe!	**Padėkite mán!**
	[pa'dʲeːkʲɪte 'man!]
Ich bin hier!	**Aš čia!**
	['aʃ tʂʲæ!]
Wir sind hier!	**Mes čia!**
	['mʲæs tʂʲæ!]
Bringen Sie mich hier raus!	**Ištraukite mane iš čia!**
	[ɪʃ'trɑʊkʲɪtʲɛ ma'nʲɛ ɪʃ tʂʲæ!]
Ich brauche einen Arzt.	**Mán reikia dáktaro.**
	['man 'rʲɛɪkʲɛ 'daːktarɔ.]
Ich kann mich nicht bewegen.	**Negaliu pajudėti.**
	[nʲɛga'lʲʊ paju'dʲeːtʲɪ.]
Ich kann meine Beine nicht bewegen.	**Negaliu pajudinti kojų.**
	[nʲɛga'lʲʊ pa'judʲɪntʲɪ 'koju:.]

Ich habe eine Wunde.	**Aš sužeistas /sužeista/.**
	['aʃ 'sʊʒʲɛɪstas /sʊʒʲɛɪs'ta/.]
Ist es ernst?	**Ar žaizda sunki?**
	[ar ʒʌɪz'da sʊŋ'kʲɪ?]
Meine Dokumente sind in meiner Hosentasche.	**Mano dokumentai kišenėje.**
	['maːnɔ dokʊ'mentʌɪ kʲɪ'ʃænʲeːje.]
Beruhigen Sie sich!	**Nurimkite!**
	[nʊrʲɪmkʲɪtʲɛ!]
Kann ich Ihr Telefon benutzen?	**Ar galiu pasinaudoti júsų telefonu?**
	[ar ga'lʲʊ pasʲɪnɑʊ'dotʲɪ 'juːsu: tʲɛlʲɛfo'nʊ?]

Rufen Sie einen Krankenwagen!	**Kvieskite greitają!**
	['kvʲɛskʲɪtʲɛ 'grʲɛɪta:ja:!]
Es ist dringend!	**Tai skubu!**
	['tʌɪ skʊ'bʊ!]
Es ist ein Notfall!	**Tai skubus atvejis!**
	['tʌɪ skʊ'bʊs 'aːtvʲɛjis!]
Schneller bitte!	**Prašau, paskubėkite!**
	[pra'ʃɑʊ, paskʊ'bʲeːkʲɪte!]
Können Sie bitte einen Arzt rufen?	**Ar galite iškviesti dáktarą?**
	[ar 'gaːlʲɪtʲɛ ɪʃk'vʲɛstʲɪ 'daːktara:?]
Wo ist das Krankenhaus?	**Kur ligoninė?**
	['kʊr lʲɪ'gonʲɪnʲeː?]

Wie fühlen Sie sich?	**Kaip jaučiatės?**
	['kʌɪp 'jɛʊtʂʲætʲeːs?]
Ist bei Ihnen alles in Ordnung?	**Ar viskas gerai?**
	[ar 'vʲɪskas gʲɛ'rʌɪ?]
Was ist passiert?	**Kas atsitiko?**
	['kas atsʲɪ'tʲɪko?]

Mir geht es schon besser.

Jaučiúosi geriaũ.
[jɛʊ'tʂʲʊosʲɪ gʲɛ'rʲɛʊ.]

Es ist in Ordnung.

Vìskas tvarkojè.
['vʲɪskas tvarko'jæ.]

Alles ist in Ordnung.

Vìskas geraĩ.
['vʲɪskas gʲɛ'rʌɪ.]

In der Apotheke

Apotheke	**vaistinė** ['vʌɪstʲɪnʲeː]
24 Stunden Apotheke	**visą parą dirbanti vaistinė** ['vʲɪsɑ: 'pɑːra: 'dʲɪrbantʲɪ 'vʌɪstʲɪnʲeː]
Wo ist die nächste Apotheke?	**Kur yra artimiausia vaistinė?** ['kʊr iː'ra artʲɪ'mʲæʊsʲɛ 'vʌɪstʲɪnʲeː?]

Ist sie jetzt offen?	**Ar ji dabar dirba?** [ar jɪ da'bar 'dʲɪrba?]
Um wie viel Uhr öffnet sie?	**Kada ji atsidaro?** [ka'da jɪ atsʲɪ'da:ro?]
Um wie viel Uhr schließt sie?	**Kada ji užsidaro?** [ka'da jɪ ʊʒsʲɪ'da:ro?]

Ist es weit?	**Ar ji toli?** [ar jɪ 'to:lʲɪ?]
Kann ich dort zu Fuß hingehen?	**Ar galiu nueiti ten pėsčiomis?** [ar ga'lʲʊ 'nʊʲɛɪtʲɪ ten pʲeːstsʲo'mʲɪs?]
Können Sie es mir auf der Karte zeigen?	**Ar galite parodyti žemėlapyje?** [ar 'ga:lʲɪte pa'rodʲiːtʲɪ ʒeˈmʲeːlapʲiːje?]

Bitte geben sie mir etwas gegen …	**Duokite man kažką nuo …** ['dʊokʲɪtʲɛ 'man kaʒ'ka: nʊɑ …]
Kopfschmerzen	**galvos skausmo** [galʲ'vo:s 'skaʊsmo]
Husten	**kosulio** [kɔ'sʊlʲɔ]
eine Erkältung	**peršalimo** ['pʲɛrʃalʲɪmo]
die Grippe	**gripo** ['grʲɪpo]

Fieber	**karščiavimo** [karʃ'tsʲævʲɪmo]
Magenschmerzen	**skrandžio skausmo** ['skrandʒʲɔ 'skaʊsmo]
Übelkeit	**pykinimo** ['pʲiːkʲɪnʲɪmo]
Durchfall	**viduriavimo** [vʲɪdʊ'rʲævʲɪmo]
Verstopfung	**vidurių užkietėjimo** [vʲɪdʊ'rʲu: ʊʒkʲɪɛ'tʲɛjɪmo]
Rückenschmerzen	**nugaros skausmo** ['nʊgaros 'skaʊsmo]

Brustschmerzen	**krutinės skausmo**
	[krutʲɪ'nʲeːs 'skɑʊsmɔ]
Seitenstechen	**šóno diegìmo**
	[ˈʃɔnɔ dʲiɛ'gʲɪmɔ]
Bauchschmerzen	**pílvo skausmo**
	[ˈpʲɪlʲvɔ 'skɑʊsmɔ]

Pille	**tabletė**
	[tab'lʲɛtʲeː]
Salbe, Creme	**tėpalas, krèmas**
	[ˈtʲæpalʲas, 'krʲɛmas]
Sirup	**sìrupas**
	[ˈsʲɪrʊpas]
Spray	**pur̃škalas**
	[ˈpʊrʃkalʲas]
Tropfen	**lašaı̃**
	[lʲa'ʃʌɪ]

Sie müssen ins Krankenhaus gehen.	**Jùms reıkia ı̃ ligóninę.**
	[ˈjʊms 'rʲɛɪkʲɛ iː lʲɪ'gonʲɪnʲɛː.]
Krankenversicherung	**sveikãtos draudìmas**
	[svʲɛɪ'kaːtos drɑʊ'dʲɪmas]
Rezept	**vaısto recèptas**
	[ˈvʌɪstɔ rʲɛ'tsʲɛptas]
Insektenschutzmittel	**vabzdžıų̃ repeleñtas**
	[vabz'dʒʲuː rʲɛpʲɛ'lʲɛntas]
Pflaster	**pleıstras**
	[ˈplʲɛɪstras]

Das absolute Minimum

Entschuldigen Sie bitte, ...
Atsiprašaũ, ...
[atsʲɪpraˈʃɑʊ, ...]

Hallo.
Sveikì.
[svʲɛɪˈkʲɪ.]

Danke.
Ãčiū.
[ˈaːtʃʲuː.]

Auf Wiedersehen.
Ikì.
[ɪˈkʲɪ.]

Ja.
Taĩp.
[ˈtʌɪp.]

Nein.
Nè.
[ˈnʲɛ.]

Ich weiß nicht.
Nežinaũ.
[nʲɛʒʲɪˈnɑʊ.]

Wo? | Wohin? | Wann?
Kuȓ? | Kur? | Kadà?
[ˈkʊr? | ˈkʊr? | kaˈda?]

Ich brauche ...
Mán reĩkia ...
[ˈman ˈrʲɛɪkʲɛ ...]

Ich möchte ...
Nóriu ...
[ˈnorʲʊ ...]

Haben Sie ...?
Aȓ tùrite ...?
[ar ˈtʊrʲɪtʲɛ ...?]

Gibt es hier ...?
Aȓ čià yrà ...?
[ar ˈtʂʲæ iːˈra ...?]

Kann ich ...?
Aȓ galiù ...?
[ar gaˈlʲʊ ...?]

Bitte (anfragen)
Prašaũ ...
[praˈʃɑʊ ...]

Ich suche ...
Íeškau ...
[ˈɪʲɛʃkɑʊ ...]

die Toilette
tualèto
[tʊaˈlʲɛtɔ]

den Geldautomat
bankomãto
[baŋkoˈmaːtɔ]

die Apotheke
váistinės
[ˈvʌɪstʲɪnʲeːs]

das Krankenhaus
ligóninės
[lʲɪˈgonʲɪnʲeːs]

die Polizeistation
polìcijos skỹriaus
[poˈlʲɪtsɪjɔs ˈskʲiːrʲɛʊs]

die U-Bahn
metrò
[mʲɛˈtro]

das Taxi	**taksì** [tak'sʲɪ]
den Bahnhof	**traukinių̃ stotiẽs** [trɑʊkʲɪ'nʲu: sto'tʲɛs]

Ich heiße …	**Mãno var̃das …** ['ma:nɔ 'vardas …]
Wie heißen Sie?	**Kuõ jū̃s vardù?** ['kʊɑ 'ju:s var'dʊ?]
Helfen Sie mir bitte.	**Atsiprašaũ, ar̃ gãlite padė́ti?** [atsʲɪpra'ʃɑʊ, ar 'ga:lʲɪte pa'dʲe:tʲɪ?]
Ich habe ein Problem.	**Atsitìko problemà.** [atsʲɪ'tʲɪkɔ problʲɛ'ma.]
Mir ist schlecht.	**Mán blogà.** ['man blʲo'ga.]
Rufen Sie einen Krankenwagen!	**Kviẽskite greĩtąją!** ['kvʲɛskʲɪtʲɛ 'grʲɛɪta:ja:!]
Darf ich telefonieren?	**Ar̃ galiù paskam̃binti?** [ar ga'lʲʊ pas'kambʲɪntʲɪ?]

Entschuldigung.	**Atsiprašaũ.** [atsʲɪpra'ʃɑʊ.]
Keine Ursache.	**Nėrà ùž ką̃.** [nʲe:'ra 'ʊʒ ka:.]

ich	**àš** ['aʃ]
du	**tù** ['tʊ]
er	**jìs** [jɪs]
sie	**jì** [jɪ]
sie (Pl, Mask.)	**jiẽ** ['jiɛ]
sie (Pl, Fem.)	**jõs** ['jɔ:s]
wir	**mẽs** ['mʲæs]
ihr	**jū̃s** ['ju:s]
Sie	**Jū̃s** ['ju:s]

EINGANG	**ĮĖJÌMAS** [i:ʲɛ:'jɪmas]
AUSGANG	**IŠĖJÌMAS** [ɪʃe:'jɪmas]
AUßER BETRIEB	**NEVEĨKIA** [nʲɛ'vʲɛɪkʲɛ]
GESCHLOSSEN	**UŽDARÝTA** [ʊʒda'rʲi:ta]

OFFEN

ATIDARYTA
[atʲɪda'rʲiːta]

FÜR DAMEN

MÓTERŲ
['motʲɛruː]

FÜR HERREN

VÝRŲ
['vʲiːruː]

AKTUELLES VOKABULAR

Dieser Teil beinhaltet mehr als 3.000 der wichtigsten Wörter. Das Wörterbuch wird Ihnen wertvolle Unterstützung während Ihrer Reise bieten, weil einzelne, häufig benutzte Wörter genug sind, damit Sie verstanden werden. Das Wörterbuch beinhaltet eine praktische Transkription jedes Fremdworts

T&P Books Publishing

INHALT WÖRTERBUCH

T&P Books Publishing

GRUNDBEGRIFFE

T&P Books Publishing

1. Pronomen

| ich | aš | ['aʃ] |
| du | tù | ['tu] |

| er | jìs | [jɪs] |
| sie | jì | [jɪ] |

wir	mẽs	['mʲæs]
ihr	jũs	['ju:s]
sie	jiẽ	['jiɛ]

2. Grüße. Begrüßungen

Hallo! (ugs.)	Sveĩkas!	['svʲɛɪkas!]
Hallo! (Amtsspr.)	Sveikì!	[svʲɛɪ'kʲɪ!]
Guten Morgen!	Lãbas rýtas!	['lʲa:bas 'rʲi:tas!]
Guten Tag!	Labà dienà!	[lʲa'ba dʲiɛ'na!]
Guten Abend!	Lãbas vãkaras!	['lʲa:bas 'va:karas!]

grüßen (vi, vt)	sveĩkintis	['svʲɛɪkʲɪntʲɪs]
Hallo! (ugs.)	Lãbas!	['lʲa:bas!]
Gruß (m)	linkéjimas (v)	[lʲɪŋ'kʲɛjɪmas]
begrüßen (vt)	sveĩkinti	['svʲɛɪkʲɪntʲɪ]
Wie geht's?	Kaĩp sẽkasi?	['kʌɪp 'sʲækasʲɪ?]
Was gibt es Neues?	Kàs naũjo?	['kas 'nɑʊjɔ?]

Auf Wiedersehen!	Ikì pasimãtymo!	[ɪkʲɪ pasʲɪmatʲi:mo!]
Bis bald!	Ikì greĩto susìtikimo!	[ɪ'kʲɪ 'grʲɛɪtɔ susʲɪtʲɪ'kʲɪmɔ!]
Lebe wohl! Leben Sie wohl!	Lìkite sveikì!	['lʲɪkʲɪtʲɛ svʲɛɪ'kʲɪ!]
sich verabschieden	atsisveĩkinti	[atsʲɪ'svʲɛɪkʲɪntʲɪ]
Tschüs!	Ikì!	[ɪ'kʲɪ!]

Danke!	Ãčiū!	['a:tʂʲu:!]
Dankeschön!	Labaĩ ãčiū!	[lʲa'bʌɪ 'a:tʂʲu:!]
Bitte (Antwort)	Prãšom.	['pra:ʃom]
Keine Ursache.	Nevertà padėkõs.	[nʲɛver'ta padʲe:'ko:s]
Nichts zu danken.	Nėrà už kã̃.	[nʲe:'ra 'ʊʒ ka:]

Entschuldige!	Atleĩsk!	[at'lʲɛɪsk!]
Entschuldigung!	Atleĩskite!	[at'lʲɛɪskʲɪtʲɛ!]
entschuldigen (vt)	atleĩsti	[at'lʲɛɪstʲɪ]
sich entschuldigen	atsiprašýti	[atsʲɪpra'ʃʲɪːtʲɪ]

Verzeihung!	Māno atsiprāšymas.	['ma:nɔ ats'ɪ'pra:ʃɪ:mas]
Es tut mir leid!	Atléiskite!	[at'lʲɛɪskʲɪtʲɛ!]
verzeihen (vt)	atléisti	[at'lʲɛɪstʲɪ]
Das macht nichts!	Nĩeko baisaũs.	['nʲɛkɔ bʌɪ'sɑʊs]
bitte (Die Rechnung, ~!)	prāšom	['pra:ʃom]
Nicht vergessen!	Nepamĩ́ŕškite!	[nʲɛpa'mʲɪrʃkʲɪtʲɛ!]
Natürlich!	Žĩnoma!	['ʒʲɪnoma!]
Natürlich nicht!	Žĩnoma nè!	['ʒʲɪnoma nʲɛ!]
Gut! Okay!	Sutinkù!	[sʊtʲɪŋ'kʊ!]
Es ist genug!	Užtèks!	[ʊʒ'tʲɛks!]

3. Fragen

Wer?	Kàs?	['kas?]
Was?	Ką̃?	['ka:?]
Wo?	Ku̇̃r?	['kʊr?]
Wohin?	Ku̇̃r?	['kʊr?]
Woher?	Ìš ku̇̃r?	[ɪʃ 'kʊr?]
Wann?	Kadà?	[ka'da?]
Wozu?	Kám?	['kam?]
Warum?	Kodĕ̀l?	[kɔ'dʲe:lʲ?]
Wofür?	Kám?	['kam?]
Wie?	Kaìp?	['kʌɪp?]
Welcher?	Kóks?	['koks?]
Wem?	Kám?	['kam?]
Über wen?	Apiė ką̃?	[a'pʲɛ 'ka:?]
Wovon? (~ sprichst du?)	Apiė ką̃?	[a'pʲɛ 'ka:?]
Mit wem?	Sù kuõ?	['sʊ 'kʊɑ?]
Wie viel? Wie viele?	Kíek?	['kʲɪɛk?]
Wessen?	Kienõ?	[kʲɪɛ'no:?]

4. Präpositionen

mit (Frau ~ Katzen)	sù ...	['sʊ ...]
ohne (~ Dich)	bè	['bʲɛ]
nach (~ London)	į̃	[i:]
über	apiė	[a'pʲɛ]
(~ Geschäfte sprechen)		
vor (z.B. ~ acht Uhr)	ikì	[ɪ'kʲɪ]
vor (z.B. ~ dem Haus)	priẽš	['prʲɛʃ]
unter (~ dem Schirm)	põ	['po:]
über	vĩŕš	['vʲɪrʃ]
(~ dem Meeresspiegel)		

auf (~ dem Tisch)	añt	['ant]
aus (z.B. ~ München)	iš	[ɪʃ]
aus (z.B. ~ Porzellan)	iš	[ɪʃ]
in (~ zwei Tagen)	põ ..., už ...	['po: ...], ['ʊʒ ...]
über (~ zaun)	per̃	['pʲɛr]

5. Funktionswörter. Adverbien. Teil 1

Wo?	Kur̃?	['kʊr?]
hier	čià	['tʂʲæ]
dort	teñ	['tʲɛn]
irgendwo	kažkur̃	[kaʒ'kʊr]
nirgends	niẽkur	['nʲɛkʊr]
an (bei)	priẽ ...	['prʲɛ ...]
am Fenster	priẽ lángo	['prʲɛ 'lʲangɔ]
Wohin?	Kur̃?	['kʊr?]
hierher	čià	['tʂʲæ]
dahin	teñ	['tʲɛn]
von hier	iš čià	[ɪʃ tʂʲæ]
von da	iš teñ	[ɪʃ tʲɛn]
nah (Adv)	šalià	[ʃa'lʲæ]
weit, fern (Adv)	tolì	[to'lʲɪ]
in der Nähe von ...	šalià	[ʃa'lʲæ]
in der Nähe	artì	[ar'tʲɪ]
unweit (~ unseres Hotels)	netolì	[nʲɛ'tolʲɪ]
link (Adj)	kairỹs	[kʌɪ'rʲi:s]
links (Adv)	iš kairẽs	[ɪʃ kʌɪ'rʲe:s]
nach links	į̃ kaĩrę	[i: 'kʌɪrʲɛ:]
recht (Adj)	dešinỹs	[dʲɛʃɪ'nʲi:s]
rechts (Adv)	iš dešinẽs	[ɪʃ dɛʃɪ'nʲe:s]
nach rechts	į̃ dẽšinę	[i: 'dʲæʃɪnʲɛ:]
vorne (Adv)	príekyje	['prʲɛkʲi:jɛ]
Vorder-	príekinis	['prʲɛkʲɪnʲɪs]
vorwärts	pirmỹn	[pʲɪr'mʲi:n]
hinten (Adv)	galè	[ga'lʲɛ]
von hinten	iš gãlo	[ɪʃ 'ga:lʲɔ]
rückwärts (Adv)	atgal̃	[at'galʲ]
Mitte (f)	vidurỹs (v)	[vʲɪdʊ'rʲi:s]
in der Mitte	per̃ vìdurį	['pʲɛr 'vʲɪ:dʊrʲɪ:]

seitlich (Adv)	šóne	[ˈʃonʲɛ]
überall (Adv)	visur̃	[vʲɪˈsʊr]
ringsherum (Adv)	apliñkui	[apˈlʲɪŋkʊi]
von innen (Adv)	ìš vidaũs	[ɪʃ vʲɪˈdɑʊs]
irgendwohin (Adv)	kažkur̃	[kaʒˈkʊr]
geradeaus (Adv)	tiẽsiai	[ˈtʲɛsʲɛɪ]
zurück (Adv)	atgal̃	[atˈgalʲ]
irgendwoher (Adv)	ìš kur̃ nórs	[ɪʃ ˈkʊr ˈnors]
von irgendwo (Adv)	ìš kažkur̃	[ɪʃ kaʒˈkʊr]
erstens	pìrma	[ˈpʲɪrma]
zweitens	antra	[ˈantra]
drittens	trẽčia	[ˈtrʲætʂʲæ]
plötzlich (Adv)	staigà	[stʌɪˈga]
zuerst (Adv)	pradžiój	[pradˈʒʲoːj]
zum ersten Mal	pìrmą kártą	[ˈpʲɪrmaː ˈkarta:]
lange vor...	daũg laĩko priẽš ...	[ˈdɑʊg ˈlʲʌɪkɔ ˈprʲɛʃ ...]
von Anfang an	ìš naũjo	[ɪʃ ˈnɑʊjɔ]
für immer	visám laĩkui	[vʲɪˈsam ˈlʲʌɪkʊi]
nie (Adv)	niekadà	[nʲiɛkadˈa]
wieder (Adv)	vėl	[ˈvʲeːlʲ]
jetzt (Adv)	dabar̃	[daˈbar]
oft (Adv)	dažnaĩ	[daʒˈnʌɪ]
damals (Adv)	tadà	[taˈda]
dringend (Adv)	skubiaĩ	[skʊˈbʲɛɪ]
gewöhnlich (Adv)	įprastaĩ	[i:prasˈtʌɪ]
übrigens, ...	bejè, ...	[bɛˈjæ, ...]
möglicherweise (Adv)	įmãnoma	[i:ˈmaːnoma]
wahrscheinlich (Adv)	tikétina	[tʲɪˈkʲeːtʲɪna]
vielleicht (Adv)	gãli bū́ti	[ˈgaːlʲɪ ˈbuːtʲɪ]
außerdem ...	bè tõ, ...	[ˈbʲɛ toː, ...]
deshalb ...	todė̃l ...	[toˈdʲeːlʲ ...]
trotz ...	nepaĩsant ...	[nʲɛˈpʌɪsant ...]
dank ...	... dėkà	[... dʲeːˈka]
was (~ ist denn?)	kàs	[ˈkas]
das (~ ist alles)	kàs	[ˈkas]
etwas	kažkàs	[kaʒˈkas]
irgendwas	kažkàs	[kaʒˈkas]
nichts	niẽko	[ˈnʲɛkɔ]
wer (~ ist ~?)	kàs	[ˈkas]
jemand	kažkàs	[kaʒˈkas]
irgendwer	kažkàs	[kaʒˈkas]
niemand	niẽkas	[ˈnʲɛkas]
nirgends	niẽkur	[ˈnʲɛkʊr]

| niemandes (~ Eigentum) | niẽkieno | ['nʲɛ'kʲiɛnɔ] |
| jemandes | kažkienõ | [kaʒkʲiɛ'noː] |

so (derart)	taĩp	['tʌɪp]
auch	taĩp pàt	['tʌɪp 'pat]
ebenfalls	ĩrgi	['ɪrgʲɪ]

6. Funktionswörter. Adverbien. Teil 2

Warum?	Kodė́l?	[kʊ'dʲe:lʲ?]
aus irgendeinem Grund	kažkodė́l	[kaʒkʊ'dʲe:lʲ]
weil …	… todė́l, kàd	[… tʊ'dʲe:lʲ, 'kad]
zu irgendeinem Zweck	kažkodė́l	[kaʒkʊ'dʲe:lʲ]

und	ĩr	[ɪr]
oder	arbà	[ar'ba]
aber	bèt	['bʲɛt]

zu (~ viele)	pernelýg	[pʲɛrnʲɛ'lʲiːg]
nur (~ einmal)	tiktaĩ	[tʲɪk'tʌɪ]
genau (Adv)	tiksliaĩ	[tʲɪks'lʲɛɪ]
etwa	maždaũg	[maʒ'daʊg]

ungefähr (Adv)	apýtikriai	[a'pʲiːtʲɪkrʲɛɪ]
ungefähr (Adj)	apýtikriai	[a'pʲiːtʲɪkrʲɛɪ]
fast	beveĩk	[bʲɛ'vʲɛɪk]
Übrige (n)	vìsa kìta (m)	['vʲɪsa 'kʲɪta]

jeder (~ Mann)	kiekvíenas	[kʲiɛk'vʲiɛnas]
beliebig (Adj)	bèt kurìs	['bʲɛt kʊ'rʲɪs]
viel	daũg	['daʊg]
viele Menschen	daũgelis	['daʊgʲɛlʲɪs]
alle (wir ~)	visì	[vʲɪ'sʲɪ]

| im Austausch gegen … | mainaĩs į̃ … | [mʌɪ'nʌɪs iː ..] |
| dafür (Adv) | mainaĩs | [mʌɪ'nʌɪs] |

| mit der Hand (Hand-) | rañkiniu būdù | ['raŋkʲɪnʲʊ buːˈdʊ] |
| schwerlich (Adv) | kažì | [ka'ʒʲɪ] |

wahrscheinlich (Adv)	tikriáusiai	[tʲɪk'rʲæʊsʲɛɪ]
absichtlich (Adv)	týčia	['tʲiːtʂʲæ]
zufällig (Adv)	netýčia	[nʲɛ'tʲiːtʂʲæ]

sehr (Adv)	labaĩ	[lʲa'bʌɪ]
zum Beispiel	pãvyzdžiui	['pa:vʲiːzdʒʲʊi]
zwischen	taȓp	['tarp]
unter (Wir sind ~ Mördern)	taȓp	['tarp]
so viele (~ Ideen)	tiẽk	['tʲɛk]
besonders (Adv)	ýpač	['ɪːpatʂ]

ZAHLEN. VERSCHIEDENES

T&P Books Publishing

7. Grundzahlen. Teil 1

null	nùlis	['nʊlʲɪs]
eins	víenas	['vʲiɛnas]
zwei	dù	['dʊ]
drei	trìs	['trʲɪs]
vier	keturì	[kʲɛtʊ'rʲɪ]

fünf	penkì	[pʲɛŋ'kʲɪ]
sechs	šešì	[ʃɛ'ʃɪ]
sieben	septynì	[sʲɛptʲiː'nʲɪ]
acht	aštuonì	[aʃtʊɑ'nʲɪ]
neun	devynì	[dʲɛvʲiː'nʲɪ]

zehn	dẽšimt	['dʲæʃɪmt]
elf	vienúolika	[vʲiɛ'nʊɑlʲɪka]
zwölf	dvýlika	['dvʲiː'lʲɪka]
dreizehn	trýlika	['trʲiː'lʲɪka]
vierzehn	keturiólika	[kʲɛtʊ'rʲolʲɪka]

fünfzehn	penkiólika	[pʲɛŋ'kʲolʲɪka]
sechzehn	šešiólika	[ʃɛ'ʃolʲɪka]
siebzehn	septyniólika	[sʲɛptʲiː'nʲolʲɪka]
achtzehn	aštuoniólika	[aʃtʊɑ'nʲolʲɪka]
neunzehn	devyniólika	[dʲɛvʲiː'nʲolʲɪka]

zwanzig	dvìdešimt	['dvʲɪdʲɛʃɪmt]
einundzwanzig	dvìdešimt víenas	['dvʲɪdʲɛʃɪmt 'vʲiɛnas]
zweiundzwanzig	dvìdešimt dù	['dvʲɪdʲɛʃɪmt 'dʊ]
dreiundzwanzig	dvìdešimt trìs	['dvʲɪdʲɛʃɪmt 'trʲɪs]

dreißig	trìsdešimt	['trʲɪsdʲɛʃɪmt]
einunddreißig	trìsdešimt víenas	['trʲɪsdʲɛʃɪmt 'vʲiɛnas]
zweiunddreißig	trìsdešimt dù	['trʲɪsdʲɛʃɪmt 'dʊ]
dreiunddreißig	trìsdešimt trìs	['trʲɪsdʲɛʃɪmt 'trʲɪs]

vierzig	kẽturiasdešimt	['kʲætʊrʲæsdʲɛʃɪmt]
einundvierzig	kẽturiasdešimt víenas	['kʲætʊrʲæsdʲɛʃɪmt 'vʲiɛnas]
zweiundvierzig	kẽturiasdešimt dù	['kʲætʊrʲæsdʲɛʃɪmt 'dʊ]
dreiundvierzig	kẽturiasdešimt trìs	['kʲætʊrʲæsdʲɛʃɪmt 'trʲɪs]

fünfzig	peñkiasdešimt	['pʲɛŋkʲæsdʲɛʃɪmt]
einundfünfzig	peñkiasdešimt víenas	['pʲɛŋkʲæsdʲɛʃɪmt 'vʲiɛnas]
zweiundfünfzig	peñkiasdešimt dù	['pʲɛŋkʲæsdʲɛʃɪmt 'dʊ]
dreiundfünfzig	peñkiasdešimt trìs	['pʲɛŋkʲæsdʲɛʃɪmt 'trʲɪs]
sechzig	šẽšiasdešimt	['ʃæʃæsdʲɛʃɪmt]

einundsechzig	šešiasdešimt víenas	[ˈʃæʃæsdʲeʃˑɪmt ˈvʲiɛnas]
zweiundsechzig	šešiasdešimt dù	[ˈʃæʃæsdʲeʃˑɪmt ˈdʊ]
dreiundsechzig	šešiasdešimt trìs	[ˈʃæʃæsdʲeʃˑɪmt ˈtrʲɪs]

siebzig	septýniasdešimt	[sʲɛpˈtʲiːnʲæsdʲeʃˑɪmt]
einundsiebzig	septýniasdešimt víenas	[sʲɛpˈtʲiːnʲæsdʲeʃˑɪmt ˈvʲiɛnas]
zweiundsiebzig	septýniasdešimt dù	[sʲɛpˈtʲiːnʲæsdʲeʃˑɪmt ˈdʊ]
dreiundsiebzig	septýniasdešimt trìs	[sʲɛpˈtʲiːnʲæsdʲeʃˑɪmt ˈtrʲɪs]

achtzig	aštúoniasdešimt	[aʃˈtʊɑnʲæsdʲeʃˑɪmt]
einundachtzig	aštúoniasdešimt víenas	[aʃˈtʊɑnʲæsdʲeʃˑɪmt ˈvʲiɛnas]
zweiundachtzig	aštúoniasdešimt dù	[aʃˈtʊɑnʲæsdʲeʃˑɪmt ˈdʊ]
dreiundachtzig	aštúoniasdešimt trìs	[aʃˈtʊɑnʲæsdʲeʃˑɪmt ˈtrʲɪs]

neunzig	devýniasdešimt	[dʲɛˈvʲiːnʲæsdʲeʃˑɪmt]
einundneunzig	devýniasdešimt víenas	[dʲɛˈvʲiːnʲæsdʲeʃˑɪmt ˈvʲiɛnas]
zweiundneunzig	devýniasdešimt dù	[dʲɛˈvʲiːnʲæsdʲeʃˑɪmt ˈdʊ]
dreiundneunzig	devýniasdešimt trìs	[dʲɛˈvʲiːnʲæsdʲeʃˑɪmt ˈtrʲɪs]

8. Grundzahlen. Teil 2

einhundert	šim̃tas	[ˈʃɪmtas]
zweihundert	dù šimtaĩ	[ˈdʊ ʃɪmˈtʌɪ]
dreihundert	trìs šimtaĩ	[ˈtrʲɪs ʃɪmˈtʌɪ]
vierhundert	keturì šimtaĩ	[kʲɛtʊˈrʲɪ ʃɪmˈtʌɪ]
fünfhundert	penkì šimtaĩ	[pʲɛŋˈkʲɪ ʃɪmˈtʌɪ]

sechshundert	šešì šimtaĩ	[ʃɛˈʃɪ ʃɪmˈtʌɪ]
siebenhundert	septynì šimtaĩ	[sʲɛpˈtʲiːnʲɪ ˈʃɪmtʌɪ]
achthundert	aštuonì šimtaĩ	[aʃtʊɑˈnʲɪ ʃɪmˈtʌɪ]
neunhundert	devynì šimtaĩ	[dʲɛvʲiːˈnʲɪ ʃɪmˈtʌɪ]

eintausend	túkstantis	[ˈtuːkstantʲɪs]
zweitausend	dù túkstančiai	[ˈdʊ ˈtuːkstantʃʲɛɪ]
dreitausend	trỹs túkstančiai	[ˈtrʲiːs ˈtuːkstantʃʲɛɪ]
zehntausend	dešimt túkstančių	[ˈdʲæʃˑɪmt ˈtuːkstantʃʲuː]
hunderttausend	šim̃tas túkstančių	[ˈʃɪmtas ˈtuːkstantʃʲuː]
Million (f)	milijõnas (v)	[mʲɪlʲɪˈjɔːnas]
Milliarde (f)	milijárdas (v)	[mʲɪlʲɪˈrʲjardas]

9. Ordnungszahlen

der erste	pìrmas	[ˈpʲɪrmas]
der zweite	añtras	[ˈantras]
der dritte	trẽčias	[ˈtrʲætʃʲæs]
der vierte	ketvìrtas	[kʲɛtˈvʲɪrtas]
der fünfte	peñktas	[ˈpʲɛŋktas]
der sechste	šẽštas	[ˈʃæʃtas]

der siebte	**septintas**	[sʲɛpˈtʲɪntas]
der achte	**aštuntas**	[aʃˈtʊntas]
der neunte	**devintas**	[dʲɛˈvʲɪntas]
der zehnte	**dešimtas**	[dʲɛˈʃɪmtas]

TヒP BOOKS

FARBEN. MASSEINHEITEN

T&P Books Publishing

Farbe (f)	spalva (m)	[spalʲ'va]
Schattierung (f)	atspalvis (v)	['a:tspalʲvʲɪs]
Farbton (m)	tonas (v)	['tonas]
Regenbogen (m)	vaivorykštė (m)	[vʌɪ'vorʲi:kʃtʲe:]

weiß	balta	[balʲ'ta]
schwarz	juoda	[juɑ'da]
grau	pilka	[pʲɪlʲ'ka]

grün	žalia	[ʒa'lʲæ]
gelb	geltona	[gʲɛlʲ'tona]
rot	raudona	[rɑʊ'dona]
blau	mėlyna	['mʲe:lʲi:na]
hellblau	žydra	[ʒʲi:d'ra]
rosa	rožinė	['ro:ʒ'ɪnʲe:]
orange	oranžinė	[o'ranʒʲɪnʲe:]
violett	violetinė	[vʲɪjo'lʲɛtʲɪnʲe:]
braun	ruda	[rʊ'da]

golden	auksinis	[ɑʊk's'ɪnʲɪs]
silbrig	sidabrinis	[sʲɪda'brʲɪnʲɪs]
beige	smėlio spalvos	['smʲe:lʲo spalʲ'vo:s]
cremefarben	krėminės spalvos	['krʲɛmʲɪnʲe:s spalʲ'vo:s]
türkis	turkio spalvos	['tʊrkʲo spalʲ'vo:s]
kirschrot	vyšnių spalvos	[vʲi:ʃnʲu: spalʲ'vo:s]
lila	alyvų spalvos	[a'lʲi:vu: spalʲ'vo:s]
himbeerrot	avietinės spalvos	[a'vʲɛtʲɪnʲe:s spalʲ'vo:s]

hell	šviesi	[ʃvʲɪɛ's'ɪ]
dunkel	tamsi	[tam's'ɪ]
grell	ryški	[rʲɪʃ'kʲɪ]

Farb- (z.B. -stifte)	spalvotas	[spalʲ'votas]
Farb- (z.B. -film)	spalvotas	[spalʲ'votas]
schwarz-weiß	juodai baltas	[juɑ'dʌɪ 'balʲtas]
einfarbig	vienspalvis	[vʲɪɛns'palʲvʲɪs]
bunt	įvairiaspalvis	[i:vʌɪrʲæs'palʲvʲɪs]

| Gewicht (n) | svoris (v) | ['svo:rʲɪs] |
| Länge (f) | ilgis (v) | [ilʲgʲɪs] |

Breite (f)	plotis (v)	['plᶦo:tⁱɪs]
Höhe (f)	aukštis (v)	['ɑukʃtⁱɪs]
Tiefe (f)	gylis (v)	['gⁱi:lⁱɪs]
Volumen (n)	turis (v)	['tu:rⁱɪs]
Fläche (f)	plotas (v)	['plᶦotas]

Gramm (n)	gramas (v)	['gra:mas]
Milligramm (n)	miligramas (v)	[mⁱɪlⁱɪ'gra:mas]
Kilo (n)	kilogramas (v)	[kⁱɪlᶦo'gra:mas]
Tonne (f)	tona (m)	[to'na]
Pfund (n)	svaras (v)	['sva:ras]
Unze (f)	uncija (m)	['untsⁱɪjɛ]

Meter (m)	metras (v)	['mⁱɛtras]
Millimeter (m)	milimetras (v)	[mⁱɪlⁱɪr'mⁱɛtras]
Zentimeter (m)	centimetras (v)	[tsⁱɛntⁱɪr'mⁱɛtras]
Kilometer (m)	kilometras (v)	[kⁱɪlᶦo'mⁱɛtras]
Meile (f)	mylia (m)	[mⁱi:lⁱæ]
Zoll (m)	colis (v)	['tsolⁱɪs]
Fuß (m)	peda (m)	[pⁱe:'da]
Yard (n)	jardas (v)	[jardas]

Quadratmeter (m)	kvadratinis metras (v)	[kvad'ra:tⁱɪnⁱɪs 'mⁱɛtras]
Hektar (n)	hektaras (v)	[ɣⁱɛk'ta:ras]
Liter (m)	litras (v)	['lⁱɪtras]
Grad (m)	laipsnis (v)	['lⁱʌɪpsnⁱɪs]
Volt (n)	voltas (v)	['volⁱtas]
Ampere (n)	amperas (v)	[am'pⁱɛras]
Pferdestärke (f)	arklio galia (m)	['arklᶦo ga'lⁱæ]

Anzahl (f)	kiekis (v)	['kⁱɛkⁱɪs]
etwas ...	nedaug ...	[nⁱɛ'dɑug ...]
Hälfte (f)	puse (m)	['pusⁱe:]
Dutzend (n)	tuzinas (v)	['tuzⁱɪnas]
Stück (n)	vienetas (v)	['vⁱiɛnⁱɛtas]

Größe (f)	dydis (v),	['dⁱi:dⁱɪs],
	išmatavimai (v dgs)	[iʃma'ta:vⁱɪmʌɪ]
Maßstab (m)	mastelis (v)	[mas'tⁱælⁱɪs]

minimal (Adj)	minimalus	[mⁱɪnⁱɪma'lⁱus]
der kleinste	mažiausias	[ma'ʒⁱæusⁱæs]
mittler, mittel-	vidutinis	[vⁱɪdu'tⁱɪnⁱɪs]
maximal (Adj)	maksimalus	[maksⁱɪma'lⁱus]
der größte	didžiausias	[dⁱɪ'dʒⁱæusⁱæs]

12. Behälter

| Glas (Einmachglas) | stiklainis (v) | [stⁱɪk'lⁱʌɪnⁱɪs] |
| Dose (z.B. Bierdose) | skardine (m) | [skar'dⁱɪnⁱe:] |

Eimer (m)	**kìbiras** (v)	['kʲɪbʲɪras]
Fass (n), Tonne (f)	**statìnė** (m)	[sta'tʲɪnʲe:]
Waschschüssel (n)	**dubenělis** (v)	[dʊbe'nʲe:lʲɪs]
Tank (m)	**bãkas** (v)	['ba:kas]
Flachmann (m)	**kòlba** (m)	['kolʲba]
Kanister (m)	**kanìstras** (v)	[ka'nʲɪstras]
Zisterne (f)	**bãkas** (v)	['ba:kas]
Kaffeebecher (m)	**puodělis** (v)	[pʊɑ'dʲælʲɪs]
Tasse (f)	**puodělis** (v)	[pʊɑ'dʲælʲɪs]
Untertasse (f)	**lėkštělė** (m)	[lʲe:kʃtʲælʲe:]
Wasserglas (n)	**stìklas** (v)	['stʲɪklʲas]
Weinglas (n)	**taurě** (m)	[taʊ'rʲe:]
Kochtopf (m)	**púodas** (v)	['pʊɑdas]
Flasche (f)	**bùtelis** (v)	['bʊtʲɛlʲɪs]
Flaschenhals (m)	**kãklas** (v)	['ka:klʲas]
Karaffe (f)	**grafìnas** (v)	[gra'fʲɪnas]
Tonkrug (m)	**ąsõtis** (v)	[a:'so:tʲɪs]
Gefäß (n)	**ìndas** (v)	['ɪndas]
Tontopf (m)	**púodas** (v)	['pʊɑdas]
Vase (f)	**vazà** (m)	[va'za]
Flakon (n)	**bùtelis** (v)	['bʊtʲɛlʲɪs]
Fläschchen (n)	**buteliùkas** (v)	[bʊtʲɛ'lʲʊkas]
Tube (z.B. Zahnpasta)	**tūbà** (m)	[tu:'ba]
Sack (~ Kartoffeln)	**maĩšas** (v)	['mʌɪʃas]
Tüte (z.B. Plastiktüte)	**pakėtas** (v)	[pa'kʲɛtas]
Schachtel (z.B. Zigaretten~)	**plúoštas** (v)	['plʲʊɑʃtas]
Karton (z.B. Schuhkarton)	**dėžě** (m)	[dʲe:'ʒʲe:]
Kiste (z.B. Bananenkiste)	**dėžě** (m)	[dʲe:'ʒʲe:]
Korb (m)	**krepšỹs** (v)	[krʲɛp'ʃʲɪ:s]

T&P BOOKS

DIE WICHTIGSTEN
VERBEN

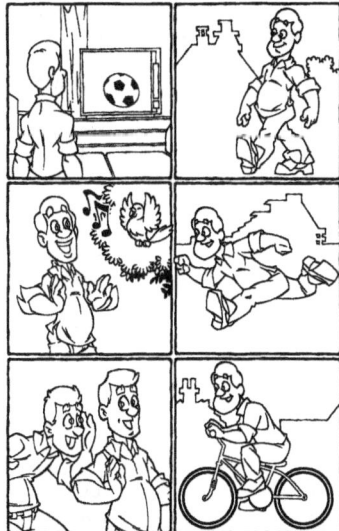

T&P Books Publishing

abbiegen (nach links ~)	sùkti	['sʊktʲɪ]
abschicken (vt)	išsiùsti	[ɪʃˈsʲuːstʲɪ]
ändern (vt)	pakeìsti	[paˈkʲɛɪstʲɪ]
andeuten (vt)	užsimìnti	[ʊʒsʲɪˈmʲɪntʲɪ]
Angst haben	bijóti	[bʲɪˈjotʲɪ]

ankommen (vi)	atvažiúoti	[atvaˈʒʲʊatʲɪ]
antworten (vi)	atsakýti	[atsaˈkʲiːtʲɪ]
arbeiten (vi)	dìrbti	[ˈdʲɪrptʲɪ]
auf ... zählen	tikétis ...	[tʲɪˈkʲeːtʲɪs ...]
aufbewahren (vt)	sáugoti	[ˈsaʊgotʲɪ]

aufschreiben (vt)	užrašinéti	[ʊʒraʃʲɪˈnʲeːtʲɪ]
ausgehen (vi)	išeĩti	[ɪˈʃɛɪtʲɪ]
aussprechen (vt)	ištar̃ti	[ɪʃˈtartʲɪ]
bedauern (vt)	gailétis	[gʌɪˈlʲeːtʲɪs]
bedeuten (vt)	réikšti	[ˈrʲɛɪkʃtʲɪ]
beenden (vt)	užbaìgti	[ʊʒˈbʌɪktʲɪ]

befehlen (Milit.)	nurodinéti	[nʊrodʲɪˈnʲeːtʲɪ]
befreien (Stadt usw.)	išláisvinti	[ɪʃˈlʲʌɪsvʲɪntʲɪ]
beginnen (vt)	pradéti	[praˈdʲeːtʲɪ]
bemerken (vt)	pastebéti	[pasteˈbʲeːtʲɪ]
beobachten (vt)	stebéti	[steˈbʲeːtʲɪ]

berühren (vt)	čiupinéti	[tʂʲʊpʲɪˈnʲeːtʲɪ]
besitzen (vt)	mokéti	[moˈkʲeːtʲɪ]
besprechen (vt)	aptarinéti	[aptarʲɪˈnʲætʲɪ]
bestehen auf	reikaláuti	[rʲɛɪkaˈlʲʌʊtʲɪ]
bestellen (im Restaurant)	užsakinéti	[ʊʒsakʲɪˈnʲeːtʲɪ]

bestrafen (vt)	baũsti	[ˈbaʊstʲɪ]
beten (vi)	meĺstis	[ˈmʲɛlˠstʲɪs]
bitten (vt)	prašýti	[praˈʃiːtʲɪ]
brechen (vt)	láužyti	[ˈlˠaʊʒʲiːtʲɪ]
denken (vi, vt)	galvóti	[galʲˈvotʲɪ]

drohen (vi)	grasìnti	[graˈsʲɪntʲɪ]
Durst haben	noréti gérti	[noˈrʲeːtʲɪ ˈgʲærtʲɪ]
einladen (vt)	kviẽsti	[ˈkvʲɛstʲɪ]
einstellen (vt)	nustóti	[nʊˈstotʲɪ]
einwenden (vt)	prieštaráuti	[prʲiɛʃtaˈrʌʊtʲɪ]
empfehlen (vt)	rekomendúoti	[rʲɛkomʲɛnˈdʊatʲɪ]
erklären (vt)	paaĩškinti	[paˈʌɪʃkʲɪntʲɪ]

erlauben (vt)	leisti	['lʲɛɪstʲɪ]
ermorden (vt)	žudyti	[ʒʊ'dʲiːtʲɪ]
erwähnen (vt)	minéti	[mʲɪ'nʲeːtʲɪ]
existieren (vi)	egzistúoti	[ɛgzʲɪs'tʊatʲɪ]

14. Die wichtigsten Verben. Teil 2

fallen (vi)	krìsti	['krʲɪstʲɪ]
fallen lassen	numèsti	[nʊ'mʲɛstʲɪ]
fangen (vt)	gáudyti	['gaʊdʲiːtʲɪ]
finden (vt)	ràsti	['rastʲɪ]
fliegen (vi)	skrìsti	['skrʲɪstʲɪ]

folgen (Folge mir!)	sèkti ...	['sʲɛktʲɪ ...]
fortsetzen (vt)	tęsti	['tʲɛːstʲɪ]
fragen (vt)	kláusti	['klʲaʊstʲɪ]
frühstücken (vi)	pùsryčiauti	['pʊsrʲiːtʃɛʊtʲɪ]
geben (vt)	dúoti	['dʊatʲɪ]

gefallen (vi)	patìkti	[pa'tʲɪktʲɪ]
gehen (zu Fuß gehen)	eìti	['ɛɪtʲɪ]
gehören (vi)	priklausýti	[prʲɪklʲaʊ'sʲiːtʲɪ]
graben (vt)	raũsti	['raʊstʲɪ]

haben (vt)	turéti	[tʊ'rʲeːtʲɪ]
helfen (vi)	padéti	[pa'dʲeːtʲɪ]
herabsteigen (vi)	leistis	['lʲɛɪstʲɪs]
hereinkommen (vi)	įeìti	[iː'ɛɪtʲɪ]

hoffen (vi)	tikétis	[tʲɪ'kʲeːtʲɪs]
hören (vt)	girdéti	[gʲɪr'dʲeːtʲɪ]
hungrig sein	noréti válgyti	[no'rʲeːtʲɪ 'valʲgʲiːtʲɪ]
informieren (vt)	informúoti	[ɪnfor'mʊatʲɪ]
jagen (vi)	medžióti	[mʲɛ'dʒʲotʲɪ]

kennen (vt)	pažinóti	[paʒʲɪ'notʲɪ]
klagen (vi)	skústis	['skuːstʲɪs]
können (v mod)	galéti	[ga'lʲeːtʲɪ]
kontrollieren (vt)	kontroliúoti	[kontro'lʲʊatʲɪ]
kosten (vt)	kainúoti	[kʌɪ'nʊatʲɪ]

kränken (vt)	įžeidinéti	[iːʒʲɛɪdʲɪ'nʲeːtʲɪ]
lächeln (vi)	šypsótis	[ʃɪːp'sotʲɪs]
lachen (vi)	juõktis	['jʊaktʲɪs]
laufen (vi)	bégti	['bʲeːktʲɪ]
leiten (Betrieb usw.)	vadováuti	[vado'vaʊtʲɪ]

lernen (vt)	studijúoti	[stʊdʲɪ'jʊatʲɪ]
lesen (vi, vt)	skaitýti	[skʌɪ'tʲiːtʲɪ]
lieben (vt)	myléti	[mʲiː'lʲeːtʲɪ]

machen (vt)	darýti	[da'rʲi:tʲɪ]
mieten (Haus usw.)	núomotis	['nʊamotʲɪs]
nehmen (vt)	im̃ti	['ɪmtʲɪ]
noch einmal sagen	kartóti	[kar'totʲɪ]
nötig sein	bū́ti reikalìngu	['bu:tʲɪ rʲɛɪka'lʲɪŋgʊ]
öffnen (vt)	atidarýti	[atʲɪda'rʲi:tʲɪ]

15. Die wichtigsten Verben. Teil 3

planen (vt)	planúoti	[plʲa'nʊatʲɪ]
prahlen (vi)	gìrtis	['gʲɪrtʲɪs]
raten (vt)	patarinéti	[patarʲɪ'nʲe:tʲɪ]
rechnen (vt)	skaičiúoti	[skʌɪ'tʲɕʊatʲɪ]
reservieren (vt)	rezervúoti	[rʲɛzʲɛr'vʊatʲɪ]

retten (vt)	gélbėti	['gʲælʲbʲe:tʲɪ]
richtig raten (vt)	atspéti	[at'spʲe:tʲɪ]
rufen (um Hilfe ~)	kviẽsti	['kvʲɛstʲɪ]
sagen (vt)	pasakýti	[pasa'kʲi:tʲɪ]
schaffen	sukùrti	[sʊ'kʊrtʲɪ]
(Etwas Neues zu ~)		

schelten (vt)	bárti	['bartʲɪ]
schießen (vi)	šáudyti	['ʃaʊdʲi:tʲɪ]
schmücken (vt)	puõšti	['pʊaʃtʲɪ]
schreiben (vi, vt)	rašýti	[ra'ʃʲi:tʲɪ]
schreien (vi)	šaũkti	['ʃaʊktʲɪ]

| schweigen (vi) | tyléti | [tʲi:'lʲe:tʲɪ] |
| schwimmen (vi) | plaũkti | ['plʲaʊktʲɪ] |

| schwimmen gehen | máudytis | ['maʊdʲi:tʲɪs] |
| sehen (vi, vt) | matýti | [ma'tʲi:tʲɪ] |

sein (vi)	bū́ti	['bu:tʲɪ]
sich beeilen	skubéti	[skʊ'bʲe:tʲɪ]
sich entschuldigen	atsiprašinéti	[atsʲɪpraʃʲɪ'nʲe:tʲɪ]

sich interessieren	dométis	[do'mʲe:tʲɪs]
sich irren	klýsti	['klʲi:stʲɪ]
sich setzen	séstis	['sʲe:stʲɪs]

| sich weigern | atsisakýti | [atsʲɪsa'kʲi:tʲɪ] |
| spielen (vi, vt) | žaĩsti | ['ʒʌɪstʲɪ] |

sprechen (vi)	sakýti	[sa'kʲi:tʲɪ]
staunen (vi)	stebétis	[ste'bʲe:tʲɪs]
stehlen (vt)	võgti	['vo:ktʲɪ]
stoppen (vt)	sustóti	[sʊs'totʲɪ]
suchen (vt)	ieškóti	[ɪɛʃ'kotʲɪ]

16. Die wichtigsten Verben. Teil 4

täuschen (vt)	apgaudinéti	[apgɑʊdⁱɪ'nⁱeːtⁱɪ]
teilnehmen (vi)	dalyváuti	[dalⁱiː'vɑʊtⁱɪ]
übersetzen (Buch usw.)	vèrsti	['vⁱɛrstⁱɪ]
unterschätzen (vt)	neįvértinti	[nⁱɛɪ:'vⁱɛrtⁱɪntⁱɪ]
unterschreiben (vt)	pasirašinéti	[pasⁱɪraʃⁱɪ'nⁱeːtⁱɪ]
vereinigen (vt)	apjùngti	[a'pjʊŋktⁱɪ]
vergessen (vt)	užmĩršti	[ʊʒ'mⁱɪrʃtⁱɪ]
vergleichen (vt)	lýginti	['lⁱiːgⁱɪntⁱɪ]
verkaufen (vt)	pardavinéti	[pardavⁱɪ'nⁱeːtⁱɪ]
verlangen (vt)	reikaláuti	[rⁱɛɪka'lⁱɑʊtⁱɪ]
versäumen (vt)	praleidinéti	[pralⁱɛɪdⁱɪ'nⁱeːtⁱɪ]
versprechen (vt)	žadéti	[ʒa'dⁱeːtⁱɪ]
verstecken (vt)	slė̃pti	['slⁱeːptⁱɪ]
verstehen (vt)	supràsti	[sʊp'rastⁱɪ]
versuchen (vt)	bandýti	[ban'dⁱiːtⁱɪ]
verteidigen (vt)	giñti	['gⁱɪntⁱɪ]
vertrauen (vi)	pasitikéti	[pasⁱɪtⁱɪ'kⁱeːtⁱɪ]
verwechseln (vt)	suklýsti	[sʊk'lⁱiːstⁱɪ]
verzeihen (vi, vt)	atléisti	[at'lⁱɛɪstⁱɪ]
verzeihen (vt)	atléisti	[at'lⁱɛɪstⁱɪ]
voraussehen (vt)	numatýti	[nʊma'tⁱiːtⁱɪ]
vorschlagen (vt)	siū́lyti	['sⁱuːlⁱiːtⁱɪ]
vorziehen (vt)	teĩkti pirmenýbę	['tⁱɛɪktⁱɪ pⁱɪrmⁱɛ'nⁱiːbⁱɛː]
wählen (vt)	išsiriñkti	[ɪʃsⁱɪ'rⁱɪŋktⁱɪ]
warnen (vt)	pérspéti	['pⁱɛrspⁱeːtⁱɪ]
warten (vi)	láukti	['lⁱɑʊktⁱɪ]
weinen (vi)	vẽrkti	['vⁱɛrktⁱɪ]
wissen (vt)	žinóti	[ʒⁱɪ'notⁱɪ]
Witz machen	juokáuti	[jʊɑ'kɑʊtⁱɪ]
wollen (vt)	noréti	[no'rⁱeːtⁱɪ]
zahlen (vt)	mokéti	[mo'kⁱeːtⁱɪ]
zeigen (jemandem etwas)	ródyti	['rodⁱiːtⁱɪ]
zu Abend essen	vakarieniáuti	[vakarⁱɪɛ'nⁱæʊtⁱɪ]
zu Mittag essen	pietáuti	[pⁱɪɛ'tɑʊtⁱɪ]
zubereiten (vt)	gamìnti	[ga'mⁱɪntⁱɪ]
zustimmen (vi)	sutìkti	[sʊ'tⁱɪktⁱɪ]
zweifeln (vi)	abejóti	[abⁱɛ'jotⁱɪ]

ZEIT. KALENDER

T&P Books Publishing

17. Wochentage

Montag (m)	pirmādienis (v)	[pʲɪrˈmaːdʲiɛnʲɪs]
Dienstag (m)	antrādienis (v)	[anˈtraːdʲiɛnʲɪs]
Mittwoch (m)	trečiādienis (v)	[trʲɛˈtʂʲædʲiɛnʲɪs]
Donnerstag (m)	ketvirtādienis (v)	[kʲɛtvʲɪrˈtaːdʲiɛnʲɪs]
Freitag (m)	penktādienis (v)	[pʲɛŋkˈtaːdʲiɛnʲɪs]
Samstag (m)	šeštādienis (v)	[ʃɛʃˈtaːdʲiɛnʲɪs]
Sonntag (m)	sekmādienis (v)	[sʲɛkˈmaːdʲiɛnʲɪs]

heute	šiandien	[ˈʃændʲiɛn]
morgen	rytój	[rʲiːˈtoj]
übermorgen	porýt	[poˈrʲiːt]
gestern	vākar	[ˈvaːkar]
vorgestern	ùžvakar	[ˈʊʒvakar]

Tag (m)	dienà (m)	[dʲiɛˈna]
Arbeitstag (m)	dárbo dienà (m)	[ˈdarbɔ dʲiɛˈna]
Feiertag (m)	šveñtinė dienà (m)	[ˈʃvʲɛntʲɪnʲeː dʲiɛˈna]
freier Tag (m)	išeigìnė dienà (m)	[ɪʃɛɪˈɡʲɪnʲeː dʲiɛˈna]
Wochenende (n)	savaĩtgalis (v)	[saˈvʌɪtɡalʲɪs]

den ganzen Tag	vìsą dięną	[ˈvʲɪsaː ˈdʲɛna:]
am nächsten Tag	sẽkančią dięną	[ˈsʲẽkantʂʲæ: ˈdʲɛna:]
zwei Tage vorher	priẽš dvì dienàs	[ˈprʲɛʃ ˈdvʲɪ dʲiɛˈnas]
am Vortag	išvakarėse	[ˈɪʃvakarʲe:se]
täglich (Adj)	kasdiēnis	[kasˈdʲɛnʲɪs]
täglich (Adv)	kasdiẽn	[kasˈdʲɛn]

Woche (f)	savaĩtė (m)	[saˈvʌɪtʲeː]
letzte Woche	pràeitą savaĩtę	[ˈpraɪɛɪta: saˈvʌɪtʲeː]
nächste Woche	atẽinančią savaĩtę	[aˈtʲɛɪnantʂʲæ: saˈvʌɪtʲeː]
wöchentlich (Adj)	kassavaĩtinis	[kassaˈvʌɪtʲɪnʲɪs]
wöchentlich (Adv)	kàs savaĩtę	[ˈkas saˈvʌɪtʲeː]
zweimal pro Woche	dù kartùs peƒ savaĩtę	[ˈdʊ karˈtʊs pʲɛr saˈvʌɪtʲeː]
jeden Dienstag	kiekvíeną antrādienį	[kʲiɛkˈvʲiːɛna: anˈtraːdʲɪɛnʲɪ:]

18. Stunden. Tag und Nacht

Morgen (m)	rýtas (v)	[ˈrʲiːtas]
morgens	rytè	[rʲiːˈtʲɛ]
Mittag (m)	vidùrdienis (v)	[vʲɪˈdʊrdʲiɛnʲɪs]
nachmittags	popiẽt	[poˈpʲɛt]
Abend (m)	vākaras (v)	[ˈvaːkaras]

abends	vakarè	[vaka'rʲɛ]
Nacht (f)	naktìs (m)	[nak'tʲɪs]
nachts	nãktį	['na:kti:]
Mitternacht (f)	vidùrnaktis (v)	[vʲɪ'dʊrnaktʲɪs]

Sekunde (f)	sekùndė (m)	[sʲɛ'kʊndʲe:]
Minute (f)	minùtė (m)	[mʲɪ'nutʲe:]
Stunde (f)	valandà (m)	[valʲan'da]
eine halbe Stunde	pùsvalandis (v)	['pʊsvalʲandʲɪs]
Viertelstunde (f)	ketvìrtis valandõs	[kʲɛt'vʲɪrtʲɪs valʲan'do:s]
fünfzehn Minuten	penkiólika minùčių	[pʲɛŋ'kʲolʲɪka mʲɪ'nʊtʂʲu:]
Tag und Nacht	parà (m)	[pa'ra]

Sonnenaufgang (m)	sáulės patekėjimas (v)	['saʊlʲe:s patʲɛ'kʲɛjɪmas]
Morgendämmerung (f)	aušrà (m)	[aʊʃra]
früher Morgen (m)	ankstývas rýtas (v)	[aŋk'stʲi:vas 'rʲi:tas]
Sonnenuntergang (m)	saulélydis (v)	[saʊ'lʲe:lʲi:dʲɪs]

früh am Morgen	ankstì rytè	[aŋk'stʲɪ rʲi:'tʲɛ]
heute Morgen	šiañdien rytè	['ʃændʲiɛn rʲi:'tʲɛ]
morgen früh	rytój rytè	[rʲi:'toj rʲi:'tʲɛ]

heute Mittag	šiañdien diẽną	['ʃæn'dʲɛn 'dʲiɛna:]
nachmittags	popiẽt	[po'pʲɛt]
morgen Nachmittag	rytój popiẽt	[rʲi:'toj po'pʲɛt]

| heute Abend | šiañdien vakarè | ['ʃændʲiɛn vaka'rʲɛ] |
| morgen Abend | rytój vakarè | [rʲi:'toj vaka'rʲɛ] |

Punkt drei Uhr	lýgiai trẽčią vãlandą	['lʲi:gʲɛɪ 'trætʂʲæ: 'va:landa:]
gegen vier Uhr	apiẽ ketvìrtą vãlandą	[a'pʲɛ kʲɛtvʲɪrta: va:'landa:]
um zwölf Uhr	dvýliktai vãlandai	['dvʲi:lʲɪktʌɪ 'va:landʌɪ]

in zwanzig Minuten	ùž dvidešimtiẽs minùčių	['ʊʒ dvʲɪdʲɛʃʲɪm'tʲɛs mʲɪ'nʊtʂʲu:]
in einer Stunde	ùž valandõs	['ʊʒ valʲan'do:s]
rechtzeitig (Adv)	laikù	[lʲʌɪ'kʊ]

Viertel vor ...	bè ketvìrčio	['bʲɛ 'kʲɛtvʲɪrtʂʲo]
innerhalb einer Stunde	valandõs bė́gyje	[valʲan'do:s 'bʲe:gʲi:je]
alle fünfzehn Minuten	kàs penkiólika minùčių	['kas pʲɛŋ'kʲolʲɪka mʲɪ'nʊtʂʲu:]
Tag und Nacht	vìsą pãrą (m)	['vʲɪsa: 'pa:ra:]

19. Monate. Jahreszeiten

Januar (m)	saũsis (v)	['saʊsʲɪs]
Februar (m)	vasãris (v)	[va'sa:rʲɪs]
März (m)	kovàs (v)	[kɔ'vas]
April (m)	balañdis (v)	[ba'lʲandʲɪs]

| Mai (m) | gegužė (m) | [gʲɛgʊˈʒʲeː] |
| Juni (m) | birželis (v) | [bʲɪrˈʒʲælʲɪs] |

Juli (m)	líepa (m)	[ˈlʲiɛpa]
August (m)	rugpjū̃tis (v)	[rʊgˈpjuːtʲɪs]
September (m)	rugsėjis (v)	[rʊgˈsʲɛjɪs]
Oktober (m)	spãlis (v)	[ˈspaːlʲɪs]
November (m)	lãpkritis (v)	[ˈlʲaːpkrʲɪtʲɪs]
Dezember (m)	grúodis (v)	[ˈgrʊadʲɪs]

Frühling (m)	pavãsaris (v)	[paˈvaːsarʲɪs]
im Frühling	pavãsarį	[paˈvaːsarʲɪː]
Frühlings-	pavasarìnis	[pavasaˈrʲɪnʲɪs]

Sommer (m)	vãsara (m)	[ˈvaːsara]
im Sommer	vãsarą	[ˈvaːsaraː]
Sommer-	vasarìnis	[vasaˈrʲɪnʲɪs]

Herbst (m)	ruduõ (v)	[rʊˈdʊɑ]
im Herbst	rùdenį	[ˈrʊdʲɛnʲɪː]
Herbst-	rudenìnis	[rʊdʲɛˈnʲɪnʲɪs]

Winter (m)	žiemà (m)	[ʒʲiɛˈma]
im Winter	žiẽmą	[ˈʒʲɛmaː]
Winter-	žiemìnis	[ʒʲiɛˈmʲɪnʲɪs]

Monat (m)	mė́nuo (v)	[ˈmʲeːnʊɑ]
in diesem Monat	šį̃ mė́nesį	[ʃiː ˈmʲeːnesʲɪː]
nächsten Monat	kìtą mė́nesį	[ˈkʲɪːta: ˈmʲeːnesʲɪː]
letzten Monat	prãeitą mė́nesį	[ˈpraːɛɪta: ˈmʲeːnesʲɪː]

vor einem Monat	priẽš mė́nesį	[ˈprʲɪːɛʃ ˈmʲeːnesʲɪː]
über eine Monat	ùž mė́nesio	[ˈʊʒ ˈmʲeːnesʲɔ]
in zwei Monaten	ùž dviejų̃ mė́nesių	[ˈʊʒ dveˈju: ˈmʲeːnesʲuː]
den ganzen Monat	vìsą mė́nesį	[ˈvʲɪsa: ˈmʲeːnesʲɪː]

monatlich (Adj)	kasmėnesìnis	[kasmʲeːneˈsʲɪnʲɪs]
monatlich (Adv)	kàs mė́nesį	[ˈkas ˈmʲeːnesʲɪː]
jeden Monat	kiekvíeną mė́nesį	[kʲiɛkˈvʲiːɛna: ˈmʲeːnesʲɪː]
zweimal pro Monat	dù kartùs per̃ mė́nesį	[ˈdʊ karˈtʊs per ˈmʲeːnesʲɪː]

Jahr (n)	mė́tai (v dgs)	[ˈmʲeːtʌɪ]
dieses Jahr	šiaĩs mė́tais	[ˈʃiɛɪs ˈmʲeːtʌɪs]
nächstes Jahr	kitaĩs mė́tais	[kʲɪˈtʌɪs ˈmʲeːtʌɪs]
voriges Jahr	praeitaĩs mė́tais	[praˈɛɪtʌɪs ˈmʲeːtʌɪs]

vor einem Jahr	priẽš metùs	[ˈprʲɛʃ mʲɛˈtʊs]
in einem Jahr	ùž mė́tų	[ˈʊʒ ˈmʲeːtuː]
in zwei Jahren	ùž dviejų̃ mė́tų	[ˈʊʒ dvʲɛˈju: ˈmʲeːtuː]
das ganze Jahr	visùs metùs	[vʲɪˈsʊs mʲɛˈtʊs]
jedes Jahr	kàs metùs	[ˈkas mʲɛˈtʊs]
jährlich (Adj)	kasmetìnis	[kasmʲɛˈtʲɪnʲɪs]

jährlich (Adv)	kàs metùs	['kas mʲɛ'tʊs]
viermal pro Jahr	kẽturis kartùs	['kʲætʊrʲɪs kar'tʊs
	per metùs	pʲɛr mʲɛ'tʊs]

Datum (heutige ~)	dienà (m)	[dʲiɛ'na]
Datum (Geburts-)	datà (m)	[da'ta]
Kalender (m)	kalendõrius (v)	[kalʲɛn'do:rʲʊs]

ein halbes Jahr	pùsė mẽtų	['pʊsʲe: 'mʲætu:]
Halbjahr (n)	pùsmetis (v)	['pʊsmʲɛtʲɪs]
Saison (f)	sezònas (v)	[sʲɛ'zonas]
Jahrhundert (n)	ámžius (v)	['amʒʲʊs]

REISEN. HOTEL

T&P Books Publishing

20. Ausflug. Reisen

Tourismus (m)	turìzmas (v)	[tʊˈrʲɪzmas]
Tourist (m)	turìstas (v)	[tʊˈrʲɪstas]
Reise (f)	keliõnė (m)	[kʲɛˈlʲoːnʲeː]
Abenteuer (n)	núotykis (v)	[ˈnʊatʲiːkʲɪs]
Fahrt (f)	ìšvyka (m)	[ˈɪʃvʲiːka]

Urlaub (m)	atóstogos (m dgs)	[aˈtostogos]
auf Urlaub sein	atostogáuti	[atostoˈgaʊtʲɪ]
Erholung (f)	póilsis (v)	[ˈpoɪlʲsʲɪs]

Zug (m)	traukinỹs (v)	[traʊkʲɪˈnʲiːs]
mit dem Zug	tráukiniu	[ˈtraʊkʲɪnʲʊ]
Flugzeug (n)	lėktùvas (v)	[lʲeːkˈtʊvas]
mit dem Flugzeug	lėktuvù	[lʲeːktʊˈvʊ]
mit dem Auto	automobiliù	[aʊtomobʲɪˈlʲʊ]
mit dem Schiff	laivù	[lʲʌɪˈvʊ]

Gepäck (n)	bagãžas (v)	[baˈgaːʒas]
Koffer (m)	lagamìnas (v)	[lʲagaˈmʲɪnas]
Gepäckwagen (m)	bagãžo vežimėlis (v)	[baˈgaːʒɔ vɛʒʲɪˈmʲeːlʲɪs]
Pass (m)	pãsas (v)	[ˈpaːsas]
Visum (n)	vizà (m)	[vʲɪˈza]
Fahrkarte (f)	bìlietas (v)	[ˈbʲɪlʲiɛtas]
Flugticket (n)	lėktùvo bìlietas (v)	[lʲeːkˈtʊvɔ ˈbʲɪlʲiɛtas]

Reiseführer (m)	vadõvas (v)	[vaˈdoːvas]
Landkarte (f)	žemėlapis (v)	[ʒeˈmʲeːlʲapʲɪs]
Gegend (f)	vietóvė (m)	[vʲiɛˈtovʲeː]
Ort (wunderbarer ~)	vietà (m)	[vʲiɛˈta]

Exotika (pl)	egzòtika (m)	[ɛgˈzotʲɪka]
exotisch	egzòtinis	[ɛgˈzotʲɪnʲɪs]
erstaunlich (Adj)	nuostabùs	[nʊastaˈbʊs]

Gruppe (f)	grùpė (m)	[ˈgrʊpʲeː]
Ausflug (m)	ekskùrsija (m)	[ɛksˈkʊrsʲɪjɛ]
Reiseleiter (m)	ekskùrsijos vadõvas (v)	[ɛksˈkʊrsʲɪjɔs vaˈdoːvas]

21. Hotel

| Hotel (n), Gasthaus (n) | viẽšbutis (v) | [ˈvʲɛʃbʊtʲɪs] |
| Motel (n) | motèlis (v) | [moˈtʲɛlʲɪs] |

drei Sterne	3 žvaigždutės	['tr¹ɪs ʒvʌɪgʒ'dutⁱe:s]
fünf Sterne	5 žvaigždutės	['penⁱkⁱos ʒvʌɪgʒ'dutⁱe:s]
absteigen (vi)	apsistóti	[apsⁱɪs'totⁱɪ]

Hotelzimmer (n)	kambarỹs (v)	[kamba'rⁱi:s]
Einzelzimmer (n)	vienvíetis kambarỹs (v)	['vⁱiɛn'vⁱɛtⁱɪs kamba'rⁱi:s]
Zweibettzimmer (n)	dvivíetis kambarỹs (v)	[dvⁱɪ'vⁱɛtⁱɪs kamba'rⁱi:s]
reservieren (vt)	rezervúoti kaṁbarį	[rⁱɛzⁱɛr'vuatⁱɪ 'kambarⁱɪ:]

| Halbpension (f) | pusiáu pensiònas (v) | [pusⁱæu pⁱɛnsⁱɪ'jɔnas] |
| Vollpension (f) | pensiònas (v) | [pⁱɛnsⁱɪ'jɔnas] |

mit Bad	sù vonià	['su vo'nⁱæ]
mit Dusche	sù dušù	['su du'ʃu]
Satellitenfernsehen (n)	palydõvinė televìzija (m)	[palⁱi:'do:vⁱinⁱe: tⁱɛlⁱɛ'vⁱɪzⁱɪjɛ]
Klimaanlage (f)	kondicioniẽrius (v)	[kondⁱɪtsⁱɪjo'nⁱɛrⁱus]
Handtuch (n)	raṅkšluostis (v)	['raŋkʃⁱuɑstⁱɪs]
Schlüssel (m)	rãktas (v)	['ra:ktas]

Verwalter (m)	administrãtorius (v)	[admⁱɪnⁱɪs'tra:torⁱus]
Zimmermädchen (n)	kambarìnė (m)	[kamba'rⁱɪnⁱe:]
Träger (m)	nešìkas (v)	[nⁱɛ'ʃɪkas]
Portier (m)	registrãtorius (v)	[rⁱɛgⁱɪs'tra:torⁱus]

Restaurant (n)	restorãnas (v)	[rⁱɛsto'ra:nas]
Bar (f)	bãras (v)	['ba:ras]
Frühstück (n)	pùsryčiai (v dgs)	['pusrⁱi:tsⁱɛɪ]
Abendessen (n)	vakariẽnė (m)	[vaka'rⁱɛnⁱe:]
Buffet (n)	švèdiškas stãlas (v)	['ʃvⁱɛdⁱɪʃkas 'sta:lⁱas]

| Foyer (n) | vestibiùlis (v) | [vⁱɛstⁱɪ'bⁱulⁱɪs] |
| Aufzug (m), Fahrstuhl (m) | lìftas (v) | ['lⁱɪftas] |

| BITTE NICHT STÖREN! | NETRUKDÝTI | [nⁱɛtruk'dⁱi:tⁱɪ] |
| RAUCHEN VERBOTEN! | NERŪKÝTI! | [nⁱɛru:'kⁱi:tⁱɪ] |

22. Sehenswürdigkeiten

Denkmal (n)	pamiñklas (v)	[pa'mⁱɪŋkⁱlas]
Festung (f)	tvirtóvė (m)	[tvⁱɪr'tovⁱe:]
Palast (m)	rū́mai (v)	['ru:mʌɪ]
Schloss (n)	pilìs (m)	[pⁱɪ'lⁱɪs]
Turm (m)	bókštas (v)	['bokʃtas]
Mausoleum (n)	mauzoliẽjus (v)	[mɑuzo'lⁱɛjus]

Architektur (f)	architektū̃rà (m)	[arxⁱɪtⁱɛktu:'ra]
mittelalterlich	vidùramžių	[vⁱɪ'duramʒⁱu:]
alt (antik)	senóvinis	[sⁱɛ'novⁱɪnⁱɪs]
national	nacionãlinis	[natsⁱɪjo'na:lⁱɪnⁱɪs]
berühmt	žymùs	[ʒⁱi:'mus]

Tourist (m)	**turìstas** (v)	[tʊˈrʲɪstas]
Fremdenführer (m)	**gìdas** (v)	[ˈɡʲɪdas]
Ausflug (m)	**ekskùrsija** (m)	[ɛksˈkʊrsʲɪjɛ]
zeigen (vt)	**ródyti**	[ˈrodʲiːtʲɪ]
erzählen (vt)	**pãsakoti**	[ˈpaːsakotʲɪ]

finden (vt)	**ràsti**	[ˈrastʲɪ]
sich verlieren	**pasiklýsti**	[pasʲɪˈklʲiːstʲɪ]
Karte (U-Bahn ~)	**schemà** (m)	[sxʲɛˈma]
Karte (Stadt-)	**plãnas** (v)	[ˈplʲaːnas]

Souvenir (n)	**suvenýras** (v)	[sʊvʲɛˈnʲiːras]
Souvenirladen (m)	**suvenýrų parduotùvė** (m)	[sʊveˈnʲiːruː pardʊɑˈtʊvʲeː]
fotografieren (vt)	**fotografúoti**	[fotograˈfʊɑtʲɪ]
sich fotografieren	**fotografúotis**	[fotograˈfʊɑtʲɪs]

T&P BOOKS

TRANSPORT

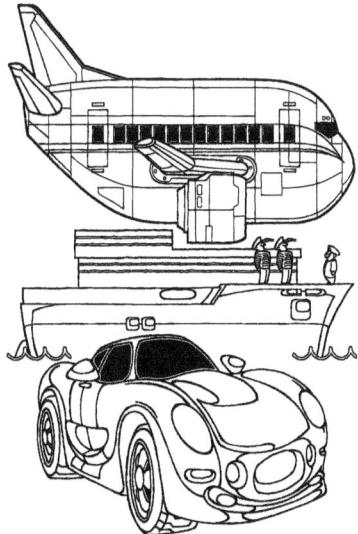

T&P Books Publishing

23. Flughafen

Flughafen (m)	óro úostas (v)	['orɔ 'ʊɑstas]
Flugzeug (n)	léktùvas (v)	[lʲe:k'tʊvas]
Fluggesellschaft (f)	aviakompãnija (m)	[avʲækom'pa:nʲɪjɛ]
Fluglotse (m)	dispéčeris (v)	[dʲɪs'pʲɛtʂʲɛrʲɪs]
Abflug (m)	išskridìmas (v)	[ɪʃskrʲɪ'dʲɪmas]
Ankunft (f)	atskridìmas (v)	[atskrʲɪ'dʲɪmas]
anfliegen (vi)	atskrìsti	[ats'krʲɪstʲɪ]
Abflugzeit (f)	išvykìmo laìkas (v)	[ɪʃvʲi:'kʲɪmɔ 'lʲʌɪkas]
Ankunftszeit (f)	atvykìmo laìkas (v)	[atvʲi:'kʲɪmɔ 'lʲʌɪkas]
sich verspäten	véluóti	[vʲe:'lʲʊɑtʲɪ]
Abflugverspätung (f)	skrȳdžio atidėjìmas (v)	['skrʲi:dʒʲɔ atʲɪdʲe:'jɪmas]
Anzeigetafel (f)	informãcinė	[ɪnfor'ma:tsʲɪnʲe:
	švíeslentė (m)	'ʃvʲɛslʲɛntʲe:]
Information (f)	informãcija (m)	[ɪnfor'ma:tsʲɪjɛ]
ankündigen (vt)	paskélbti	[pas'kʲɛlʲptʲɪ]
Flug (m)	reìsas (v)	['rʲɛɪsas]
Zollamt (n)	muĩtinė (m)	['mʊɪtʲɪnʲe:]
Zollbeamter (m)	muĩtininkas (v)	['mʊɪtʲɪnʲɪŋkas]
Zolldeklaration (f)	deklarãcija (m)	[dʲɛklʲa'ra:tsʲɪjɛ]
ausfüllen (vt)	užpìldyti	[ʊʒ'pʲɪlʲdʲi:tʲɪ]
die Zollerklärung ausfüllen	užpìldyti deklarãciją	[ʊʒ'pʲɪlʲdʲi:tʲɪ dʲɛkla'ra:tsɪja:]
Passkontrolle (f)	pasų̃ kontrolė (m)	[pa'su: kon'trolʲe:]
Gepäck (n)	bagãžas (v)	[ba'ga:ʒas]
Handgepäck (n)	rañkinis bagãžas (v)	['raŋkʲɪnʲɪs ba'ga:ʒas]
Kofferkuli (m)	vežimẽlis (v)	[vʲɛʒʲɪ'mʲe:lʲɪs]
Landung (f)	įlaipìnimas (v)	[i:lʲʌɪ'pʲɪ:nʲɪmas]
Landebahn (f)	nusileidìmo tãkas (v)	[nʊsʲɪlʲɛɪ'dʲɪmɔ ta:kas]
landen (vi)	léistis	['lʲɛɪstʲɪs]
Fluggasttreppe (f)	laiptẽliai (v dgs)	[lʌɪp'tʲælʲɛɪ]
Check-in (n)	registrãcija (m)	[rʲɛgʲɪs'tra:tsʲɪjɛ]
Check-in-Schalter (m)	registrãcijos stãlas (v)	[rʲɛgʲɪs'tra:tsʲɪjɔs 'sta:lʲas]
sich registrieren lassen	užsiregistrúoti	[ʊʒsʲɪrʲɛgʲɪs'trʊɑtʲɪ]
Bordkarte (f)	įlipìmo talònas (v)	[i:lʲɪ'pʲɪ:mɔ ta'lonas]
Abfluggate (n)	išėjìmas (v)	[ɪʃe:'jɪmas]
Transit (m)	tranzìtas (v)	[tran'zʲɪtas]

warten (vi)	laukti	['lⁱɑuktⁱɪ]
Wartesaal (m)	laukiamãsis (v)	[lⁱɑukⁱæ'masⁱɪs]
begleiten (vt)	lydéti	[lⁱiː'dⁱeːtⁱɪ]
sich verabschieden	atsisvéikinti	[atsⁱɪ'svⁱɛɪkⁱɪntⁱɪ]

24. Flugzeug

Flugzeug (n)	léktuvas (v)	[lⁱeːk'tuvas]
Flugticket (n)	léktuvo bìlietas (v)	[lⁱeːk'tuvɔ 'bⁱɪlⁱiɛtas]
Fluggesellschaft (f)	aviakompãnija (m)	[avⁱækom'pa:nⁱɪjɛ]
Flughafen (m)	óro úostas (v)	['orɔ 'uɑstas]
Überschall-	viršgarsìnis	[vⁱɪrʃgar'sⁱɪnⁱɪs]

Flugkapitän (m)	órlaivio kapitõnas (v)	['orlⁱʌɪvⁱɔ kapⁱɪ'to:nas]
Besatzung (f)	ekipãžas (v)	[ɛkⁱɪ'pa:ʒas]
Pilot (m)	pilotas (v)	[pⁱɪ'lⁱotas]
Flugbegleiterin (f)	stiuardèsė (m)	[stⁱuar'dⁱɛsⁱe:]
Steuermann (m)	štùrmanas (v)	['ʃturmanas]

Flügel (pl)	sparnaì (v dgs)	[spar'nʌɪ]
Schwanz (m)	gãlas (v)	['ga:lⁱas]
Kabine (f)	kabinà (m)	[kabⁱɪ'na]
Motor (m)	varìklis (v)	[va'rⁱɪklⁱɪs]
Fahrgestell (n)	važiuõklė (v)	[vaʒⁱu'o:klⁱe:]
Turbine (f)	turbinà (m)	[turbⁱɪ'na]

Propeller (m)	propèleris (v)	[pro'pⁱɛlⁱɛrⁱɪs]
Flugschreiber (m)	juodà dėžė̃ (m)	[juɑ'da dⁱe:ʒⁱe:]
Steuerrad (n)	vairãratis (v)	[vʌɪ'ra:ratⁱɪs]
Treibstoff (m)	degalaì (v dgs)	[dⁱɛga'lⁱʌɪ]

Sicherheitskarte (f)	instrùkcija (m)	[ɪns'truktsⁱɪjɛ]
Sauerstoffmaske (f)	deguõnies káukė (m)	[dⁱɛguɑ'nⁱiɛs 'kɑukⁱe:]
Uniform (f)	unifórma (m)	[unⁱɪ'forma]
Rettungsweste (f)	gélbėjimosi	['gⁱælⁱbⁱe:jimosⁱɪ
	liemenė̃ (m)	lⁱiɛ'mⁱænⁱe:]

| Fallschirm (m) | parašiùtas (v) | [para'ʃutas] |

Abflug, Start (m)	kilìmas (v)	[kⁱɪ'lⁱɪmas]
starten (vi)	kìlti	['kⁱɪlⁱtⁱɪ]
Startbahn (f)	kìlimo tãkas (v)	[kⁱɪ'lⁱɪmɔ 'ta:kas]

Sicht (f)	matomùmas (v)	[mato'mumas]
Flug (m)	skrỹdis (v)	['skrⁱiːdⁱɪs]
Höhe (f)	aũkštis (v)	['ɑukʃtⁱɪs]
Luftloch (n)	óro duobė̃ (m)	['orɔ duɑ'bⁱe:]
Platz (m)	vietà (m)	[vⁱiɛ'ta]
Kopfhörer (m)	ausìnės (m dgs)	[ɑu'sⁱɪnⁱe:s]
Klapptisch (m)	atverčiamãsis	[atvⁱɛrtʃⁱæ'masⁱɪs
	staliùkas (v)	sta'lⁱukas]

Bullauge (n)	iliuminãtorius (v)	[ɪlʲʊmʲɪ'na:torʲʊs]
Durchgang (m)	praėjìmas (v)	[prae:'jɪmas]

25. Zug

Zug (m)	traukinỹs (v)	[traʊkʲɪ'nʲi:s]
elektrischer Zug (m)	elektrìnis traukinỹs (v)	[ɛlʲɛk'trʲɪnʲɪs traʊkʲɪ'nʲi:s]
Schnellzug (m)	greitãsis traukinỹs (v)	[grʲɛɪ'tasʲɪs traʊkʲɪ'nʲi:s]
Diesellok (f)	motòrvežis (v)	[mo'torvʲɛʒʲɪs]
Dampflok (f)	garvežỹs (v)	[garvʲɛ'ʒʲi:s]

Personenwagen (m)	vagònas (v)	[va'gonas]
Speisewagen (m)	vagònas restorãnas (v)	[va'gonas rʲɛsto'ra:nas]

Schienen (pl)	bėgiai (v dgs)	['bʲe:gʲɛɪ]
Eisenbahn (f)	gelezìnkelis (v)	[gʲɛlʲɛ'ʒʲɪŋkʲɛlʲɪs]
Bahnschwelle (f)	pãbėgis (v)	['pa:bʲe:gʲɪs]

Bahnsteig (m)	platfòrma (m)	[plʲat'forma]
Gleis (n)	kėlias (v)	['kʲælʲæs]
Eisenbahnsignal (n)	semafòras (v)	[sʲɛma'foras]
Station (f)	stotìs (m)	[sto'tʲɪs]

Lokomotivführer (m)	mašinìstas (v)	[maʃɪ'nʲɪstas]
Träger (m)	nešìkas (v)	[nʲɛ'ʃʲɪkas]
Schaffner (m)	kondùktorius (v)	[kɔn'dʊktorʲʊs]
Fahrgast (m)	keleĩvis (v)	[kʲɛ'lʲɛɪvʲɪs]
Fahrkartenkontrolleur (m)	kontroliẽrius (v)	[kɔntro'lʲɛrʲʊs]

Flur (m)	koridòrius (v)	[ko'rʲɪdorʲʊs]
Notbremse (f)	stãbdymo krãnas (v)	['sta:bdʲi:mɔ 'kra:nas]

Abteil (n)	kupė̃ (m)	[kʊ'pʲe:]
Liegeplatz (m), Schlafkoje (f)	lentýna (m)	[lʲɛn'tʲi:na]
oberer Liegeplatz (m)	viršutìnė lentýna (m)	[vʲɪrʃʊ'tʲɪnʲe: lʲɛn'tʲi:na]
unterer Liegeplatz (m)	apatìnė lentýna (m)	[apa'tʲɪnʲe: lʲɛn'tʲi:na]
Bettwäsche (f)	pãtalynė (m)	['pa:talʲi:nʲe:]

Fahrkarte (f)	bìlietas (v)	['bʲɪlʲiɛtas]
Fahrplan (m)	tvarkãraštis (v)	[tvar'ka:raʃtʲɪs]
Anzeigetafel (f)	šviẽslentė (m)	['ʃvʲɛslʲɛntʲe:]

abfahren (der Zug)	išvỹkti	[ɪʃ'vʲi:ktʲɪ]
Abfahrt (f)	išvykìmas (v)	[ɪʃvʲi:'kʲɪmas]
ankommen (der Zug)	atvỹkti	[at'vʲi:ktʲɪ]
Ankunft (f)	atvykìmas (v)	[atvʲi:'kʲɪmas]

mit dem Zug kommen	atvažiuóti tráukiniu	[atva'ʒʲʊatʲɪ 'traʊkʲɪnʲʊ]
in den Zug einsteigen	įlìpti į̃ tráukinį	[i:'lʲɪ:ptʲɪ i: 'traʊkʲɪnʲɪ:]
aus dem Zug aussteigen	išlìpti iš tráukinio	[ɪʃ'lʲɪptʲɪ ɪʃ 'traʊkʲɪnʲɔ]

| Zugunglück (n) | katastrofà (m) | [katastro'fa] |
| entgleisen (vi) | nulēkti nuõ bėgių | [nʊ'lʲeːktʲɪ 'nʊɑ 'bʲeːgʲuː] |

Dampflok (f)	garvežỹs (v)	[garvʲɛ'ʒʲiːs]
Heizer (m)	kūrìkas (v)	[kuːˈrʲɪkas]
Feuerbüchse (f)	kūryklà (m)	[kuːrʲiːkˈlʲa]
Kohle (f)	anglìs (m)	[angˈlʲɪs]

26. Schiff

| Schiff (n) | laĩvas (v) | [ˈlʲʌɪvas] |
| Fahrzeug (n) | laĩvas (v) | [ˈlʲʌɪvas] |

Dampfer (m)	gárlaivis (v)	[ˈgarlʲʌɪvʲɪs]
Motorschiff (n)	motòrlaivis (v)	[moˈtorlʲʌɪvʲɪs]
Kreuzfahrtschiff (n)	láineris (v)	[ˈlʲʌɪnʲɛrʲɪs]
Kreuzer (m)	kreĩseris (v)	[ˈkrʲɛɪsʲɛrʲɪs]

Jacht (f)	jachtà (m)	[jaxˈta]
Schlepper (m)	vilkìkas (v)	[vʲɪlʲˈkʲɪkas]
Lastkahn (m)	bárža (m)	[ˈbarʒa]
Fähre (f)	kéltas (v)	[ˈkʲɛlʲtas]

| Segelschiff (n) | bùrinis laĩvas (v) | [ˈbʊrʲɪnʲɪs ˈlʲʌɪvas] |
| Brigantine (f) | brigantinà (m) | [brʲɪgantʲɪˈna] |

| Eisbrecher (m) | lēdlaužis (v) | [ˈlʲædlɑʊʒʲɪs] |
| U-Boot (n) | povandenìnis laĩvas (v) | [povandʲɛˈnʲɪnʲɪs ˈlʲʌɪvas] |

Boot (n)	váltis (m)	[ˈvalʲtʲɪs]
Dingi (n), Beiboot (n)	váltis (m)	[ˈvalʲtʲɪs]
Rettungsboot (n)	gélbėjimo váltis (m)	[ˈgʲælʲbʲeːjɪmɔ ˈvalʲtʲɪs]
Motorboot (n)	kāteris (v)	[ˈkaːtʲɛrʲɪs]

Kapitän (m)	kapitõnas (v)	[kapʲɪˈtoːnas]
Matrose (m)	jūreĩvis (v)	[juːˈrʲɛɪvʲɪs]
Seemann (m)	jūrininkas (v)	[ˈjuːrʲɪnʲɪŋkas]
Besatzung (f)	ekipãžas (v)	[ɛkʲɪˈpaːʒas]

Bootsmann (m)	bòcmanas (v)	[ˈbotsmanas]
Schiffsjunge (m)	jùnga (m)	[ˈjʊnga]
Schiffskoch (m)	viréjas (v)	[vʲɪˈrʲeːjas]
Schiffsarzt (m)	laĩvo gýdytojas (v)	[ˈlʲʌɪvɔ ˈgʲiːdʲiːtoːjɛs]

Deck (n)	dēnis (v)	[ˈdʲænʲɪs]
Mast (m)	stíebas (v)	[ˈstʲiɛbas]
Segel (n)	bùrė (m)	[ˈbʊrʲeː]

| Schiffsraum (m) | triùmas (v) | [ˈtrʲʊmas] |
| Bug (m) | laĩvo príekis (v) | [ˈlʲʌɪvɔ ˈprʲiɛkʲɪs] |

Heck (n)	laivãgalis (v)	[lʌɪ'va:galʲɪs]
Ruder (n)	ìrklas (v)	['ɪrklʲas]
Schraube (f)	sráigtas (v)	['srʌɪgtas]

Kajüte (f)	kajùtė (m)	[ka'jutʲe:]
Messe (f)	kajutkompãnija (m)	[kajutkom'pa:nʲɪjɛ]
Maschinenraum (m)	mašìnų skýrius (v)	[ma'ʃɪnu 'skʲi:rʲus]
Kommandobrücke (f)	kapitõno tiltẽlis (v)	[kapʲɪ'to:nɔ tʲɪlʲ'tʲælʲɪs]
Funkraum (m)	rãdijo kabinà (m)	['ra:dʲɪjo kabʲɪ'na]
Radiowelle (f)	bangà (m)	[ban'ga]
Schiffstagebuch (n)	laĩvo žurnãlas (v)	['lʲʌɪvɔ ʒur'na:lʲas]

Fernrohr (n)	žiūrõnas (v)	[ʒʲu:'ro:nas]
Glocke (f)	laĩvo skam̃balas (v)	['lʲʌɪvɔ 'skambalʲas]
Fahne (f)	vėliava (m)	['vʲe:lʲæva]

| Seil (n) | lýnas (v) | ['lʲi:nas] |
| Knoten (m) | mãzgas (v) | ['ma:zgas] |

| Geländer (n) | turėklai (v dgs) | [tu'rʲe:klʲʌɪ] |
| Treppe (f) | trãpas (v) | ['tra:pas] |

Anker (m)	iñkaras (v)	['ɪŋkaras]
den Anker lichten	pakélti iñkarą	[pa'kʲɛlʲtʲɪ 'ɪŋkara:]
Anker werfen	nuléisti iñkarą	[nu'lʲɛɪstʲɪ 'ɪŋkara:]
Ankerkette (f)	iñkaro grandìnė (m)	['ɪŋkarɔ gran'dʲɪnʲe:]

Hafen (m)	úostas (v)	['uostas]
Anlegestelle (f)	príeplauka (m)	['prʲiɛplʲɑuka]
anlegen (vi)	prisišvartúoti	[prʲɪsʲɪʃvar'tuatʲɪ]
abstoßen (vt)	išplaũkti	[ɪʃ'plʲɑuktʲɪ]

Reise (f)	keliõnė (m)	[kʲɛ'lʲo:nʲe:]
Kreuzfahrt (f)	kruĩzas (v)	[kru'ɪzas]
Kurs (m), Richtung (f)	kùrsas (v)	['kursas]
Reiseroute (f)	maršrùtas (v)	[marʃ'rutas]

Fahrwasser (n)	farvãteris (v)	[far'va:tʲɛrʲɪs]
Untiefe (f)	seklumà (m)	[sʲɛklʲu'ma]
stranden (vi)	užplaũkti	[uʒ'plʲɑuktʲɪ
	ant seklumõs	ant sʲɛklʲu'mo:s]

Sturm (m)	audrà (m)	[ɑud'ra]
Signal (n)	signãlas (v)	[sʲɪg'na:lʲas]
untergehen (vi)	skę̃sti	['skʲɛ:stʲɪ]
Mann über Bord!	Žmogùs vandenyjè!	[ʒmo'gus vandʲɛnʲi:'jæ!]
SOS	SOS	[ɛs ɔ ɛs]
Rettungsring (m)	gélbėjimosi rãtas (v)	[gʲɛlʲbʲe:jimosʲɪ 'ra:tas]

T&P BOOKS

STADT

T&P Books Publishing

Bus (m)	autobùsas (v)	[aʊto'bʊsas]
Straßenbahn (f)	tramvãjus (v)	[tram'va:jʊs]
Obus (m)	troleibùsas (v)	[troˡlɛɪ'bʊsas]
Linie (f)	maršrùtas (v)	[marʃrʊtas]
Nummer (f)	nùmeris (v)	['nʊmˡɛrˡɪs]

mit ... fahren	važiúoti ...	[va'ʒˡʊatˡɪ ...]
einsteigen (vi)	įlìpti į̃ ...	[i:'lˡɪ:ptˡɪ i: ...]
aussteigen (aus dem Bus)	išlìpti ìš ...	[ɪʃ'lˡɪptˡɪ ɪʃ ...]

Haltestelle (f)	stotėlė (m)	[sto'tˡælˡe:]
nächste Haltestelle (f)	kità stotėlė (m)	[kˡɪ'ta sto'tˡælˡe:]
Endhaltestelle (f)	galutìnė stotėlė (m)	[galʊ'tˡɪnˡe: sto'tˡælˡe:]
Fahrplan (m)	tvarkãraštis (v)	[tvar'ka:raʃtˡɪs]
warten (vi, vt)	láukti	['lˡaʊktˡɪ]

Fahrkarte (f)	bìlietas (v)	['bˡɪlˡiɛtas]
Fahrpreis (m)	bìlieto káina (m)	['bˡɪlˡiɛtɔ 'kʌɪna]

Kassierer (m)	kãsininkas (v)	['ka:sˡɪnˡɪŋkas]
Fahrkartenkontrolle (f)	kontròlė (m)	[kɔn'trolˡe:]
Fahrkartenkontrolleur (m)	kontroliẽrius (v)	[kɔntro'lˡɛrˡʊs]

sich verspäten	vėlúoti	[vˡe:'lˡʊatˡɪ]
versäumen (Zug usw.)	pavėlúoti	[pavˡe:'lˡʊatˡɪ]
sich beeilen	skubéti	[skʊ'bˡe:tˡɪ]

Taxi (n)	taksì (v)	[tak'sˡɪ]
Taxifahrer (m)	taksìstas (v)	[tak'sˡɪstas]
mit dem Taxi	sù taksì	['sʊ tak'sˡɪ]
Taxistand (m)	taksì stovėjimo aikštėlė (m)	[tak'sˡɪ sto'vˡɛjɪmɔ ʌɪkʃˡtˡælˡe:]

ein Taxi rufen	iškviẽsti taksì	[ɪʃkˡvˡɛstˡɪ tak'sˡɪ]
ein Taxi nehmen	įsėstì į̃ taksì	[i:sˡes'tˡɪ: i: tak'sˡɪ:]

Straßenverkehr (m)	gãtvės judéjimas (v)	['ga:tvˡe:s jʊ'dˡɛjɪmas]
Stau (m)	kamštis (v)	['kamʃtˡɪs]
Hauptverkehrszeit (f)	pìko vãlandos (m dgs)	['pˡɪkɔ 'va:landos]
parken (vi)	parkúotis	[par'kʊatˡɪs]
parken (vt)	parkúoti	[par'kʊatˡɪ]
Parkplatz (m)	stovėjimo aikštėlė (m)	[sto'vˡɛjɪmɔ ʌɪkʃˡtˡælˡe:]

U-Bahn (f)	metrò	[mˡɛ'tro]
Station (f)	stotìs (m)	[sto'tˡɪs]

mit der U-Bahn fahren	važiúoti metrò	[va'ʒʊatʲɪ mʲɛ'trɔ]
Zug (m)	traukinỹs (v)	[trɑʊkʲɪ'nʲiːs]
Bahnhof (m)	stotìs (m)	[sto'tʲɪs]

28. Stadt. Leben in der Stadt

Stadt (f)	miẽstas (v)	['mʲɛstas]
Hauptstadt (f)	sóstinė (m)	['sostʲɪnʲeː]
Dorf (n)	káimas (v)	['kʌɪmas]

Stadtplan (m)	miẽsto plãnas (v)	['mʲɛstɔ 'plʲaːnas]
Stadtzentrum (n)	miẽsto ceñtras (v)	['mʲɛstɔ 'tsʲɛntras]
Vorort (m)	príemiestis (v)	['prʲiɛmʲɛstʲɪs]
Vorort-	príemiesčio	['prʲiɛmʲiɛstʂʲɔ]

Stadtrand (m)	pakraštỹs (v)	[pakraʃ'tʲiːs]
Umgebung (f)	apýlinkės (m dgs)	[a'pʲiːlʲɪŋkʲeːs]
Stadtviertel (n)	kvartãlas (v)	[kvar'taːlʲas]
Wohnblock (m)	gyvẽnamas kvartãlas (v)	[gʲiːˈvʲænamas kvar'taːlʲas]

Straßenverkehr (m)	judėjimas (v)	[jʊ'dʲɛjɪmas]
Ampel (f)	šviesoforas (v)	[ʃvʲiɛso'foras]
Stadtverkehr (m)	miẽsto transpòrtas (v)	['mʲɛstɔ trans'portas]
Straßenkreuzung (f)	sánkryža (m)	['saŋkrʲiːʒa]

Übergang (m)	pérėja (m)	['pʲɛrʲeːja]
Fußgängerunterführung (f)	požemìnė pérėja (m)	[poʒe'mʲɪnʲeː 'pʲærʲeːja]
überqueren (vt)	péreiti	['pʲɛrʲɛɪtʲɪ]
Fußgänger (m)	péstysis (v)	['pʲeːstʲiːsʲɪs]
Gehweg (m)	šalìgatvis (v)	[ʃa'lʲɪgatvʲɪs]

| Brücke (f) | tìltas (v) | ['tʲɪlʲtas] |
| Kai (m) | krantìnė (m) | [kran'tʲɪnʲeː] |

Allee (f)	alėja (m)	[a'lʲeːja]
Park (m)	párkas (v)	['parkas]
Boulevard (m)	bulvãras (v)	[bʊlʲ'vaːras]
Platz (m)	aikštė (m)	[ʌɪkʃ'tʲeː]
Avenue (f)	prospèktas (v)	[pros'pʲɛktas]
Straße (f)	gãtvė (m)	['gaːtvʲeː]
Gasse (f)	skersgatvis (v)	['skʲɛrsgatvʲɪs]
Sackgasse (f)	tupìkas (v)	[tʊ'pʲɪkas]

Haus (n)	nãmas (v)	['naːmas]
Gebäude (n)	pãstatas (v)	['paːstatas]
Wolkenkratzer (m)	dangóraižis (v)	[dan'gorʌɪʒʲɪs]

Fassade (f)	fasãdas (v)	[fa'saːdas]
Dach (n)	stógas (v)	['stogas]
Fenster (n)	lángas (v)	['lʲangas]

Bogen (m)	árka (m)	['arka]
Säule (f)	kolonà (m)	[kɔlʲo'na]
Ecke (f)	kaṁpas (v)	['kampas]

Schaufenster (n)	vitrinà (m)	[vʲɪtrʲɪ'na]
Firmenschild (n)	ìškaba (m)	['ɪʃkaba]
Anschlag (m)	afišà (m)	[afʲɪ'ʃa]
Werbeposter (m)	reklãminis plakãtas (v)	[rʲɛk'lʲa:mʲɪnʲɪs plʲa'ka:tas]
Werbeschild (n)	reklãminis skýdas (v)	[rʲɛk'lʲa:mʲɪnʲɪs 'skʲi:das]

Müll (m)	šiùkšlės (m dgs)	['ʃukʃlʲe:s]
Mülleimer (m)	ùrna (m)	['urna]
Abfall wegwerfen	šiùkšlinti	['ʃukʃlʲɪntʲɪ]
Mülldeponie (f)	sąvartýnas (v)	[sa:var'tʲi:nas]

Telefonzelle (f)	telefòno budelė (m)	[tʲɛlʲɛ'fonɔ 'budelʲe:]
Straßenlaterne (f)	žibìnto stulpas (v)	[ʒʲɪ'bʲɪntɔ 'stulʲpas]
Bank (Park-)	suolas (v)	['suɔlʲas]

Polizist (m)	polìcininkas (v)	[po'lʲɪtsʲɪnʲɪɲkas]
Polizei (f)	polìcija (m)	[po'lʲɪtsʲɪjɛ]
Bettler (m)	skurdžius (v)	['skurdʒʲus]
Obdachlose (m)	benãmis (v)	[bʲɛ'na:mʲɪs]

29. Innerstädtische Einrichtungen

Laden (m)	parduotùvė (m)	[pardua'tuvʲe:]
Apotheke (f)	váistinė (m)	['vʌɪstʲɪnʲe:]
Optik (f)	òptika (m)	['optʲɪka]
Einkaufszentrum (n)	prekýbos ceṅtras (v)	[prʲɛ'kʲi:bos 'tsʲɛntras]
Supermarkt (m)	supermárketas (v)	[supʲɛr'markʲɛtas]

Bäckerei (f)	bandẽlių kráutuvė (m)	[ban'dʲælʲu: 'krautuvʲe:]
Bäcker (m)	kepėjas (v)	[kʲɛ'pʲe:jas]
Konditorei (f)	kond'itèrija (m)	[kondʲɪ'tʲɛrʲɪjɛ]
Lebensmittelladen (m)	bakalėja (m)	[baka'lʲe:ja]
Metzgerei (f)	mėsõs kráutuvė (m)	[mʲe:'so:s 'krautuvʲe:]

| Gemüseladen (m) | daržóvių kráutuvė (m) | [dar'ʒovʲu: 'krautuvʲe:] |
| Markt (m) | prekývietė (m) | [prʲɛ'kʲi:vʲiɛtʲe:] |

Kaffeehaus (n)	kavìnė (m)	[ka'vʲɪnʲe:]
Restaurant (n)	restorãnas (v)	[rʲɛsto'ra:nas]
Bierstube (f)	alùdė (m)	[a'lʲudʲe:]
Pizzeria (f)	picèrija (m)	[pʲɪ'tsʲɛrʲɪjɛ]

Friseursalon (m)	kirpyklà (m)	[kʲɪrpʲi:k'lʲa]
Post (f)	paštas (v)	['pa:ʃtas]
chemische Reinigung (f)	valyklà (m)	[valʲi:k'la]
Fotostudio (n)	fotoateljė (v)	[fotoate'lʲje:]

Schuhgeschäft (n)	ãvalynės parduotùvė (m)	['a:val'i:n'e:s pardʋa'tʋv'e:]
Buchhandlung (f)	knygýnas (v)	[kn'i:'g'i:nas]
Sportgeschäft (n)	spòrtinių prēkių parduotùvė (m)	['sport'ɪn'u: 'pr'æk'u: pardʋa'tʋv'e:]

Kleiderreparatur (f)	drabùžių taisyklà (m)	[dra'bʋʒ'u: tʌɪs'i:k'l'a]
Bekleidungsverleih (m)	drabùžių núoma (m)	[dra'bʋʒ'u: 'nʋama]
Videothek (f)	fìlmų núoma (m)	['f'ɪl'mu: 'nʋama]

Zirkus (m)	cìrkas (v)	['ts'ɪrkas]
Zoo (m)	zoològijos sõdas (v)	[zoo'l'og'ɪjos 'so:das]
Kino (n)	kìno teãtras (v)	['k'ɪnɔ t'ɛ'a:tras]
Museum (n)	muziẽjus (v)	[mʋ'z'ɛjʋs]
Bibliothek (f)	bibliotekà (m)	[b'ɪbl'ɪjot'ɛ'ka]

Theater (n)	teãtras (v)	[t'ɛ'a:tras]
Opernhaus (n)	òpera (m)	['op'ɛra]
Nachtklub (m)	naktìnis klùbas (v)	[nak't'ɪn'ɪs 'kl'ʋbas]
Kasino (n)	kazinò (v)	[kaz'ɪ'no]

Moschee (f)	mečẽtė (m)	[m'ɛ'tʃ'ɛt'e:]
Synagoge (f)	sinagogà (m)	[s'ɪnago'ga]
Kathedrale (f)	kãtedra (m)	['ka:t'ɛdra]
Tempel (m)	šventyklà (m)	[ʃv'ɛnt'i:k'l'a]
Kirche (f)	bažnýčia (m)	[baʒ'n'i:tʃ'æ]

Institut (n)	institùtas (v)	[ɪnst'ɪ'tʋtas]
Universität (f)	universitètas (v)	[ʋn'ɪv'ɛrs'ɪ't'ɛtas]
Schule (f)	mokyklà (m)	[mok'i:k'l'a]

Präfektur (f)	prefektūrà (m)	[pr'ɛf'ɛk'tu:'ra]
Rathaus (n)	savivaldýbė (m)	[sav'ɪval'd'i:b'e:]
Hotel (n)	viẽšbutis (v)	['v'ɛʃbʋt'ɪs]
Bank (f)	bánkas (v)	['baŋkas]

Botschaft (f)	ambasadà (m)	[ambasa'da]
Reisebüro (n)	turìzmo agentūrà (m)	[tʋ'r'ɪzmɔ ag'ɛntu:'ra]
Informationsbüro (n)	informãcijos biùras (v)	[ɪnfor'ma:ts'ɪjos 'b'ʋras]
Wechselstube (f)	keityklà (m)	[k'ɛɪt'i:k'l'a]

| U-Bahn (f) | metrò | [m'ɛ'tro] |
| Krankenhaus (n) | ligóninė (m) | [l'ɪ'gon'ɪn'e:] |

| Tankstelle (f) | degalìnė (m) | [d'ɛga'l'ɪn'e:] |
| Parkplatz (m) | stovéjimo aikštēlė (m) | [sto'v'ɛjɪmɔ ʌɪkʃ't'æl'e:] |

30. Schilder

| Firmenschild (n) | ìškaba (m) | ['ɪʃkaba] |
| Aufschrift (f) | ùžrašas (v) | ['ʋʒraʃas] |

Plakat (n)	plakãtas (v)	[pʲlʲaˈkaːtas]
Wegweiser (m)	núoroda (m)	[ˈnʊɑrɑda]
Pfeil (m)	rodỹklė (m)	[roˈdʲiːklʲeː]

Vorsicht (f)	pérspėjimas (v)	[ˈpʲɛrspʲeːjimas]
Warnung (f)	įspėjìmas (v)	[iːspʲeːˈjɪmas]
warnen (vt)	įspéti	[iːsˈpʲeːtʲɪ]

freier Tag (m)	išeiginė dienà (m)	[ɪʃɛɪˈɡʲɪnʲe: dʲiɛˈna]
Fahrplan (m)	tvarkãraštis (v)	[tvarˈkaːraʃtʲɪs]
Öffnungszeiten (pl)	dárbo valandõs (m dgs)	[ˈdarbɔ valʲanˈdoːs]

HERZLICH WILLKOMMEN!	SVEIKÌ ATVỸKĘ!	[svʲɛɪˈkʲɪ atˈvʲiːkʲɛ:!]
EINGANG	ĮĖJÌMAS	[iːʲɛːˈjɪmas]
AUSGANG	IŠĖJÌMAS	[ɪʃeːˈjɪmas]

DRÜCKEN	STÙMTI	[ˈstʊmtʲɪ]
ZIEHEN	TRAÚKTI	[ˈtrɑʊktʲɪ]
GEÖFFNET	ATIDARÝTA	[atʲɪdaˈrʲiːta]
GESCHLOSSEN	UŽDARÝTA	[ʊʒdaˈrʲiːta]

| DAMEN, FRAUEN | MÓTERIMS | [ˈmotʲɛrʲɪms] |
| HERREN, MÄNNER | VÝRAMS | [ˈvʲiːrams] |

AUSVERKAUF	NÚOLAIDOS	[ˈnʊalʲʌɪdos]
REDUZIERT	IŠPARDAVÌMAS	[ɪʃpardaˈvʲɪmas]
NEU!	NAUJÍENA!	[nɑʊˈjiɛna!]
GRATIS	NEMÓKAMAI	[nʲɛˈmokamʌɪ]

ACHTUNG!	DĖMESIO!	[ˈdʲeːmesʲɔ!]
ZIMMER BELEGT	VIĖTŲ NĖRA	[ˈvʲɛtu: ˈnʲeːra]
RESERVIERT	REZERVÚOTA	[rʲɛzʲɛrˈvʊata]

| VERWALTUNG | ADMINISTRÃCIJA | [admʲɪnʲɪsˈtratsʲɪja] |
| NUR FÜR PERSONAL | TÌK PERSONÃLUI | [ˈtʲɪk pʲɛrsoˈnalʲʊi] |

| VORSICHT BISSIGER HUND | PIKTAS ŠUO | [ˈpʲɪktas ˈʃʊa] |

| RAUCHEN VERBOTEN! | RŪKÝTI DRAŨDŽIAMA | [ruːˈkʲiːtʲɪ ˈdrɑʊdʒʲæma] |
| BITTE NICHT BERÜHREN | NELIÉSTI! | [nʲɛˈlʲɛstʲɪ!] |

GEFÄHRLICH	PAVOJÌNGA	[pavoˈjɪnga]
VORSICHT!	PAVÕJUS	[paˈvoːjus]
HOCHSPANNUNG	AUKŠTÃ ĮTAMPA	[ɑʊkʃˈta ˈiːtampa]
BADEN VERBOTEN	MÁUDYTIS DRAŨDŽIAMA	[ˈmɑʊdʲiːtʲɪs ˈdrɑʊdʒʲæma]
AUßER BETRIEB	NEVĖĩKIA	[nʲɛˈvʲɛɪkʲɛ]

| LEICHTENTZÜNDLICH | DEGÙ | [dʲɛˈgʊ] |
| VERBOTEN | DRAŨDŽIAMA | [ˈdrɑʊdʒʲæma] |

DURCHGANG	**PRAĖJIMAS**	[praeˈjɪmas
VERBOTEN	**DRAŪDŽIAMAS**	ˈdrɑʊdʒˈæmas]
FRISCH GESTRICHEN	**NUDAŽYTA**	[nʊdaˈʒˈiːta]

31. Shopping

kaufen (vt)	**pírkti**	[ˈpˈɪrktˈɪ]
Einkauf (m)	**pirkinỹs** (v)	[pˈɪrkˈɪˈnˈiːs]
einkaufen gehen	**apsipírkti**	[apsˈɪˈpˈɪrktˈɪ]
Einkaufen (n)	**apsipirkìmas** (v)	[apsˈɪpˈɪrˈkˈɪmas]

| offen sein (Laden) | **veĩkti** | [ˈvˈɛɪktˈɪ] |
| zu sein | **užsidarýti** | [ʊʒsˈɪdaˈrˈiːtˈɪ] |

Schuhe (pl)	**ãvalynė** (m)	[ˈaːvalˈiːnˈeː]
Kleidung (f)	**drabùžiai** (v)	[draˈbuʒˈɛɪ]
Kosmetik (f)	**kosmètika** (m)	[kɔsˈmˈɛtˈɪka]
Lebensmittel (pl)	**prodùktai** (v)	[proˈdʊktʌɪ]
Geschenk (n)	**dovanà** (m)	[dovaˈna]

| Verkäufer (m) | **pardavéjas** (v) | [pardaˈvˈeːjas] |
| Verkäuferin (f) | **pardavéja** (m) | [pardaˈvˈeːja] |

Kasse (f)	**kasà** (m)	[kaˈsa]
Spiegel (m)	**veĩdrodis** (v)	[ˈvˈɛɪdrodˈɪs]
Ladentisch (m)	**prekýstalis** (v)	[prˈɛˈkˈiːstalˈɪs]
Umkleidekabine (f)	**matãvimosi kabinà** (m)	[maˈtaːvˈɪmosˈɪ kabˈɪˈna]

anprobieren (vt)	**matúoti**	[maˈtʊatˈɪ]
passen (Schuhe, Kleid)	**tìkti**	[ˈtˈɪktˈɪ]
gefallen (vi)	**patìkti**	[paˈtˈɪktˈɪ]

Preis (m)	**kaĩna** (m)	[ˈkʌɪna]
Preisschild (n)	**kainýnas** (v)	[kʌɪˈnˈiːnas]
kosten (vt)	**kainúoti**	[kʌɪˈnʊatˈɪ]
Wie viel?	**Kíek?**	[ˈkˈiɛk?]
Rabatt (m)	**núolaida** (m)	[ˈnʊalˈʌɪda]

preiswert	**nebrangùs**	[nˈɛbranˈgʊs]
billig	**pigùs**	[pˈɪˈgʊs]
teuer	**brangùs**	[branˈgʊs]
Das ist teuer	**Taĩ brangù.**	[ˈtʌɪ branˈgʊ]

Verleih (m)	**núoma** (m)	[ˈnʊama]
leihen, mieten (ein Auto usw.)	**išsinúomoti**	[ɪʃsˈɪˈnʊamotˈɪ]
Kredit (m), Darlehen (n)	**kredìtas** (v)	[krˈɛˈdˈɪtas]
auf Kredit	**kreditù**	[krˈɛdˈɪˈtʊ]

T&P BOOKS

KLEIDUNG & ACCESSOIRES

T&P Books Publishing

32. Oberbekleidung. Mäntel

Kleidung (f)	aprangà (m)	[apran'ga]
Oberkleidung (f)	viršutìniai drabùžiai (v dgs)	[vʲɪrʃʊ'tʲɪnʲɛɪ dra'buʒʲɛɪ]
Winterkleidung (f)	žiemìniai drabùžiai (v)	[ʒʲiɛ'mʲɪnʲɛɪ dra'buʒʲɛɪ]

Mantel (m)	páltas (v)	['palʲtas]
Pelzmantel (m)	kailinià (v dgs)	[kʌɪlʲɪ'nʲɛɪ]
Pelzjacke (f)	pùskailiniai (v)	['puskʌɪlʲɪnʲɛɪ]
Daunenjacke (f)	pūkìnė (m)	[puː'kʲɪnʲeː]

Jacke (z.B. Lederjacke)	striùkė (m)	['strʲukʲeː]
Regenmantel (m)	apsiaũstas (v)	[ap'sʲɛʊstas]
wasserdicht	nepéršlampamas	[nʲɛ'pʲɛrʃlʲampamas]

33. Herren- & Damenbekleidung

Hemd (n)	marškiniaì (v dgs)	[marʃkʲɪ'nʲɛɪ]
Hose (f)	kélnės (m dgs)	['kʲɛlʲnʲeːs]
Jeans (pl)	džìnsai (v dgs)	['dʒʲɪnsʌɪ]
Jackett (n)	švãrkas (v)	['ʃvarkas]
Anzug (m)	kostiùmas (v)	[kɔs'tʲumas]

Damenkleid (n)	suknẽlė (m)	[suk'nʲælʲeː]
Rock (m)	sijõnas (v)	[sʲɪ'jɔːnas]
Bluse (f)	palaidìnė (m)	[palʲʌɪ'dʲɪnʲeː]
Strickjacke (f)	sùsegamas megztìnis (v)	['susʲɛgamas mʲɛgz'tʲɪnʲɪs]
Jacke (Damen Kostüm)	žakètas, švarkẽlis (v)	[ʒa'kʲɛtas], [ʃvar'kʲælʲɪs]

T-Shirt (n)	fùtbolininko marškiniaì (v)	['futbolʲɪnʲɪŋkɔ marʃkʲɪ'nʲɛɪ]
Shorts (pl)	šórtai (v dgs)	['ʃortʌɪ]
Sportanzug (m)	spórtinis kostiùmas (v)	['sportʲɪnʲɪs kos'tʲumas]
Bademantel (m)	chalãtas (v)	[xa'lʲaːtas]
Schlafanzug (m)	pižamà (m)	[pʲɪʒa'ma]

Sweater (m)	nertìnis (v)	[nʲɛr'tʲɪnʲɪs]
Pullover (m)	megztìnis (v)	[mʲɛgz'tʲɪnʲɪs]

Weste (f)	liemẽnė (m)	[lʲiɛ'mʲænʲeː]
Frack (m)	frãkas (v)	['fraːkas]
Smoking (m)	smòkingas (v)	['smokʲɪngas]
Uniform (f)	unifórma (m)	[unʲɪ'forma]
Arbeitskleidung (f)	dárbo drabùžiai (v)	['darbɔ dra'buʒʲɛɪ]

| Overall (m) | kombinezonas (v) | [kɔmbʲɪnʲɛ'zonas] |
| Kittel (z.B. Arztkittel) | chalãtas (v) | [xa'lʲa:tas] |

34. Kleidung. Unterwäsche

Unterwäsche (f)	baltiniaĩ (v dgs)	[balʲtʲɪ'nʲɛɪ]
Unterhemd (n)	apatìniai	[apa'tʲɪnʲɛɪ]
	marškinė̃liai (v dgs)	marʃkʲɪ'nʲe:lʲɛɪ]
Socken (pl)	kójinės (m dgs)	['ko:jɪnʲe:s]

Nachthemd (n)	naktìniai marškiniaĩ (v dgs)	[nak'tʲɪnʲɛɪ marʃkʲɪ'nʲɛɪ]
Büstenhalter (m)	liemenė̃lė (m)	[lʲiɛmeˈnʲe:lʲe:]
Kniestrümpfe (pl)	gòlfai (v)	['golʲfʌɪ]
Strumpfhose (f)	pė́dkelnės (m dgs)	['pʲe:dkʲɛlʲnʲe:s]
Strümpfe (pl)	kójinės (m dgs)	['ko:jɪnʲe:s]
Badeanzug (m)	máudymosi	['mɑʊdʲiːmosʲɪ
	kostiumė̃lis (v)	kostʲʊ'mʲe:lʲɪs]

35. Kopfbekleidung

Mütze (f)	kepùrė (m)	[kʲɛ'pʊrʲe:]
Filzhut (m)	skrybė̃lė (m)	[skrʲiːbʲe:'lʲe:]
Baseballkappe (f)	beĩsbolo lazdà (m)	['bʲɛɪsbolʲo lʲaz'da]
Schiebermütze (f)	kepùrė (m)	[kʲɛ'pʊrʲe:]

Baskenmütze (f)	berẽtė (m)	[bʲɛ'rʲɛtʲe:]
Kapuze (f)	gobtùvas (v)	[gop'tʊvas]
Panamahut (m)	panamà (m)	[pana'ma]
Strickmütze (f)	megztà kepuráitė (m)	[mʲɛgz'ta kepʊ'rʌɪtʲe:]

| Kopftuch (n) | skarà (m), skarẽlė (m) | [ska'ra], [ska'rʲælʲe:] |
| Damenhut (m) | skrybėláitė (m) | [skrʲiːbʲe:'lʲʌɪtʲe:] |

Schutzhelm (m)	šálmas (v)	['ʃalʲmas]
Feldmütze (f)	pilòtė (m)	[pʲɪ'lʲotʲe:]
Helm	šálmas (v)	['ʃalʲmas]
(z.B. Motorradhelm)		

| Melone (f) | katiliùkas (v) | [katʲɪ'lʲʊkas] |
| Zylinder (m) | cilìndras (v) | [tsʲɪ'lʲɪndras] |

36. Schuhwerk

Schuhe (pl)	ãvalynė (m)	['a:valʲiːnʲe:]
Stiefeletten (pl)	bãtai (v)	['ba:tʌɪ]
Halbschuhe (pl)	batė̃liai (v)	[ba'tʲælʲɛɪ]

Stiefel (pl)	aulìniai bãtai (v)	[ɑʊ'lʲɪnʲɛɪ 'ba:tʌɪ]
Hausschuhe (pl)	šlepẽtės (m dgs)	[ʃlʲɛ'pʲætʲe:s]
Tennisschuhe (pl)	spòrtbačiai (v dgs)	['sportbatʃʲɛɪ]
Leinenschuhe (pl)	spòrtbačiai (v dgs)	['sportbatʃʲɛɪ]
Sandalen (pl)	sandãlai (v dgs)	[san'da:lʲʌɪ]

Schuster (m)	batsiuvỹs (v)	[batsʲʊ'vʲi:s]
Absatz (m)	kulnas (v)	['kʊlˠnas]
Paar (n)	porà (m)	[po'ra]

Schnürsenkel (m)	bãtraištis (v)	['ba:trʌɪʃtʲɪs]
schnüren (vt)	varstyti	['varstʲi:tʲɪ]
Schuhlöffel (m)	šáukštas (v)	['ʃɑʊkʃtas]
Schuhcreme (f)	ãvalynės krèmas (v)	['a:valʲi:nʲe:s 'krʲɛmas]

37. Persönliche Accessoires

Handschuhe (pl)	pìrštinės (m dgs)	['pʲɪrʃtʲɪnʲe:s]
Fausthandschuhe (pl)	kùmštinės (m dgs)	['kʊmʃtʲɪnʲe:s]
Schal (Kaschmir-)	šãlikas (v)	['ʃa:lʲɪkas]

Brille (f)	akiniaì (dgs)	[akʲɪ'nʲɛɪ]
Brillengestell (n)	rėmẽliai (v dgs)	[rʲe:'mʲælʲɛɪ]
Regenschirm (m)	skėtis (v)	['skʲe:tʲɪs]
Spazierstock (m)	lazdẽlė (m)	[laz'dʲælʲe:]
Haarbürste (f)	plaukų šepetỹs (v)	[plʲɑʊ'ku: ʃɛpʲɛ'tʲi:s]
Fächer (m)	vėduõklė (m)	[vʲe:'dʊɑklʲe:]
Krawatte (f)	kaklãraištis (v)	[kak'lʲa:rʌɪʃtʲɪs]
Fliege (f)	petelìškė (m)	[pʲɛtʲɛ'lʲɪʃkʲe:]
Hosenträger (pl)	pètnešos (m dgs)	['pʲætnʲɛʃos]
Taschentuch (n)	nósinė (m)	['nosʲɪnʲe:]

Kamm (m)	šùkos (m dgs)	['ʃʊkos]
Haarspange (f)	segtùkas (v)	[sʲɛk'tʊkas]
Haarnadel (f)	plaukų segtùkas (v)	[plʲɑʊ'ku: sʲɛk'tʊkas]
Schnalle (f)	sagtìs (m)	[sak'tʲɪs]

| Gürtel (m) | dìržas (v) | ['dʲɪrʒas] |
| Umhängegurt (m) | dìržas (v) | ['dʲɪrʒas] |

Tasche (f)	rankinùkas (v)	[raŋkʲɪ'nʊkas]
Handtasche (f)	rankinùkas (v)	[raŋkʲɪ'nʊkas]
Rucksack (m)	kuprìnė (m)	[kʊ'prʲɪnʲe:]

38. Kleidung. Verschiedenes

| Mode (f) | madà (m) | [ma'da] |
| modisch | madìngas | [ma'dʲɪngas] |

Modedesigner (m)	modeliúotojas (v)	[modʲɛ'lʲʊɑtoːjɛs]
Kragen (m)	apýkaklė (m)	[a'pʲiːkaklʲeː]
Tasche (f)	kišėnė (m)	[kʲɪˈʃænʲeː]
Taschen-	kišenìnis	[kʲɪʃɛ'nʲɪnʲɪs]
Ärmel (m)	rankóvė (m)	[raŋ'kovʲeː]
Aufhänger (m)	pakabà (m)	[paka'ba]
Hosenschlitz (m)	klỹnas (v)	['klʲiːnas]

Reißverschluss (m)	užtrauktùkas (v)	[ʊʒtrɑʊk'tʊkas]
Verschluss (m)	užsegìmas (v)	[ʊʒsʲɛ'gʲɪmas]
Knopf (m)	sagà (m)	[sa'ga]
Knopfloch (n)	kìlpa (m)	['kʲɪlʲpa]
abgehen (Knopf usw.)	atplýšti	[at'plʲiːʃtʲɪ]

nähen (vi, vt)	siúti	['sʲuːtʲɪ]
sticken (vt)	siuvinéti	[sʲʊvʲɪ'nʲeːtʲɪ]
Stickerei (f)	siuvinéjimas (v)	[sʲʊvʲɪ'nʲɛjɪmas]
Nadel (f)	ãdata (m)	['aːdata]
Faden (m)	siúlas (v)	['sʲuːlʲas]
Naht (f)	siúlė (m)	['sʲuːlʲeː]

sich beschmutzen	išsitèpti	[ɪʃsʲɪ'tʲɛptʲɪ]
Fleck (m)	dėmė̃ (m)	[dʲeː'mʲeː]
sich knittern	susiglámžyti	[sʊsʲɪ'glʲa mʒʲiːtʲɪ]
zerreißen (vt)	suplė́šyti	[sʊp'lʲeːʃɪːtʲɪ]
Motte (f)	kañdis (v)	['kandʲɪs]

39. Kosmetikartikel. Kosmetik

Zahnpasta (f)	dantū̃ pastà (m)	[dan'tu: pas'ta]
Zahnbürste (f)	dantū̃ šepetė̃lis (v)	[dan'tu: ʃepe'tʲeːlʲɪs]
Zähne putzen	valýti dantìs	[va'lʲiːtʲɪ dan'tʲɪs]

Rasierer (m)	skustùvas (v)	[skʊ'stʊvas]
Rasiercreme (f)	skutìmosi krèmas (v)	[skʊ'tʲɪmosʲɪ 'krʲɛmas]
sich rasieren	skùstis	['skʊstʲɪs]

| Seife (f) | muĩlas (v) | ['mʊɪlʲas] |
| Shampoo (n) | šampū̃nas (v) | [ʃam'pu:nas] |

Schere (f)	žìrklės (m dgs)	['ʒʲɪrklʲeːs]
Nagelfeile (f)	dìldė (m) nagáms	['dʲɪlʲdʲeː na'gams]
Nagelzange (f)	gnybtùkai (v)	[gnʲɪ'p'tʊkʌɪ]
Pinzette (f)	pincètas (v)	[pʲɪn'tsʲɛtas]

Kosmetik (f)	kosmètika (m)	[kɔs'mʲɛtʲɪka]
Gesichtsmaske (f)	kaũkė (m)	['kɑʊkʲeː]
Maniküre (f)	manikiū̃ras (v)	[manʲɪ'kʲuːras]
Maniküre machen	darýti manikiū̃rą	[da'rʲiːtʲɪ manʲɪ'kʲuːraː]
Pediküre (f)	pedikiū̃ras (v)	[pʲɛdʲɪ'kʲuːras]

Kosmetiktasche (f)	kosmetinė (m)	[kɔsˈmʲɛtʲɪnʲeː]
Puder (m)	pudra (m)	[pʊdˈra]
Puderdose (f)	pùdrinė (m)	[ˈpʊdrʲɪnʲeː]
Rouge (n)	skaistalai̇̃ (v dgs)	[skʌɪstaˈlʲaɪ̯]

Parfüm (n)	kvepalai̇̃ (v dgs)	[kvʲɛpaˈlʲaɪ̯]
Duftwasser (n)	tualètinis vanduõ (v)	[tʊaˈlʲɛtʲɪnʲɪs vanˈdʊɑ]
Lotion (f)	losjònas (v)	[lʲoˈsjɔ nas]
Kölnischwasser (n)	odekolònas (v)	[odʲɛkoˈlʲonas]

Lidschatten (m)	vokū̃ šešėliai (v)	[voˈkuː ʃeˈʃʲeːlʲɛɪ]
Kajalstift (m)	akiū̃ pieštùkas (v)	[aˈkʲu pʲɛʃˈtʊkas]
Wimperntusche (f)	tùšas (v)	[ˈtʊʃas]

Lippenstift (m)	lū̃pų dažai̇̃ (v)	[ˈlʲu:pu daˈʒʌɪ]
Nagellack (m)	nagū̃ lãkas (v)	[naˈgu: ˈlʲa:kas]
Haarlack (m)	plaukū̃ lãkas (v)	[plʲɑʊˈku: ˈlʲa:kas]
Deodorant (n)	dezodorántas (v)	[dʲɛzodoˈrantas]

Creme (f)	krèmas (v)	[ˈkrʲɛmas]
Gesichtscreme (f)	véido krèmas (v)	[ˈvʲɛɪdɔ ˈkrʲɛmas]
Handcreme (f)	rañkų krèmas (v)	[ˈraŋku: ˈkrʲɛmas]
Anti-Falten-Creme (f)	krèmas (v) nuõ raukšlių	[ˈkrʲɛmas nʊɑ rɑʊkʃˈlʲu:]
Tagescreme (f)	dienìnis krèmas (v)	[dʲiɛˈnʲɪnʲɪs ˈkrʲɛmas]
Nachtcreme (f)	naktìnis krèmas (v)	[nakˈtʲɪnʲɪs ˈkrʲɛmas]
Tages-	dienìnis	[dʲiɛˈnʲɪnʲɪs]
Nacht-	naktìnis	[nakˈtʲɪnʲɪs]

Tampon (m)	tampònas (v)	[tamˈponas]
Toilettenpapier (n)	tualètinis põpierius (v)	[tʊaˈlʲɛtʲɪnʲɪs ˈpo:pʲiɛrʲʊs]
Föhn (m)	fènas (v)	[ˈfʲɛnas]

40. Armbanduhren Uhren

Armbanduhr (f)	lai̇̃krodis (v)	[ˈlʲʌɪkrodʲɪs]
Zifferblatt (n)	ciferblãtas (v)	[tsʲɪfʲɛrˈblʲa:tas]
Zeiger (m)	rodỹklė (m)	[roˈdʲiːklʲeː]
Metallarmband (n)	apýrankė (m)	[aˈpʲiːraŋkʲeː]
Uhrenarmband (n)	dirželis (v)	[dʲɪrˈʒʲælʲɪs]

Batterie (f)	elemeñtas (v)	[ɛlʲɛˈmʲɛntas]
verbraucht sein	išsikráuti	[ɪʃsʲɪˈkrɑʊtʲɪ]
die Batterie wechseln	pakeĩsti elemeñtą	[paˈkʲɛɪstʲɪ ɛlʲɛˈmʲɛnta:]
vorgehen (vi)	skubéti	[skʊˈbʲeːtʲɪ]
nachgehen (vi)	atsilìkti	[atsʲɪˈlʲɪktʲɪ]

Wanduhr (f)	síeninis lai̇̃krodis (v)	[ˈsʲiɛnʲɪnʲɪs ˈlʲʌɪkrodʲɪs]
Sanduhr (f)	smėlio lai̇̃krodis (v)	[ˈsmʲeːlʲɔ ˈlʲʌɪkrodʲɪs]
Sonnenuhr (f)	sáulės lai̇̃krodis (v)	[ˈsɑʊlʲeːs ˈlʲʌɪkrodʲɪs]
Wecker (m)	žadintùvas (v)	[ʒadʲɪnˈtʊvas]

Uhrmacher (m)	**laĩkrodininkas** (v)	[ˈlʲʌɪkrodʲɪnʲɪŋkas]
reparieren (vt)	**taisýti**	[tʌɪˈsʲiːtʲɪ]

BOOKS

ALLTAGSERFAHRUNG

T&P Books Publishing

Geld (n)	pinigaĩ (v)	[pʲɪnʲɪ'gʌɪ]
Austausch (m)	keitìmas (v)	[kʲɛɪ'tʲɪmas]
Kurs (m)	kùrsas (v)	['kʊrsas]
Geldautomat (m)	bankomãtas (v)	[baŋko'ma:tas]
Münze (f)	monetà (m)	[monʲɛ'ta]

| Dollar (m) | dòleris (v) | ['dolʲɛrʲɪs] |
| Euro (m) | eũras (v) | ['ɛʊ̃ras] |

Lira (f)	lirà (m)	[lʲɪ'ra]
Mark (f)	márkė (m)	['markʲe:]
Franken (m)	fránkas (v)	['fraŋkas]
Pfund Sterling (n)	svãras (v)	['sva:ras]
Yen (m)	jenà (m)	[jɛ'na]

Schulden (pl)	skolà (m)	[sko'lʲa]
Schuldner (m)	skõlininkas (v)	['sko:lʲɪnʲɪŋkas]
leihen (vt)	dúoti į̃ skõlą	['dʊatʲɪ i: 'sko:lʲa:]
leihen, borgen (Geld usw.)	im̃ti į̃ skõlą	['ɪmtʲɪ i: 'sko:lʲa:]

Bank (f)	bánkas (v)	['baŋkas]
Konto (n)	są́skaita (m)	['sa:skʌɪta]
auf ein Konto einzahlen	dė́ti į̃ są́skaitą	['dʲe:tʲɪ i: 'sa:skʌɪta:]
abheben (vt)	im̃ti iš są́skaitos	['ɪmtʲɪ ɪʃ 'sa:skʌɪtos]

Kreditkarte (f)	kredìtinė kortẽlė (m)	[krʲɛ'dʲɪtʲɪnʲe: kor'tʲælʲe:]
Bargeld (n)	gryníeji pinigaĩ (v)	[grʲɪ:'nʲiɛjɪ pʲɪnʲɪ'gʌɪ]
Scheck (m)	čèkis (v)	['tʂɛkʲɪs]
einen Scheck schreiben	išrašýti čẽkį	[ɪʃra'ʃɪ:tʲɪ 'tʂɛkʲɪ:]
Scheckbuch (n)	čẽkių knygẽlė (m)	['tʂɛkʲu: knʲi:'gʲælʲe:]

Geldtasche (f)	piniginė̃ (m)	[pʲɪnʲɪ'gʲɪnʲe:]
Geldbeutel (m)	piniginė̃ (m)	[pʲɪnʲɪ'gʲɪnʲe:]
Safe (m)	seĩfas (v)	['sʲɛɪfas]

Erbe (m)	paveldė́tojas (v)	[pavelʲ'dʲe:to:jɛs]
Erbschaft (f)	palikìmas (v)	[palʲɪ'kʲɪmas]
Vermögen (n)	tùrtas (v)	['tʊrtas]

Pacht (f)	núoma (m)	['nʊama]
Miete (f)	bùto mókestis (v)	['bʊtɔ 'mokʲɛstʲɪs]
mieten (vt)	núomotis	['nʊamotʲɪs]
Preis (m)	káina (m)	['kʌɪna]
Kosten (pl)	káina (m)	['kʌɪna]

Summe (f)	sumà (m)	[su'ma]
ausgeben (vt)	léisti	['lʲɛɪstʲɪ]
Ausgaben (pl)	sąnaudos (m dgs)	['sa:nɑudos]
sparen (vt)	taupýti	[tɑu'pʲi:tʲɪ]
sparsam	taupùs	[tɑu'pus]

zahlen (vt)	mokéti	[mo'kʲe:tʲɪ]
Lohn (m)	apmokéjimas (v)	[apmo'kʲɛjɪmas]
Wechselgeld (n)	grąžà (m)	[gra:'ʒa]

Steuer (f)	mókestis (v)	['mokʲɛstʲɪs]
Geldstrafe (f)	baudà (m)	[bɑu'da]
bestrafen (vt)	baũsti	['bɑustʲɪ]

42. Post. Postdienst

Post (Postamt)	pãštas (v)	['pa:ʃtas]
Post (Postsendungen)	pãštas (v)	['pa:ʃtas]
Briefträger (m)	pãštininkas (v)	['pa:ʃtʲɪnʲɪŋkas]
Öffnungszeiten (pl)	dárbo valandõs (m dgs)	['darbɔ valʲan'do:s]

Brief (m)	láiškas (v)	['lʲʌɪʃkas]
Einschreibebrief (m)	užsakýtas láiškas (v)	[uʒsa'kʲi:tas 'lʲʌɪʃkas]
Postkarte (f)	atvirùtė (m)	[atvʲɪ'rutʲe:]
Telegramm (n)	telegramà (m)	[tʲɛlʲɛgra'ma]

| Postpaket (n) | siuntinŷs (v) | [sʲuntʲɪ'nʲi:s] |
| Geldanweisung (f) | piniginis pavedimas (v) | [pʲɪnʲɪ'gʲɪnʲɪs pavʲɛ'dʲɪmas] |

bekommen (vt)	gáuti	['gɑutʲɪ]
abschicken (vt)	išsių̃sti	[ɪʃ'sʲu:stʲɪ]
Absendung (f)	išsiuntìmas (v)	[ɪʃsʲun'tʲɪmas]

| Postanschrift (f) | ãdresas (v) | ['a:drʲɛsas] |
| Postleitzahl (f) | iñdeksas (v) | ['ɪndʲɛksas] |

| Absender (m) | siuntéjas (v) | [sʲun'tʲe:jas] |
| Empfänger (m) | gavéjas (v) | [ga'vʲe:jas] |

| Vorname (m) | var̃das (v) | ['vardas] |
| Nachname (m) | pavardẽ (m) | [pavar'dʲe:] |

Tarif (m)	tarìfas (v)	[ta'rʲɪfas]
Standard- (Tarif)	įprastas	['i:prastas]
Spar- (-tarif)	taupùs	[tɑu'pus]

Gewicht (n)	svõris (v)	['svo:rʲɪs]
abwiegen (vt)	sver̃ti	['svʲɛrtʲɪ]
Briefumschlag (m)	võkas (v)	['vo:kas]
Briefmarke (f)	markùtė (m)	[mar'kutʲe:]

43. Bankgeschäft

Bank (f)	bánkas (v)	['baŋkas]
Filiale (f)	skỹrius (v)	['skʲi:rʲʊs]
Berater (m)	konsultántas (v)	[kɔnsʊlʲˈtantas]
Leiter (m)	valdýtojas (v)	[valʲˈdʲi:to:jɛs]
Konto (n)	sąskaita (m)	['sa:skʌɪta]
Kontonummer (f)	sąskaitos nùmeris (v)	['sa:skʌɪtos 'nʊmʲɛrʲɪs]
Kontokorrent (n)	einamóji sąskaita (m)	[ɛɪna'mo:jɪ 'sa:skʌɪta]
Sparkonto (n)	kaupiamóji sąskaita (m)	[kɑʊpʲæ'mo:jɪ 'sa:skʌɪta]
ein Konto eröffnen	atidarýti sąskaitą	[atʲɪda'rʲi:tʲɪ 'sa:skʌɪta:]
das Konto schließen	uždarýti sąskaitą	[ʊʒda'rʲi:tʲɪ 'sa:skʌɪta:]
einzahlen (vt)	padéti į̃ sąskaitą	[pa'dʲe:tʲɪ i: 'sa:skʌɪta:]
abheben (vt)	paim̃ti iš sąskaitos	['pʌɪmtʲɪ ɪʃ 'sa:skʌɪtos]
Einzahlung (f)	iñdėlis (v)	['ɪndʲe:lʲɪs]
eine Einzahlung machen	įnèšti iñdėlį	[i:'nʲɛʃtʲɪ 'ɪndʲe:lʲɪ:]
Überweisung (f)	pavedìmas (v)	[pavʲɛ'dʲɪmas]
überweisen (vt)	atlìkti pavedìmą	[at'lʲɪktʲɪ pavʲɛ'dʲɪma:]
Summe (f)	sumà (m)	[sʊ'ma]
Wieviel?	Kíek?	['kʲiɛk?]
Unterschrift (f)	par̃ašas (v)	['pa:raʃas]
unterschreiben (vt)	pasirašýti	[pasʲɪra'ʃɪ:tʲɪ]
Kreditkarte (f)	kreditìnė kortẽlė (m)	[krʲɛ'dʲɪtʲɪnʲe: kor'tʲælʲe:]
Code (m)	kòdas (v)	['kodas]
Kreditkartennummer (f)	kreditìnės kortẽlės numeris (v)	[krʲɛ'dʲɪtʲɪnʲe:s kor'tʲælʲe:s 'nʊmerʲɪs]
Geldautomat (m)	bankomãtas (v)	[baŋko'ma:tas]
Scheck (m)	kvìtas (v)	['kvʲɪtas]
einen Scheck schreiben	išrašýti kvìtą	[ɪʃra'ʃɪ:tʲɪ 'kvʲɪta:]
Scheckbuch (n)	čekių̃ knygẽlė (m)	['tʂɛkʲu: knʲiˑ'gʲælʲe:]
Darlehen (m)	kredìtas (v)	[krʲɛ'dʲɪtas]
ein Darlehen beantragen	kreĩptis dėl kredìto	['krʲɛɪptʲɪs dʲe:lʲ krʲɛ'dʲɪtɔ]
ein Darlehen aufnehmen	im̃ti kredìtą	['ɪmtʲɪ krʲɛ'dʲɪta:]
ein Darlehen geben	suteĩkti kredìtą	[sʊ'tʲɛɪktʲɪ krʲɛ'dʲɪta:]
Sicherheit (f)	garántija (m)	[ga'rantʲɪjɛ]

44. Telefon. Telefongespräche

Telefon (n)	telefònas (v)	[tʲɛlʲɛ'fonas]
Mobiltelefon (n)	mobilùsis telefònas (v)	[mobʲɪ'lʊsʲɪs tʲɛlʲɛ'fonas]

Anrufbeantworter (m)	autoatsakìklis (v)	[ɑutoatsa'kʲɪklʲɪs]
anrufen (vt)	skambìnti	['skambʲɪntʲɪ]
Anruf (m)	skambùtis (v)	[skam'butʲɪs]

eine Nummer wählen	surìnkti nùmerį	[su'rʲɪŋktʲɪ 'numʲɛrʲɪː]
Hallo!	Aliõ!	[a'lʲo!]
fragen (vt)	paklaústi	[pak'lʲɑustʲɪ]
antworten (vi)	atsakýti	[atsa'kʲiːtʲɪ]

hören (vt)	girdéti	[gʲɪr'dʲeːtʲɪ]
gut (~ aussehen)	geraĩ	[gʲɛ'rʌɪ]
schlecht (Adv)	prastaĩ	[pras'tʌɪ]
Störungen (pl)	trukdžiaĩ (v dgs)	[truk'dʒʲɛɪ]

Hörer (m)	ragẽlis (v)	[ra'gʲælʲɪs]
den Hörer abnehmen	pakélti ragẽlį	[pa'kʲɛlʲtʲɪ ra'gʲælʲɪː]
auflegen (den Hörer ~)	padéti ragẽlį	[pa'dʲeːtʲɪ ra'gʲælʲɪː]

besetzt	ùžimtas	['uʒʲɪmtas]
läuten (vi)	skambéti	[skam'bʲeːtʲɪ]
Telefonbuch (n)	telefõnų knygà (m)	[tʲɛlʲɛ'fonu: knʲiː'ga]

Orts-	viẽtinis	['vʲiɛtʲɪnʲɪs]
Ortsgespräch (n)	viẽtinis skambùtis (v)	['vʲiɛtʲɪnʲɪs skam'butʲɪs]
Auslands-	tarptautìnis	[tarptɑu'tʲɪnʲɪs]
Auslandsgespräch (n)	tarptautìnis skambùtis (v)	[tarptɑu'tʲɪnʲɪs skam'butʲɪs]
Fern-	tarpmiestìnis	[tarpmʲiɛs'tʲɪnʲɪs]
Ferngespräch (n)	tarpmiestìnis skambùtis (v)	[tarpmʲiɛs'tʲɪnʲɪs skam'butʲɪs]

45. Mobiltelefon

Mobiltelefon (n)	mobilùsis telefõnas (v)	[mobʲɪ'lusʲɪs tʲɛlʲɛ'fonas]
Display (n)	ekrãnas (v)	[ɛk'ra:nas]
Knopf (m)	mygtùkas (v)	[mʲiːk'tukas]
SIM-Karte (f)	SIM-kortẽlė (m)	[sʲɪm-kor'tʲælʲeː]

Batterie (f)	akumuliãtorius (v)	[akumu'lʲætorʲus]
leer sein (Batterie)	išsikráuti	[ɪʃsʲɪ'krɑutʲɪ]
Ladegerät (n)	įkrovìklis (v)	[i:kro'vʲɪːklʲɪs]

Menü (n)	valgiãraštis (v)	[valʲ'gʲæraʃtʲɪs]
Einstellungen (pl)	nustãtymai (v dgs)	[nu'sta:tʲiːmʌɪ]
Melodie (f)	melòdija (m)	[mʲɛ'lʲodʲɪjɛ]
auswählen (vt)	pasirìnkti	[pasʲɪ'rʲɪŋktʲɪ]

Rechner (m)	skaičiuotùvas (v)	[skʌɪtʃʲuo'tuvas]
Anrufbeantworter (m)	bal̃so pãštas (v)	['balʲsɔ 'pa:ʃtas]
Wecker (m)	žadintùvas (v)	[ʒadʲɪn'tuvas]
Kontakte (pl)	telefõnų knygà (m)	[tʲɛlʲɛ'fonu: knʲiː'ga]

SMS-Nachricht (f)	**SMS žinutė** (m)	[ɛsɛ'mɛs ʒʲɪnʊtʲeː]
Teilnehmer (m)	**abonentas** (v)	[abo'nʲɛntas]

46. Bürobedarf

Kugelschreiber (m)	**automãtinis**	[ɑʊto'maːtʲɪnʲɪs
	šratinukas (v)	ʃratʲɪ'nʊkas]
Federhalter (m)	**plunksnãkotis** (v)	[plʲʊŋk'sna:kotʲɪs]
Bleistift (m)	**pieštùkas** (v)	[pʲiɛʃ'tʊkas]
Faserschreiber (m)	**žymẽklis** (v)	[ʒʲi:'mʲæklʲɪs]
Filzstift (m)	**flomãsteris** (v)	[flʲo'maːstʲɛrʲɪs]
Notizblock (m)	**bloknòtas** (v)	[blʲok'notas]
Terminkalender (m)	**dienóraštis** (v)	[dʲiɛ'noraʃtʲɪs]
Lineal (n)	**liniuõtė** (m)	[lʲɪ'nʲʊo:tʲeː]
Rechner (m)	**skaičiuotùvas** (v)	[skʌɪtʃʲʊo'tʊvas]
Radiergummi (m)	**trintùkas** (v)	[trʲɪn'tʊkas]
Reißzwecke (f)	**smeigtùkas** (v)	[smʲɛɪk'tʊkas]
Heftklammer (f)	**sąvaržẽlė** (m)	[sa:var'ʒʲeːlʲeː]
Klebstoff (m)	**klijaĩ** (v dgs)	[klʲɪ'jʌɪ]
Hefter (m)	**segìklis** (v)	[sʲɛ'gʲɪklʲɪs]
Locher (m)	**skylãmušis** (v)	[skʲi:'lʲaːmʊʃʲɪs]
Bleistiftspitzer (m)	**drožtùkas** (v)	[droʒ'tʊkas]

47. Fremdsprachen

Sprache (f)	**kalbà** (m)	[kalʲ'ba]
Fremd-	**ùžsienio**	['ʊʒsʲiɛnʲɔ]
Fremdsprache (f)	**ùžsienio kalbà** (m)	['ʊʒsʲiɛnʲɔ kalʲba]
studieren (z.B. Jura ~)	**studijúoti**	[stʊdʲɪ'jʊatʲɪ]
lernen (Englisch ~)	**mókytis**	['mokʲiːtʲɪs]
lesen (vi, vt)	**skaitýti**	[skʌɪ'tʲiːtʲɪ]
sprechen (vi, vt)	**kalbéti**	[kalʲ'bʲeːtʲɪ]
verstehen (vt)	**supràsti**	[sʊp'rastʲɪ]
schreiben (vi, vt)	**rašýti**	[ra'ʃʲɪːtʲɪ]
schnell (Adv)	**greĩtai**	['grʲɛɪtʌɪ]
langsam (Adv)	**lėtaĩ**	[lʲeː'tʌɪ]
fließend (Adv)	**laisvaĩ**	[lʲʌɪs'vʌɪ]
Regeln (pl)	**taisýklės** (m dgs)	[tʌɪ'sʲiːklʲeːs]
Grammatik (f)	**gramãtika** (m)	[gra'maːtʲɪka]
Vokabular (n)	**lèksika** (m)	['lʲɛksʲɪka]
Phonetik (f)	**fonètika** (m)	[fo'nʲɛtʲɪka]

Lehrbuch (n)	vadovėlis (v)	[vado'vⁱe:lⁱɪs]
Wörterbuch (n)	žodýnas (v)	[ʒo'dⁱi:nas]
Selbstlernbuch (n)	savìmokos vadovėlis (v)	[sa'vⁱɪmokos vado'vⁱe:lⁱɪs]
Sprachführer (m)	pasikalbéjimų knygelė (m)	[pasⁱɪkalⁱbⁱejɪmu: knⁱi:'gⁱælⁱe:]

Kassette (f)	kasetė (m)	[ka'sⁱɛtⁱe:]
Videokassette (f)	vaizdãjuostė (m)	[vʌɪz'da:juɑstⁱe:]
CD (f)	kompãktinis dìskas (v)	[kɔm'pa:ktⁱɪnⁱɪs 'dⁱɪskas]
DVD (f)	DVD diskàs (v)	[dⁱɪvⁱɪ'dⁱɪ dⁱɪs'kas]

Alphabet (n)	abėcėlė (m)	[abⁱe:'tsⁱe:lⁱe:]
buchstabieren (vt)	sakýti paraidžiuĩ	[sa'kⁱi:tⁱɪ parʌɪ'dʒⁱʊɪ]
Aussprache (f)	tarìmas (v)	[ta'rⁱɪmas]

Akzent (m)	akceñtas (v)	[ak'tsⁱɛntas]
mit Akzent	sù akcentù	['sʊ aktsⁱɛn'tʊ]
ohne Akzent	bè akceñto	['bⁱɛ ak'tsⁱɛnto]

| Wort (n) | žõdis (v) | ['ʒo:dⁱɪs] |
| Bedeutung (f) | prasmė̃ (m) | [pras'mⁱe:] |

Kurse (pl)	kùrsai (v dgs)	['kʊrsʌɪ]
sich einschreiben	užsirašýti	[ʊʒsⁱɪra'ʃⁱɪ:tⁱɪ]
Lehrer (m)	déstytojas (v)	['dⁱe:stⁱi:to:jɛs]

Übertragung (f)	vertìmas (v)	[vⁱɛr'tⁱɪmas]
Übersetzung (f)	vertìmas (v)	[vⁱɛr'tⁱɪmas]
Übersetzer (m)	vertėjas (v)	[vⁱɛr'tⁱe:jas]
Dolmetscher (m)	vertėjas (v)	[vⁱɛr'tⁱe:jas]

| Polyglott (m, f) | poliglòtas (v) | [polⁱɪ'glotas] |
| Gedächtnis (n) | atmintìs (m) | [atmⁱɪn'tⁱɪs] |

MAHLZEITEN. RESTAURANT

T&P Books Publishing

48. Gedeck

Löffel (m)	**šáukštas** (v)	['ʃɑʊkʃtas]
Messer (n)	**peilis** (v)	['pʲɛɪlʲɪs]
Gabel (f)	**šakùtė** (m)	[ʃaˈkʊtʲeː]

Tasse (eine ~ Tee)	**puodùkas** (v)	[pʊɑˈdʊkas]
Teller (m)	**lėkštė̃** (m)	[lʲeːkʃtʲeː]
Untertasse (f)	**lėkštẽlė** (m)	[lʲeːkʃtʲælʲeː]
Serviette (f)	**servetė̃lė** (m)	[sʲɛrveˈtʲeːlʲeː]
Zahnstocher (m)	**dantų̃ krapštùkas** (v)	[danˈtu: krapʃtʊkas]

49. Restaurant

Restaurant (n)	**restorãnas** (v)	[rʲɛstoˈra:nas]
Kaffeehaus (n)	**kavìnė** (m)	[kaˈvʲɪnʲe:]
Bar (f)	**bãras** (v)	['ba:ras]
Teesalon (m)	**arbãtos salõnas** (v)	[arˈba:tos saˈlʲonas]

Kellner (m)	**padavė́jas** (v)	[padaˈvʲe:jas]
Kellnerin (f)	**padavė́ja** (m)	[padaˈvʲe:ja]
Barmixer (m)	**bármenas** (v)	['barmʲɛnas]
Speisekarte (f)	**meniù** (v)	[mʲɛˈnʲʊ]
Weinkarte (f)	**vỹnų žemė́lapis** (v)	['vʲi:nu: ʒeˈmʲeːlʲapʲɪs]
einen Tisch reservieren	**rezervúoti staliùką**	[rʲɛzˈɛrˈvʊɑtʲɪ staˈlʲʊka:]
Gericht (n)	**pãtiekalas** (v)	['pa:tʲiɛkalʲas]
bestellen (vt)	**užsisakýti**	[ʊʒsʲɪsakʲi:tʲɪ]
eine Bestellung aufgeben	**padarýti užsãkymą**	[padaˈrʲi:tʲɪ ʊʒˈsa:kʲi:ma:]

Aperitif (m)	**aperitỹvas** (v)	[apʲɛrʲɪˈtʲi:vas]
Vorspeise (f)	**ùžkandis** (v)	['ʊʒkandʲɪs]
Nachtisch (m)	**desèrtas** (v)	[dʲɛˈsʲɛrtas]

Rechnung (f)	**są́skaita** (m)	['sa:skʌɪta]
Rechnung bezahlen	**apmokė́ti są́skaitą**	[apmoˈkʲeːtʲɪ 'sa:skʌɪta:]
das Wechselgeld geben	**dúoti grąžõs**	['dʊɑtʲɪ gra:ˈʒo:s]
Trinkgeld (n)	**arbãtpinigiai** (v dgs)	[arˈba:tpʲɪnʲɪgʲɛɪ]

50. Mahlzeiten

Essen (n)	**válgis** (v)	['valʲgʲɪs]
essen (vi, vt)	**válgyti**	['valʲgʲi:tʲɪ]

Frühstück (n)	pusryčiai (v dgs)	['pʊsrʲi:tʃʲɛɪ]
frühstücken (vi)	pusryčiauti	['pʊsrʲi:tʃʲɛʊtʲɪ]
Mittagessen (n)	pietūs (v)	['pʲɛ'tu:s]
zu Mittag essen	pietáuti	[pʲiɛ'tɑʊtʲɪ]
Abendessen (n)	vakarienė (m)	[vaka'rʲɛnʲe:]
zu Abend essen	vakarieniáuti	[vakarʲiɛ'nʲæʊtʲɪ]

Appetit (m)	apetitas (v)	[apʲɛ'tʲɪtas]
Guten Appetit!	Gero apetito!	['gʲærɔ apʲɛ'tʲɪtɔ!]

öffnen (vt)	atidarýti	[atʲɪda'rʲi:tʲɪ]
verschütten (vt)	išpìlti	[ɪʃ'pʲɪlʲtʲɪ]
verschüttet werden	išsipìlti	[ɪʃsʲɪ'pʲɪlʲtʲɪ]

kochen (vi)	vìrti	['vʲɪrtʲɪ]
kochen (Wasser ~)	vìrinti	['vʲɪrʲɪntʲɪ]
gekocht (Adj)	vìrintas	['vʲɪrʲɪntas]
kühlen (vt)	atvėsìnti	[atvʲe:'sʲɪntʲɪ]
abkühlen (vi)	vėsìnti	[vʲe:'sʲɪntʲɪ]

Geschmack (m)	skõnis (v)	['sko:nʲɪs]
Beigeschmack (m)	príeskonis (v)	['prʲiɛskonʲɪs]

auf Diät sein	laikýti diẽtos	[lʲʌɪ'kʲi:tʲɪ 'dʲɛtos]
Diät (f)	dietà (m)	[dʲiɛ'ta]
Vitamin (n)	vitamìnas (v)	[vʲɪta'mʲɪnas]
Kalorie (f)	kalòrija (m)	[ka'lʲorʲɪjɛ]
Vegetarier (m)	vegetãras (v)	[vʲɛgʲɛ'ta:ras]
vegetarisch (Adj)	vegetãriškas	[vʲɛgʲɛ'ta:rʲɪʃkas]

Fett (n)	riebalaĩ (v dgs)	[rʲiɛba'lʲʌɪ]
Protein (n)	baltymaĩ (v dgs)	[balʲtʲi:'mʌɪ]
Kohlenhydrat (n)	angliãvandeniai (v dgs)	[an'glʲævandʲɛnʲɛɪ]
Scheibchen (n)	griežinỹs (v)	[grʲiɛʒʲɪ'nʲi:s]
Stück (ein ~ Kuchen)	gãbalas (v)	['ga:balʲas]
Krümel (m)	trupinỹs (v)	[trʊpʲɪ'nʲi:s]

51. Gerichte

Gericht (n)	pãtiekalas (v)	['pa:tʲiɛkalʲas]
Küche (f)	virtùvė (m)	[vʲɪr'tʊvʲe:]
Rezept (n)	recèptas (v)	[rʲɛ'tsʲɛptas]
Portion (f)	pòrcija (m)	['portsʲɪjɛ]

Salat (m)	salõtos (m)	[sa'lʲo:tos]
Suppe (f)	sriubà (m)	[srʲʊ'ba]

Brühe (f), Bouillon (f)	sultinỹs (v)	[sʊlʲtʲɪ'nʲi:s]
belegtes Brot (n)	sumuštìnis (v)	[sʊmʊʃ'tʲɪnʲɪs]
Spiegelei (n)	kiaušiniẽnė (m)	[kʲɛʊʃɪ'nʲɛnʲe:]

| Hamburger (m) | mėsaìnis (v) | [mʲeːˈsʌɪnʲɪs] |
| Beefsteak (n) | bifštèksas (v) | [bʲɪfʲʃtʲɛksas] |

Beilage (f)	garnȳras (v)	[garˈnʲiːras]
Spaghetti (pl)	spagèčiai (v dgs)	[spaˈgʲɛtsʲɛɪ]
Kartoffelpüree (n)	buľvių kõšė (m)	[ˈbuľvʲu ˈkoːʃeː]
Pizza (f)	picà (m)	[pʲɪˈtsa]
Brei (m)	kõšė (m)	[ˈkoːʃeː]
Omelett (n)	omlètas (v)	[omˈlʲɛtas]

gekocht	vìrtas	[ˈvʲɪrtas]
geräuchert	rūkȳtas	[ruːˈkʲiːtas]
gebraten	kèptas	[ˈkʲæptas]
getrocknet	džiovìntas	[dʒʲoˈvʲɪntas]
tiefgekühlt	šáldytas	[ˈʃalʲdʲiːtas]
mariniert	marinúotas	[marʲɪˈnuɑtas]

süß	saldùs	[salʲˈdus]
salzig	sūrùs	[suːˈrʊs]
kalt	šáltas	[ˈʃalʲtas]
heiß	kárštas	[ˈkarʃtas]
bitter	kartùs	[karˈtʊs]
lecker	skanùs	[skaˈnʊs]

kochen (vt)	vìrti	[ˈvʲɪrtʲɪ]
zubereiten (vt)	gamìnti	[gaˈmʲɪntʲɪ]
braten (vt)	kèpti	[ˈkʲɛptʲɪ]
aufwärmen (vt)	pašìldyti	[paˈʃɪlʲdʲiːtʲɪ]

salzen (vt)	sū́dyti	[ˈsuːdʲiːtʲɪ]
pfeffern (vt)	įbèrti pipìrų	[iːˈbʲɛrtʲɪ pʲɪˈpʲɪːruː]
reiben (vt)	tarkúoti	[tarˈkʊɑtʲɪ]
Schale (f)	lúoba (m)	[ˈlʲʊɑba]
schälen (vt)	lùpti buľves	[ˈlʊptʲɪ ˈbuľvʲɛs]

52. Essen

Fleisch (n)	mėsà (m)	[mʲeːˈsa]
Hühnerfleisch (n)	vištà (m)	[vʲɪʃˈta]
Küken (n)	viščiùkas (v)	[vʲɪʃˈtsʲʊkas]
Ente (f)	ántis (m)	[ˈantʲɪs]
Gans (f)	žąsinas (v)	[ˈʒaːsʲɪnas]
Wild (n)	žvėríena (m)	[ʒvʲeːˈrʲiɛna]
Pute (f)	kalakutíena (m)	[kalʲakʊˈtʲiɛna]

Schweinefleisch (n)	kiaulíena (m)	[kʲɛʊˈlʲiɛna]
Kalbfleisch (n)	veršíena (m)	[vʲɛrˈʃʲiɛna]
Hammelfleisch (n)	avíena (m)	[aˈvʲiɛna]
Rindfleisch (n)	jáutiena (m)	[ˈjɑʊtʲiɛna]
Kaninchenfleisch (n)	triùšis (v)	[ˈtrʲʊʃʲɪs]

Wurst (f)	dešrà (m)	[dʲɛʃˈra]
Würstchen (n)	dešrẽlė (m)	[dʲɛʃrʲælʲe:]
Schinkenspeck (m)	bekònas (v)	[bʲɛˈkonas]
Schinken (m)	kum̃pis (v)	[ˈkʊmpʲɪs]
Räucherschinken (m)	kum̃pis (v)	[ˈkʊmpʲɪs]

Pastete (f)	paštètas (v)	[paʃˈtʲɛtas]
Leber (f)	kẽpenys (m dgs)	[kʲɛpeˈnʲi:s]
Hackfleisch (n)	fáršas (v)	[ˈfarʃas]
Zunge (f)	liežùvis (v)	[lʲiɛˈʒʊvʲɪs]

Ei (n)	kiaušìnis (v)	[kʲɛʊˈʃʲɪnʲɪs]
Eier (pl)	kiaušìniai (v dgs)	[kʲɛʊˈʃʲɪnʲɛɪ]
Eiweiß (n)	báltymas (v)	[ˈbalʲtʲi:mas]
Eigelb (n)	trynỹs (v)	[trʲi:ˈnʲi:s]

Fisch (m)	žuvìs (m)	[ʒʊˈvʲɪs]
Meeresfrüchte (pl)	jū́ros gė́rybės (m dgs)	[ˈju:ros gʲe:ˈrʲi:bʲe:s]
Krebstiere (pl)	vėžiãgyviai (v dgs)	[vʲe:ˈʒʲægʲi:vʲɛɪ]
Kaviar (m)	ìkrai (v dgs)	[ˈɪkrʌɪ]

Krabbe (f)	krãbas (v)	[ˈkra:bas]
Garnele (f)	krevètė (m)	[krʲɛˈvʲɛtʲe:]
Auster (f)	áustrė (m)	[ˈaʊstrʲe:]
Languste (f)	langùstas (v)	[lʲanˈgʊstas]
Krake (m)	aštuonkójis (v)	[aʃtʊaŋˈko:jis]
Kalmar (m)	kalmãras (v)	[kalʲˈma:ras]

Störfleisch (n)	eršketíena (m)	[ɛrʃkʲɛˈtʲiɛna]
Lachs (m)	lašišà (m)	[lʲaʃɪˈʃa]
Heilbutt (m)	õtas (v)	[ˈo:tas]

Dorsch (m)	ménkė (m)	[ˈmʲɛŋkʲe:]
Makrele (f)	skùmbrė (m)	[ˈskʊmbrʲe:]
Tunfisch (m)	tùnas (v)	[ˈtʊnas]
Aal (m)	ungurỹs (v)	[ʊŋgʊˈrʲi:s]

Forelle (f)	upétakis (v)	[ʊˈpʲe:takʲɪs]
Sardine (f)	sardìnė (m)	[sarˈdʲɪnʲe:]
Hecht (m)	lydekà (m)	[lʲi:dʲɛˈka]
Hering (m)	sílkė (m)	[ˈsʲɪlʲkʲe:]

Brot (n)	dúona (m)	[ˈdʊɑna]
Käse (m)	sū́ris (v)	[ˈsu:rʲɪs]
Zucker (m)	cùkrus (v)	[ˈtsʊkrʊs]
Salz (n)	druskà (m)	[drʊsˈka]

Reis (m)	rỹžiai (v)	[ˈrʲi:ʒʲɛɪ]
Teigwaren (pl)	makarónai (v dgs)	[makaˈro:nʌɪ]
Nudeln (pl)	lãkštiniai (v dgs)	[ˈlʲa:kʃtʲɪnʲɛɪ]
Butter (f)	svíestas (v)	[ˈsvʲiɛstas]
Pflanzenöl (n)	augalìnis aliẽjus (v)	[ɑʊgalʲɪnʲɪs aˈlʲɛjʊs]

| Sonnenblumenöl (n) | saulégrąžų aliėjus (v) | [sɑu'lʲe:gra:ʒu: a'lʲɛjʊs] |
| Margarine (f) | margarinas (v) | [marga'rʲɪnas] |

| Oliven (pl) | alyvuogės (m dgs) | [a'lʲi:vʊagʲe:s] |
| Olivenöl (n) | alyvuogių aliėjus (v) | [a'lʲi:vʊagʲu: a'lʲɛjʊs] |

Milch (f)	pienas (v)	['pʲiɛnas]
Kondensmilch (f)	sutirštintas pienas (v)	[sʊ'tʲɪrʃtʲɪntas 'pʲiɛnas]
Joghurt (m)	jogurtas (v)	[jɔ'gʊrtas]
saure Sahne (f)	grietinė (m)	[grʲiɛ'tʲɪnʲe:]
Sahne (f)	grietinėlė (m)	[grʲiɛtʲɪ'nʲe:lʲe:]

| Mayonnaise (f) | majonėzas (v) | [majɔ'nʲɛzas] |
| Buttercreme (f) | kremas (v) | ['krʲɛmas] |

Grütze (f)	kruopos (m dgs)	['krʊapos]
Mehl (n)	miltai (v dgs)	['mʲɪlʲtʌɪ]
Konserven (pl)	konservai (v dgs)	[kɔn'sʲɛrvʌɪ]

Maisflocken (pl)	kukurūzų dribsniai (v dgs)	[kʊkʊ'ru:zu: 'drʲɪbsnʲɛɪ]
Honig (m)	medùs (v)	[mʲɛ'dʊs]
Marmelade (f)	džemas (v)	['dʒʲɛmas]
Kaugummi (m, n)	kramtomoji guma (m)	[kramto'mojɪ gʊ'ma]

53. Getränke

Wasser (n)	vanduõ (v)	[van'dʊa]
Trinkwasser (n)	geriamas vanduõ (v)	['gʲærʲæmas van'dʊa]
Mineralwasser (n)	mineralinis vanduõ (v)	[mʲɪnʲɛ'ra:lʲɪnʲɪs van'dʊa]

still	be gãzo	['bʲɛ 'ga:zɔ]
mit Kohlensäure	gazúotas	[ga'zʊatas]
mit Gas	gazúotas	[ga'zʊatas]
Eis (n)	ledas (v)	['lʲædas]
mit Eis	su ledais	['sʊ lʲɛ'dʌɪs]

alkoholfrei (Adj)	nealkoholonis	[nʲɛalʲko'ɣolonʲɪs]
alkoholfreies Getränk (n)	nealkoholonis gérimas (v)	[nʲɛalʲko'ɣolonʲɪs 'gʲe:rʲɪmas]
Erfrischungsgetränk (n)	gaivùsis gérimas (v)	[gʌɪ'vʊsʲɪs 'gʲe:rʲɪmas]
Limonade (f)	limonãdas (v)	[lʲɪmo'na:das]

Spirituosen (pl)	alkohóliniai gérimai (v dgs)	[alʲko'ɣolʲɪnʲɛɪ 'gʲe:rʲɪmʌɪ]
Wein (m)	vỹnas (v)	['vʲi:nas]
Weißwein (m)	baltas vỹnas (v)	['balʲtas 'vʲi:nas]
Rotwein (m)	raudónas vỹnas (v)	[rau'dɔnas 'vʲi:nas]

Likör (m)	likeris (v)	['lʲɪkʲɛrʲɪs]
Champagner (m)	šampãnas (v)	[ʃam'pa:nas]
Wermut (m)	vermutas (v)	['vʲɛrmʊtas]

Whisky (m)	viskis (v)	['vʲɪskʲɪs]
Wodka (m)	degtinė (m)	[dʲɛk'tʲɪnʲeː]
Gin (m)	džinas (v)	['dʒʲɪnas]
Kognak (m)	konjakas (v)	[kɔnʲja:kas]
Rum (m)	romas (v)	['romas]

Kaffee (m)	kava (m)	[ka'va]
schwarzer Kaffee (m)	juoda kava (m)	[jʋɑ'da ka'va]
Milchkaffee (m)	kava su pienu (m)	[ka'va 'sʋ 'pʲiɛnʋ]
Cappuccino (m)	kapučino kava (m)	[kapu'tʂɪnɔ ka'va]
Pulverkaffee (m)	tirpi kava (m)	[tʲɪr'pʲɪ ka'va]

Milch (f)	pienas (v)	['pʲiɛnas]
Cocktail (m)	kokteilis (v)	[kɔk'tʲɛɪlʲɪs]
Milchcocktail (m)	pieniškas kokteilis (v)	['pʲiɛnʲɪʃkas kok'tʲɛɪlʲɪs]

Saft (m)	sultys (m dgs)	['sʋlʲtʲiːs]
Tomatensaft (m)	pomidorų sultys (m dgs)	[pomʲɪ'doru: 'sʋlʲtʲiːs]
Orangensaft (m)	apelsinų sultys (m dgs)	[apʲɛlʲ'sʲɪnu: 'sʋlʲtʲiːs]
frisch gepresster Saft (m)	šviežiai spaustos sultys (m dgs)	[ʃvʲiɛ'ʒʲɛɪ 'spaʋstos 'sʋlʲtʲiːs]

Bier (n)	alus (v)	[a'lʲʋs]
Helles (n)	šviesus alus (v)	[ʃvʲiɛ'sʋs a'lʲʋs]
Dunkelbier (n)	tamsus alus (v)	[tam'sʋs a'lʲʋs]

Tee (m)	arbata (m)	[arba'ta]
schwarzer Tee (m)	juoda arbata (m)	[jʋɑ'da arba'ta]
grüner Tee (m)	žalia arbata (m)	[ʒa'lʲæ arba'ta]

54. Gemüse

Gemüse (n)	daržovės (m dgs)	[dar'ʒovʲeːs]
grünes Gemüse (pl)	žalumynai (v)	[ʒalʲʋ'mʲiːnʌɪ]

Tomate (f)	pomidoras (v)	[pomʲɪ'doras]
Gurke (f)	agurkas (v)	[a'gʋrkas]
Karotte (f)	morka (m)	[mor'ka]
Kartoffel (f)	bulvė (m)	['bʋlʲvʲeː]
Zwiebel (f)	svogūnas (v)	[svo'gu:nas]
Knoblauch (m)	česnakas (v)	[tʂɛs'na:kas]

Kohl (m)	kopūstas (v)	[kɔ'pu:stas]
Blumenkohl (m)	kalafioras (v)	[kalʲa'fʲoras]
Rosenkohl (m)	briuselio kopūstas (v)	['brʲʋsʲɛlʲɔ ko'pu:stas]
Brokkoli (m)	brokolių kopūstas (v)	['brokolʲu: ko'pu:stas]

Rote Bete (f)	runkelis, burokas (v)	['rʋɳkʲɛlʲɪs], [bʋ'ro:kas]
Aubergine (f)	baklažanas (v)	[baklʲa'ʒa:nas]
Zucchini (f)	agurotis (v)	[agʋ'ro:tʲɪs]

| Kürbis (m) | rópė (m) | ['ropʲe:] |
| Rübe (f) | moliūgas (v) | [mo'lʲu:gas] |

Petersilie (f)	petražolė (m)	[pʲɛ'tra:ʒolʲe:]
Dill (m)	krãpas (v)	['kra:pas]
Kopf Salat (m)	salóta (m)	[sa'lʲo:ta]
Sellerie (m)	saliẽras (v)	[sa'lʲɛras]
Spargel (m)	smìdras (v)	['smʲɪdras]
Spinat (m)	špinãtas (v)	[ʃpʲɪ'na:tas]

Erbse (f)	žìrniai (v dgs)	['ʒʲɪrnʲɛɪ]
Bohnen (pl)	pùpos (m dgs)	['pʊpos]
Mais (m)	kukurūzas (v)	[kʊkʊ'ru:zas]
weiße Bohne (f)	pupẽlės (m dgs)	[pʊ'pʲælʲe:s]

Paprika (m)	pipìras (v)	[pʲɪ'pʲɪras]
Radieschen (n)	ridìkas (v)	[rʲɪ'dʲɪkas]
Artischocke (f)	artišòkas (v)	[artʲɪ'ʃokas]

55. Obst. Nüsse

Frucht (f)	vaĩsius (v)	['vʌɪsʲʊs]
Apfel (m)	obuolỹs (v)	[obʊɑ'lʲi:s]
Birne (f)	kriáušė (m)	['krʲæʊʃe:]
Zitrone (f)	citrinà (m)	[tsʲɪtrʲɪ'na]
Apfelsine (f)	apelsìnas (v)	[apʲɛlʲ'sʲɪnas]
Erdbeere (f)	brãškė (m)	['bra:ʃkʲe:]

Mandarine (f)	mandarìnas (v)	[manda'rʲɪnas]
Pflaume (f)	slyvà (m)	[slʲi:'va]
Pfirsich (m)	pèrsikas (v)	['pʲɛrsʲɪkas]
Aprikose (f)	abrikòsas (v)	[abrʲɪ'kosas]
Himbeere (f)	aviẽtė (m)	[a'vʲɛtʲe:]
Ananas (f)	ananãsas (v)	[ana'na:sas]

Banane (f)	banãnas (v)	[ba'na:nas]
Wassermelone (f)	arbūzas (v)	[ar'bu:zas]
Weintrauben (pl)	vỹnuogės (m dgs)	['vʲi:nʊɑgʲe:s]
Sauerkirsche (f)	vyšnià (m)	[vʲi:ʃ'nʲæ]
Süßkirsche (f)	trẽšnė (m)	['trʲæʃnʲe:]
Melone (f)	meliònas (v)	[mʲɛ'lʲionas]

Grapefruit (f)	greĩpfrutas (v)	['grʲɛɪpfrʊtas]
Avocado (f)	avokàdas (v)	[avo'kadas]
Papaya (f)	papája (m)	[pa'pa ja]
Mango (f)	mángo (v)	['mangɔ]
Granatapfel (m)	granãtas (v)	[gra'na:tas]
rote Johannisbeere (f)	raudoníeji serbeñtai (v dgs)	[raʊdo'nʲɛji sʲɛr'bʲɛntʌɪ]
schwarze Johannisbeere (f)	juodíeji serbeñtai (v dgs)	[jʊɑ'dʲiɛjɪ sʲɛr'bʲɛntʌɪ]

Stachelbeere (f)	agrãstas (v)	[ag'ra:stas]
Heidelbeere (f)	mélynės (m dgs)	[mʲeː'lʲiːnʲeːs]
Brombeere (f)	gérvuogės (m dgs)	['gʲɛrvuagʲeːs]

Rosinen (pl)	razínos (m dgs)	[ra'zɪnos]
Feige (f)	figã (m)	[fʲɪ'ga]
Dattel (f)	datulė (m)	[da'tulʲeː]

Erdnuss (f)	žēmės riešutaĩ (v)	['ʒʲæmʲeːs rʲiɛʃʊ'tʌɪ]
Mandel (f)	migdõlas (v)	[mʲɪg'doːlʲas]
Walnuss (f)	graĩkinis ríešutas (v)	['grʌɪkʲɪnʲɪs 'rʲiɛʃutas]
Haselnuss (f)	ríešutas (v)	['rʲiɛʃutas]
Kokosnuss (f)	kòkoso ríešutas (v)	['kokosɔ 'rʲiɛʃutas]
Pistazien (pl)	pistãcijos (m dgs)	[pʲɪs'ta:tsʲɪjos]

56. Brot. Süßigkeiten

Konditorwaren (pl)	konditèrijos gaminiaĩ (v)	[kondʲɪ'tʲɛrʲɪjos gamʲɪ'nʲɛɪ]
Brot (n)	dúona (m)	['duana]
Keks (m, n)	sausaĩniai (v)	[sɑu'sʌɪnʲɛɪ]

Schokolade (f)	šokolãdas (v)	[ʃoko'lʲa:das]
Schokoladen-	šokolãdinis	[ʃoko'lʲa:dʲɪnʲɪs]
Bonbon (m, n)	saldaĩnis (v)	[salʲ'dʌɪnʲɪs]
Kuchen (m)	pyragáitis (v)	[pʲɪ:ra'gʌɪtʲɪs]
Torte (f)	tòrtas (v)	['tortas]

Kuchen (Apfel-)	pyrãgas (v)	[pʲɪ:'ra:gas]
Füllung (f)	įdaras (v)	['i:daras]

Konfitüre (f)	uogiẽnė (m)	[ua'gʲɛnʲeː]
Marmelade (f)	marmelãdas (v)	[marmʲɛ'lʲa:das]
Waffeln (pl)	vãfliai (v dgs)	['va:flʲɛɪ]
Eis (n)	ledaĩ (v dgs)	[lʲɛ'dʌɪ]
Pudding (m)	pùdingas (v)	['pudʲɪngas]

57. Gewürze

Salz (n)	druskà (m)	[drʊs'ka]
salzig (Adj)	sūrùs	[su:'rʊs]
salzen (vt)	sūdyti	['su:dʲi:tʲɪ]

schwarzer Pfeffer (m)	juodíeji pipìrai (v)	[jua'dʲiɛjɪ pʲɪ'pʲɪrʌɪ]
roter Pfeffer (m)	raudoníeji pipìrai (v)	[rɑudo'nʲiɛjɪ pʲɪ'pʲɪrʌɪ]
Senf (m)	garstýčios (v)	[gar'stʲiː:tsʲos]
Meerrettich (m)	krienaĩ (v dgs)	[krʲiɛ'nʌɪ]
Gewürz (n)	príeskonis (v)	['prʲiɛskonʲɪs]
Gewürz (n)	príeskonis (v)	['prʲiɛskonʲɪs]

Soße (f)	pãdažas (v)	['pa:daʒas]
Essig (m)	ãctas (v)	['a:tstas]
Anis (m)	anýžius (v)	[a'nʲiː:ʒʲʊs]
Basilikum (n)	bazìlikas (v)	[ba'zʲɪlʲɪkas]
Nelke (f)	gvazdìkas (v)	[gvaz'dʲɪkas]
Ingwer (m)	imbieras (v)	['ɪmbʲiɛras]
Koriander (m)	kaléndra (m)	[ka'lʲɛndra]
Zimt (m)	cinamònas (v)	[tsʲɪna'monas]
Sesam (m)	sezãmas (v)	[sʲɛ'za:mas]
Lorbeerblatt (n)	láuro lãpas (v)	['lʲɑʊrɔ 'lʲa:pas]
Paprika (m)	pãprika (m)	['pa:prʲɪka]
Kümmel (m)	kmỹnai (v)	['kmʲiː:nʌɪ]
Safran (m)	šafrãnas (v)	[ʃafra:nas]

T&P BOOKS

PERSÖNLICHE INFORMATIONEN. FAMILIE

T&P Books Publishing

58. Persönliche Informationen. Formulare

Vorname (m)	vardas (v)	['vardas]
Name (m)	pavardė (m)	[pavar'dʲeː]
Geburtsdatum (n)	gimìmo data (m)	[gʲɪ'mʲɪmɔ da'ta]
Geburtsort (m)	gimìmo vieta (m)	[gʲɪ'mʲɪmɔ vʲiɛ'ta]

Nationalität (f)	tautýbė (m)	[tɑuˈtʲiːbʲeː]
Wohnort (m)	gyvẽnamoji vieta (m)	[gʲiːˈvʲæna'mojɪ vʲiɛ'ta]
Land (n)	šalìs (m)	[ʃa'lʲɪs]
Beruf (m)	profèsija (m)	[profʲɛsʲɪjɛ]

Geschlecht (n)	lýtis (m)	['lʲiːtʲɪs]
Größe (f)	ū̃gis (v)	['uːgʲɪs]
Gewicht (n)	svõris (v)	['svoːrʲɪs]

59. Familienmitglieder. Verwandte

Mutter (f)	mótina (m)	['motʲɪna]
Vater (m)	tėvas (v)	['tʲeːvas]
Sohn (m)	sūnùs (v)	[suːˈnʊs]
Tochter (f)	dukra, duktė (m)	[dʊk'ra], [dʊk'tʲeː]

jüngste Tochter (f)	jaunesnióji duktė (m)	[jɛunes'nʲoːjɪ dʊk'tʲeː]
jüngste Sohn (m)	jaunesnŷsis sūnùs (v)	[jɛunʲɛs'nʲiːsʲɪs suːˈnʊs]
ältere Tochter (f)	vyresnióji duktė (m)	[vʲiːres'nʲoːjɪ dʊk'tʲeː]
älterer Sohn (m)	vyresnŷsis sūnùs (v)	[vʲiːrʲɛs'nʲiːsʲɪs suːˈnʊs]

Bruder (m)	brólis (v)	['brolʲɪs]
älterer Bruder (m)	vyresnŷsis brólis (v)	[vʲiːrʲɛs'nʲiːsʲɪs 'brolʲɪs]
jüngerer Bruder (m)	jaunesnŷsis brólis (v)	[jɛunʲɛs'nʲiːsʲɪs 'brolʲɪs]
Schwester (f)	sesuõ (m)	[sʲɛ'suɑ]
ältere Schwester (f)	vyresnióji sesuõ (m)	[vʲiːrʲɛs'nʲoːjɪ sʲɛ'suɑ]
jüngere Schwester (f)	jaunesnióji sesuõ (m)	[jɛunʲɛs'nʲoːjɪ sʲɛ'suɑ]

Cousin (m)	pùsbrolis (v)	['pʊsbrolʲɪs]
Cousine (f)	pùsseserė (m)	['pʊsseserʲeː]
Mama (f)	mamà (m)	[ma'ma]
Papa (m)	tėtis (v)	['tʲeːtʲɪs]
Eltern (pl)	tėvaĩ (v)	[tʲeː'vʌɪ]
Kind (n)	vaĩkas (v)	['vʌɪkas]
Kinder (pl)	vaikaĩ (v)	[vʌɪ'kʌɪ]
Großmutter (f)	senẽlė (m)	[sʲɛ'nʲælʲeː]
Großvater (m)	senẽlis (v)	[sʲɛ'nʲælʲɪs]

Enkel (m)	anūkas (v)	[a'nu:kas]
Enkelin (f)	anūkė (m)	[a'nu:kʲeː]
Enkelkinder (pl)	anūkai (v)	[a'nu:kʌɪ]

Onkel (m)	dėdė (v)	['dʲeːdʲeː]
Tante (f)	teta (m)	[tʲɛ'ta]
Neffe (m)	sūnėnas (v)	[su:'nʲeːnas]
Nichte (f)	dukterėčia (m)	[dʊkte'rʲeːtʃʲæ]

Schwiegermutter (f)	uošvė (m)	['ʊɑʃvʲeː]
Schwiegervater (m)	uošvis (v)	['ʊɑʃvʲɪs]
Schwiegersohn (m)	žėntas (v)	['ʒʲentas]
Stiefmutter (f)	pamotė (m)	['pa:motʲeː]
Stiefvater (m)	patėvis (v)	[pa'tʲeːvʲɪs]

Säugling (m)	kūdikis (v)	['ku:dʲɪkʲɪs]
Kleinkind (n)	naujagimis (v)	[nɑʊ'ja:gʲɪmʲɪs]
Kleine (m)	vaikas (v)	['vʌɪkas]

Frau (f)	žmona (m)	[ʒmo'na]
Mann (m)	vyras (v)	['vʲi:ras]
Ehemann (m)	sutuoktinis (v)	[sʊtʊɑk'tʲɪnʲɪs]
Gemahlin (f)	sutuoktinė (m)	[sʊtʊɑk'tʲɪnʲeː]

verheiratet (Ehemann)	vedęs	['vʲædʲɛ:s]
verheiratet (Ehefrau)	ištekėjusi	[ɪʃtʲɛ'kʲeːjʊsʲɪ]
ledig	viengungis	[vʲɪɛŋ'gʊŋgʲɪs]
Junggeselle (m)	viengungis (v)	[vʲɪɛŋ'gʊŋgʲɪs]
geschieden (Adj)	išsiskyręs	[ɪʃsʲɪ'skʲiːrʲɛ:s]
Witwe (f)	našlė (m)	[naʃʲlʲeː]
Witwer (m)	našlys (v)	[naʃʲlʲiːs]

Verwandte (m)	giminaitis (v)	[gʲɪmʲɪ'nʌɪtʲɪs]
naher Verwandter (m)	artimas giminaitis (v)	['artʲɪmas gʲɪmʲɪ'nʌɪtʲɪs]
entfernter Verwandter (m)	tolimas giminaitis (v)	['tolʲɪmas gʲɪmʲɪ'nʌɪlʲɪs]
Verwandte (pl)	giminės (m dgs)	['gʲɪmʲɪnʲeːs]

Waise (m, f)	našlaitis (v)	[naʃʲlʲʌɪtʲɪs]
Vormund (m)	globėjas (v)	[glʲo'bʲeːjas]
adoptieren (einen Jungen)	įsūnyti	[i:'su:nʲɪ:tʲɪ]
adoptieren (ein Mädchen)	įdukrinti	[i:'dʊkrʲɪntʲɪ]

60. Freunde. Arbeitskollegen

Freund (m)	draugas (v)	['drɑʊgas]
Freundin (f)	draugė (m)	[drɑʊ'gʲeː]
Freundschaft (f)	draugystė (m)	[drɑʊ'gʲiːstʲeː]
befreundet sein	draugauti	[drɑʊ'gɑʊtʲɪ]
Freund (m)	pažįstamas (v)	[pa'ʒʲɪːstamas]
Freundin (f)	pažįstama (m)	[paʒʲɪ:sta'ma]

Partner (m)	pártneris (v)	['partnʲɛrʲɪs]
Chef (m)	šèfas (v)	['ʃɛfas]
Vorgesetzte (m)	vĩršininkas (v)	['vʲɪrʃɪnʲɪŋkas]
Besitzer (m)	savininkas (v)	[savʲɪ'nʲɪŋkas]
Untergeordnete (m)	pavaldinỹs (v)	[pavalʲdʲɪ'nʲiːs]
Kollege (m), Kollegin (f)	kolegà (v)	[kɔlʲɛ'ga]

Bekannte (m)	pažį́stamas (v)	[pa'ʒʲɪːstamas]
Reisegefährte (m)	pakeleìvis (v)	[pakʲɛ'lʲɛɪvʲɪs]
Mitschüler (m)	klasiõkas (v)	[klʲa'sʲoːkas]

Nachbar (m)	kaimýnas (v)	[kʌɪ'mʲiːnas]
Nachbarin (f)	kaimýnė (m)	[kʌɪ'mʲiːnʲeː]
Nachbarn (pl)	kaimýnai (v)	[kʌɪ'mʲiːnʌɪ]

T&P BOOKS

MENSCHLICHER KÖRPER.
MEDIZIN

T&P Books Publishing

Kopf (m)	galvà (m)	[gaⁱ'va]
Gesicht (n)	veidas (v)	['vⁱɛɪdas]
Nase (f)	nósis (m)	['nosⁱɪs]
Mund (m)	burnà (m)	[bʊr'na]

Auge (n)	akìs (m)	[a'kⁱɪs]
Augen (pl)	ãkys (m dgs)	['a:kⁱi:s]
Pupille (f)	vyzdỹs (v)	[vⁱi:z'dⁱi:s]
Augenbraue (f)	antakis (v)	['antakⁱɪs]
Wimper (f)	blakstíena (m)	[bⁱak'stⁱiɛna]
Augenlid (n)	võkas (v)	['vo:kas]

Zunge (f)	liežùvis (v)	[lⁱiɛ'ʒʊvⁱɪs]
Zahn (m)	dantìs (v)	[dan'tⁱɪs]
Lippen (pl)	lũpos (m dgs)	['lⁱu:pos]
Backenknochen (pl)	skruostìkauliai (v dgs)	[skrʊa'stⁱɪkaʊlⁱɛɪ]
Zahnfleisch (n)	dantenõs (m dgs)	[dantⁱɛ'no:s]
Gaumen (m)	gomurỹs (v)	[gomʊ'rⁱi:s]

Nasenlöcher (pl)	šnérvès (m dgs)	['ʃnⁱærvⁱe:s]
Kinn (n)	smãkras (v)	['sma:kras]
Kiefer (m)	žandìkaulis (v)	[ʒan'dⁱɪkaʊlⁱɪs]
Wange (f)	skrúostas (v)	['skrʊastas]

Stirn (f)	kaktà (m)	[kak'ta]
Schläfe (f)	smilkinỹs (v)	[smⁱɪlⁱkⁱɪ'nⁱi:s]
Ohr (n)	ausìs (v)	[aʊ'sⁱɪs]
Nacken (m)	pakáušis, sprándas (v)	[pa'kaʊʃɪs], ['sprandas]
Hals (m)	kãklas (v)	['ka:kⁱas]
Kehle (f)	gerklė̃ (m)	[gⁱɛrk'lⁱe:]

Haare (pl)	plaukaì (v dgs)	[pⁱaʊ'kʌɪ]
Frisur (f)	šukúosena (m)	[ʃʊ'kʊasⁱɛna]
Haarschnitt (m)	kirpìmas (v)	[kⁱɪr'pⁱɪmas]
Perücke (f)	perùkas (v)	[pⁱɛ'rʊkas]

Schnurrbart (m)	ũsai (v dgs)	['u:sʌɪ]
Bart (m)	barzdà (m)	[barz'da]
haben (einen Bart ~)	nešióti	[nⁱɛ'ʃotⁱɪ]
Zopf (m)	kasà (m)	[ka'sa]
Backenbart (m)	žándenos (m dgs)	['ʒandⁱɛnos]

| rothaarig | rùdis | ['rʊdⁱɪs] |
| grau | žìlas | ['ʒⁱɪlⁱas] |

| kahl | plìkas | ['plʲɪkas] |
| Glatze (f) | plìkė (m) | ['plʲɪkʲeː] |

| Pferdeschwanz (m) | uodegà (m) | [ʊadʲɛ'ga] |
| Pony (Ponyfrisur) | kírpčiai (v dgs) | ['kʲɪrptʂʲɛɪ] |

62. Menschlicher Körper

| Hand (f) | plãštaka (m) | ['plʲaːʃtaka] |
| Arm (m) | rankà (m) | [raŋ'ka] |

Finger (m)	pírštas (v)	['pʲɪrʃtas]
Daumen (m)	nykštỹs (v)	[nʲiːkʃʲtʲiːs]
kleiner Finger (m)	mažàsis pírštas (v)	[ma'ʒasʲɪs 'pʲɪrʃtas]
Nagel (m)	nãgas (v)	['naːgas]

Faust (f)	kùmštis (v)	['kʊmʃtʲɪs]
Handfläche (f)	délnas (v)	['dʲɛlʲnas]
Handgelenk (n)	ríešas (v)	['rʲiɛʃas]
Unterarm (m)	dìlbis (v)	['dʲɪlʲbʲɪs]

| Ellbogen (m) | alkúnė (m) | [alʲ'kuːnʲeː] |
| Schulter (f) | petìs (v) | [pʲɛ'tʲɪs] |

Bein (n)	kója (m)	['koja]
Fuß (m)	pėdà (m)	[pʲeː'da]
Knie (n)	kėlias (v)	['kʲælʲæs]
Wade (f)	blauzdà (m)	[blʲaʊz'da]

| Hüfte (f) | šlaunìs (m) | [ʃlʲaʊ'nʲɪs] |
| Ferse (f) | kulnas (v) | ['kʊlʲnas] |

Körper (m)	kū́nas (v)	['kuːnas]
Bauch (m)	pílvas (v)	['pʲɪlʲvas]
Brust (f)	krūtìnė (m)	[kru:'tʲɪnʲeː]
Busen (m)	krūtìs (m)	[kru:'tʲɪs]
Seite (f), Flanke (f)	šónas (v)	['ʃonas]
Rücken (m)	nùgara (m)	['nʊgara]

| Kreuz (n) | juosmuõ (v) | [jʊas'mʊa] |
| Taille (f) | liemuõ (v) | [lʲiɛ'mʊa] |

Nabel (m)	bámba (m)	['bamba]
Gesäßbacken (pl)	sédmenys (v dgs)	['sʲeːdmenʲiːs]
Hinterteil (n)	pasturgalis, ùžpakalis (v)	[pas'tʊrgalʲɪs], ['ʊʒpakalʲɪs]

Leberfleck (m)	ãpgamas (v)	['aːpgamas]
Muttermal (n)	ãpgamas (v)	['aːpgamas]
Tätowierung (f)	tatuiruõtė (m)	[tatʊi'rʊatʲeː]
Narbe (f)	rándas (v)	['randas]

63. Krankheiten

Krankheit (f)	ligà (m)	[lʲɪ'ga]
krank sein	sìrgti	['sʲɪrktʲɪ]
Gesundheit (f)	sveikatà (m)	[svʲɛɪka'ta]

Schnupfen (m)	slogà (m)	[slʲo'ga]
Angina (f)	anginà (m)	[angʲɪ'na]
Erkältung (f)	péršalimas (v)	['pʲɛrʃalʲɪmas]
sich erkälten	péršalti	['pʲɛrʃalʲtʲɪ]

Bronchitis (f)	bronchìtas (v)	[bron'xʲɪtas]
Lungenentzündung (f)	plaučių uždegìmas (v)	['plʲautʂʲu: ʊʒdʲɛ'gʲɪmas]
Grippe (f)	grìpas (v)	['grʲɪpas]

kurzsichtig	trumparègis	[trʊmpa'rʲæɡʲɪs]
weitsichtig	toliarègis	[tolʲæ'rʲæɡʲɪs]
Schielen (n)	žvairùmas (v)	[ʒvʌɪ'rʊmas]
schielend (Adj)	žvaìras	['ʒvʌɪras]
grauer Star (m)	kataraktà (m)	[katarak'ta]
Glaukom (n)	glaukomà (m)	[glʲaʊko'ma]

Schlaganfall (m)	insùltas (v)	[ɪn'sʊlʲtas]
Infarkt (m)	infárktas (v)	[ɪn'farktas]
Herzinfarkt (m)	miokárda infárktas (v)	[mʲɪjo'karda in'farktas]
Lähmung (f)	paralỹžius (v)	[para'lʲiːʒʲʊs]
lähmen (vt)	paraližúoti	[paralʲɪ'ʒʊatʲɪ]

Allergie (f)	alèrgija (m)	[a'lʲɛrɡʲɪjɛ]
Asthma (n)	astmà (m)	[ast'ma]
Diabetes (m)	diabètas (v)	[dʲɪja'bʲɛtas]

| Zahnschmerz (m) | dantų skaũsmas (v) | [dan'tu: 'skaʊsmas] |
| Karies (f) | kãriesas (v) | ['ka:rʲiɛsas] |

Durchfall (m)	diarėja (m)	[dʲɪjarʲeːja]
Verstopfung (f)	vidurių užkietėjimas (v)	[vʲɪdu'rʲu: ʊʒkʲiɛ'tʲɛjɪmas]
Magenverstimmung (f)	skrañdžio sutrikìmas (v)	['skrandʒʲo sʊtrʲɪ'kʲɪmas]
Vergiftung (f)	apsinuõdijimas (v)	[apsʲɪ'nʊadʲɪjimas]
Vergiftung bekommen	apsinuõdyti	[apsʲɪ'nʊadʲiːtʲɪ]

Arthritis (f)	artrìtas (v)	[art'rʲɪtas]
Rachitis (f)	rachìtas (v)	[ra'xʲɪtas]
Rheumatismus (m)	reumatìzmas (v)	[rʲɛuma'tʲɪzmas]
Atherosklerose (f)	aterosklerozė (m)	[aterosklʲɛ'rozʲeː]

Gastritis (f)	gastrìtas (v)	[gas'trʲɪtas]
Blinddarmentzündung (f)	apendicìtas (v)	[apʲɛndʲɪ'tsʲɪtas]
Cholezystitis (f)	cholecistìtas (v)	[xolʲɛtsʲɪs'tʲɪtas]
Geschwür (n)	opà (m)	[o'pa]
Masern (pl)	tymaĩ (v)	[tʲiː'mʌɪ]

Röteln (pl)	raudoniùkė (m)	[rɑʊdoˈnʲʊkʲeː]
Gelbsucht (f)	geltà (m)	[gʲɛlʲˈta]
Hepatitis (f)	hepatìtas (v)	[ɣʲɛpaˈtʲɪtas]

Schizophrenie (f)	šizofrènija (m)	[ʃɪzoˈfrʲɛnʲɪjɛ]
Tollwut (f)	pasiùtligė (m)	[paˈsʲʊtlʲɪgʲeː]
Neurose (f)	neuròzė (m)	[nʲɛʊˈrozʲeː]
Gehirnerschütterung (f)	smegenų̃	[smʲɛgʲɛˈnuː]
	sutrenkìmas (v)	[sʊtrʲɛŋˈkʲɪmas]

Krebs (m)	vėžỹs (v)	[vʲeːˈʒʲiːs]
Sklerose (f)	skleròzė (m)	[sklʲɛˈrozʲeː]
multiple Sklerose (f)	išsėtìnė skleròzė (m)	[ɪʃsʲeːˈtʲɪnʲe: sklʲɛˈrozʲeː]

Alkoholismus (m)	alkoholìzmas (v)	[alʲkoɣoˈlʲɪzmas]
Alkoholiker (m)	alokoholìkas (v)	[alokoˈɣolʲɪkas]
Syphilis (f)	sìfilis (v)	[ˈsʲɪfʲɪlʲɪs]
AIDS	ŽIV (v)	[ˈʒʲɪv]

Tumor (m)	auglỹs (v)	[ɑʊgˈlʲiːs]
Fieber (n)	karštligė (m)	[ˈkarʃtlʲɪgʲeː]
Malaria (f)	maliãrija (m)	[maˈlʲærʲɪjɛ]
Gangrän (f, n)	gangrenà (m)	[gangrʲɛˈna]
Seekrankheit (f)	jū́ros ligà (m)	[ˈjuːros lʲɪˈga]
Epilepsie (f)	epilèpsija (m)	[ɛpʲɪˈlʲɛpsʲɪjɛ]

Epidemie (f)	epidèmija (m)	[ɛpʲɪˈdʲɛmʲɪjɛ]
Typhus (m)	šìltinė (m)	[ˈʃɪlʲtʲɪnʲeː]
Tuberkulose (f)	tuberkuliòzė (m)	[tʊberkʊˈlʲozʲeː]
Cholera (f)	cholèra (m)	[ˈxolʲɛra]
Pest (f)	mãras (v)	[ˈmaːras]

64. Symptome. Behandlungen. Teil 1

Symptom (n)	simptòmas (v)	[sʲɪmpˈtomas]
Temperatur (f)	temperatū̃ra (m)	[tʲɛmpʲɛratuːˈra]
Fieber (n)	aukštà temperatū̃ra (m)	[ɑʊkʃˈta tʲɛmpʲɛratuːˈra]
Puls (m)	pùlsas (v)	[ˈpʊlʲsas]

Schwindel (m)	galvõs svaigìmas (v)	[galʲˈvoːs svʌɪgˈɪmas]
heiß (Stirne usw.)	karštas	[ˈkarʃtas]
Schüttelfrost (m)	drebulỹs (v)	[drʲɛbʊˈlʲiːs]
blass (z.B. -es Gesicht)	išbãlęs	[ɪʃˈbaːlʲɛːs]

Husten (m)	kosulỹs (v)	[kɔsʊˈlʲiːs]
husten (vi)	kósėti	[ˈkosʲeːtʲɪ]
niesen (vi)	čiáudėti	[ˈtʃæʊdʲeːtʲɪ]
Ohnmacht (f)	nualpìmas (v)	[nʊˈalʲpʲɪmas]
ohnmächtig werden	nualpti	[nʊˈalʲptʲɪ]
blauer Fleck (m)	mėlỹnė (m)	[mʲeːˈlʲiːnʲeː]

Beule (f)	gùzas (v)	['guzas]
sich stoßen	atsitreñkti	[atsʲɪ'trʲɛŋktʲɪ]
Prellung (f)	sumušìmas (v)	[sʊmʊ'ʃɪmas]
sich stoßen	susimùšti	[sʊsʲɪ'mʊʃtʲɪ]

hinken (vi)	šlubúoti	[ʃlʲʊ'bʊatʲɪ]
Verrenkung (f)	išnirìmas (v)	[ɪʃnʲɪ'rʲɪmas]
ausrenken (vt)	išnarìnti	[ɪʃna'rʲɪntʲɪ]
Fraktur (f)	lū̃žis (v)	['lʲuːʒʲɪs]
brechen (Arm usw.)	susiláužyti	[sʊsʲɪ'lʲaʊʒʲiːtʲɪ]

Schnittwunde (f)	įpjovìmas (v)	[iːpjo'vʲɪːmas]
sich schneiden	įsipjáuti	[iːsʲɪ'pjaʊtʲɪ]
Blutung (f)	kraujãvimas (v)	[kraʊ'ja:vʲɪmas]

| Verbrennung (f) | nudegìmas (v) | [nʊdʲɛ'gʲɪmas] |
| sich verbrennen | nusidẽginti | [nʊsʲɪ'dʲægʲɪntʲɪ] |

stechen (vt)	įdùrti	[iː'dʊrtʲɪ]
sich stechen	įsidùrti	[iːsʲɪ'dʊrtʲɪ]
verletzen (vt)	susižaloti	[sʊsʲɪʒa'lʲotʲɪ]
Verletzung (f)	sužalójimas (v)	[sʊʒa'lʲoːjɪmas]
Wunde (f)	žaizdà (m)	[ʒʌɪz'da]
Trauma (n)	tráuma (m)	['traʊma]

irrereden (vi)	sapalioti	[sapa'lʲotʲɪ]
stottern (vi)	mikčioti	[mʲɪk'tsʲotʲɪ]
Sonnenstich (m)	sáulės smū̃gis (v)	['saʊlʲeːs 'smuːgʲɪs]

65. Symptome. Behandlungen. Teil 2

| Schmerz (m) | skaũsmas (v) | ['skaʊsmas] |
| Splitter (m) | rakštìs (m) | [rakʃ'tʲɪs] |

Schweiß (m)	prãkaitas (v)	['pra:kʌɪtas]
schwitzen (vi)	prakaitúoti	[prakʌɪ'tʊatʲɪ]
Erbrechen (n)	pýkinimas (v)	['pʲiː'kʲɪnʲɪmas]
Krämpfe (pl)	traukùliai (v)	[traʊ'kʊlʲɛɪ]

schwanger	nėščià	[nʲeːʃ'tsʲæ]
geboren sein	gìmti	['gʲɪmtʲɪ]
Geburt (f)	gim̃dymas (v)	['gʲɪmdʲiː:mas]
gebären (vt)	gimdýti	[gʲɪm'dʲiːtʲɪ]
Abtreibung (f)	abòrtas (v)	[a'bortas]

Atem (m)	kvėpãvimas (v)	[kvʲeː'pa:vʲɪmas]
Atemzug (m)	įkvėpis (v)	['iː:kvʲeː:pʲɪs]
Ausatmung (f)	iškvėpìmas (v)	[ɪʃkvʲeː'pʲɪmas]
ausatmen (vt)	iškvė̃pti	[ɪʃ'kvʲeː:ptʲɪ]
einatmen (vt)	įkvė̃pti	[iː'kvʲeː:ptʲɪ]

Invalide (m)	invalìdas (v)	[ɪnva'lʲɪdas]
Krüppel (m)	luošỹs (v)	[lʲʊa'ʃɪːs]
Drogenabhängiger (m)	narkomãnas (v)	[narko'maːnas]

taub	kur̃čias	['kʊrtʃʲæs]
stumm	nebylỹs	[nʲɛbʲiː'lʲiːs]
taubstumm	kur̃čnebylis	['kʊrtʃnʲɛbʲiːlʲɪs]

verrückt (Adj)	pamìšęs	[pa'mʲɪʃɛːs]
Irre (m)	pamìšęs (v)	[pa'mʲɪʃɛːs]
Irre (f)	pamìšusi (m)	[pa'mʲɪʃʊsʲɪ]
den Verstand verlieren	išprotéti	[ɪʃpro'tʲeːtʲɪ]

Gen (n)	gènas (v)	['gʲɛnas]
Immunität (f)	imunitètas (v)	[ɪmʊnʲɪ'tʲɛtas]
erblich	pavéldimas	[pa'vʲɛlʲdʲɪmas]
angeboren	įgimtas	['iːgʲɪmtas]

Virus (m, n)	vìrusas (v)	['vʲɪrʊsas]
Mikrobe (f)	mikròbas (v)	[mʲɪk'robas]
Bakterie (f)	baktèrija (m)	[bak'tʲɛrʲɪjɛ]
Infektion (f)	infèkcija (m)	[ɪn'fʲɛktsʲɪjɛ]

66. Symptome. Behandlungen. Teil 3

| Krankenhaus (n) | ligóninė (m) | [lʲɪ'gonʲɪnʲeː] |
| Patient (m) | pacieñtas (v) | [pa'tsʲiɛntas] |

Diagnose (f)	diagnòzė (m)	[dʲɪjag'nozʲeː]
Heilung (f)	gýdymas (v)	['gʲiːdʲiːmas]
Behandlung (f)	gýdymas (v)	['gʲiːdʲiːmas]
Behandlung bekommen	gýdytis	['gʲiːdʲiːtʲɪs]
behandeln (vt)	gýdyti	['gʲiːdʲiːtʲɪ]
pflegen (Kranke)	slaugýti	[slʲaʊ'gʲiːtʲɪ]
Pflege (f)	slaugà (m)	[slʲaʊ'ga]

Operation (f)	operãcija (m)	[opʲɛ'raːtsʲɪjɛ]
verbinden (vt)	pérrišti	['pʲɛrrʲɪʃtʲɪ]
Verband (m)	pérrišimas (v)	['pʲɛrrʲɪʃɪmas]

Impfung (f)	skiẽpas (v)	['skʲɛpas]
impfen (vt)	skiẽpyti	['skʲɛpʲiːtʲɪ]
Spritze (f)	įdūrìmas (v)	[iːduː'rʲiːmas]
eine Spritze geben	suléisti vàistus	[sʊ'lʲɛɪstʲɪ 'vaɪstʊs]

Anfall (m)	príepuolis (v)	['prʲiɛpʊalʲɪs]
Amputation (f)	amputãcija (m)	[ampʊ'taːtsʲɪjɛ]
amputieren (vt)	amputúoti	[ampʊ'tʊatʲɪ]
Koma (n)	komà (m)	[ko'ma]
im Koma liegen	bū̃ti kõmoje	['buːtʲɪ 'kõmojɛ]

155

Reanimation (f)	reanimãcija (m)	[rʲɛanʲɪˈmaːtsʲɪjɛ]
genesen von … (vi)	sveĩkti …	[ˈsvʲɛɪktʲɪ …]
Zustand (m)	bū́klė (m)	[ˈbuːklʲe:]
Bewusstsein (n)	są́monė (m)	[ˈsaːmonʲe:]
Gedächtnis (n)	atmintìs (m)	[atmʲɪnˈtʲɪs]

ziehen (einen Zahn ~)	šãlinti	[ˈʃaːlʲɪntʲɪ]
Plombe (f)	plòmba (m)	[ˈplʲomba]
plombieren (vt)	plombúoti	[plʲomˈbuɑtʲɪ]

Hypnose (f)	hipnòzė (m)	[ɣʲɪpˈnozʲe:]
hypnotisieren (vt)	hipnotizúoti	[ɣʲɪpnotʲɪˈzuɑtʲɪ]

67. Medizin. Medikamente. Accessoires

Arznei (f)	vaĩstas (v)	[ˈvʌɪstas]
Heilmittel (n)	príemonė (m)	[ˈprʲiɛmonʲe:]
verschreiben (vt)	išrašýti	[ɪʃraˈʃʲɪːtʲɪ]
Rezept (n)	recèptas (v)	[rʲɛˈtsʲɛptas]

Tablette (f)	tablètė (m)	[tabˈlʲɛtʲe:]
Salbe (f)	tẽpalas (v)	[ˈtʲæpalʲas]
Ampulle (f)	ámpulė (m)	[ˈampʊlʲe:]
Mixtur (f)	mikstūrà (m)	[mʲɪkstuːˈra]
Sirup (m)	sìrupas (v)	[ˈsʲɪrʊpas]
Pille (f)	piliùlė (m)	[pʲɪˈlʲʊlʲe:]
Pulver (n)	miltẽliai (v dgs)	[mʲɪlʲˈtʲælʲɛɪ]

Verband (m)	bìntas (v)	[ˈbʲɪntas]
Watte (f)	vatà (m)	[vaˈta]
Jod (n)	jòdas (v)	[jɔ das]

Pflaster (n)	pleĩstras (v)	[ˈplʲɛɪstras]
Pipette (f)	pipètė (m)	[pʲɪˈpʲɛtʲe:]
Thermometer (n)	termomètras (v)	[tʲɛrmoˈmʲɛtras]
Spritze (f)	švírkštas (v)	[ˈʃvʲɪrkʃtas]

Rollstuhl (m)	neĩgaliójo vežimė̃lis (v)	[nʲɛɪˈga lʲojo vʲɛˈʒʲɪmʲe:lʲɪs]
Krücken (pl)	rameñtai (v dgs)	[raˈmʲɛntʌɪ]

Betäubungsmittel (n)	skaũsmą malšìnantys vaistai (v dgs)	[ˈskɑusma: malʲˈʃʲɪnantʲiːs ˈvʌɪstʌɪ]
Abführmittel (n)	laĩsvinantys vaĩstai (v dgs)	[ˈlʲʌɪsvʲɪnantʲiːs ˈvʌɪstʌɪ]
Spiritus (m)	spìritas (v)	[ˈspʲɪrʲɪtas]
Heilkraut (n)	žolė̃ (m)	[ʒoˈlʲe:]
Kräuter- (z.B. Kräutertee)	žolìnis	[ʒoˈlʲɪnʲɪs]

T&P BOOKS

WOHNUNG

T&P Books Publishing

68. Wohnung

Wohnung (f)	bùtas (v)	['butas]
Zimmer (n)	kambarỹs (v)	[kamba'rʲi:s]
Schlafzimmer (n)	miegamàsis (v)	[mʲiega'masʲɪs]
Esszimmer (n)	valgomàsis (v)	[valʲgo'masʲɪs]
Wohnzimmer (n)	svečių̃ kambarỹs (v)	[svʲɛ'tsʲu: kamba'rʲi:s]
Arbeitszimmer (n)	kabinètas (v)	[kabʲɪ'nʲɛtas]
Vorzimmer (n)	príeškambaris (v)	['prʲiɛʃkambarʲɪs]
Badezimmer (n)	voniõs kambarỹs (v)	[vo'nʲo:s kamba'rʲi:s]
Toilette (f)	tualètas (v)	[tʊa'lʲɛtas]
Decke (f)	lùbos (m dgs)	['lʲʊbos]
Fußboden (m)	griñdys (m dgs)	['grʲɪndʲi:s]
Ecke (f)	kam̃pas (v)	['kampas]

69. Möbel. Innenausstattung

Möbel (n)	báldai (v)	['balʲdʌɪ]
Tisch (m)	stãlas (v)	['sta:lʲas]
Stuhl (m)	kėdė̃ (m)	[kʲe:'dʲe:]
Bett (n)	lóva (m)	['lʲova]
Sofa (n)	sofà (m)	[so'fa]
Sessel (m)	fòtelis (v)	['fotʲɛlʲɪs]
Bücherschrank (m)	spìnta (m)	['spʲɪnta]
Regal (n)	lentýna (m)	[lʲɛn'tʲi:na]
Schrank (m)	drabùžių spìnta (m)	[dra'buʒʲu: 'spʲɪnta]
Hakenleiste (f)	pakabà (m)	[paka'ba]
Kleiderständer (m)	kabyklà (m)	[kabʲi:k'lʲa]
Kommode (f)	komodà (m)	[kɔmo'da]
Couchtisch (m)	žurnãlinis staliùkas (v)	[ʒʊr'na:lʲɪnʲɪs sta'lʲʊkas]
Spiegel (m)	véidrodis (v)	['vʲɛɪdrodʲɪs]
Teppich (m)	kìlimas (v)	['kʲɪlʲɪmas]
Matte (kleiner Teppich)	kilimė̃lis (v)	[kʲɪlʲɪ'mʲe:lʲɪs]
Kamin (m)	židinỹs (v)	[ʒʲɪdʲɪ'nʲi:s]
Kerze (f)	žvãkė (m)	['ʒva:kʲe:]
Kerzenleuchter (m)	žvakìdė (m)	[ʒva'kʲɪdʲe:]
Vorhänge (pl)	užúolaidos (m dgs)	[ʊ'ʒʊalʲʌɪdos]

| Tapete (f) | tapètai (v) | [ta'pʲɛtʌɪ] |
| Jalousie (f) | žaliuzès (m dgs) | ['ʒa:lʲʊzʲe:s] |

Tischlampe (f)	stalinè lémpa (m)	[sta'lʲɪnʲe: 'lʲɛmpa]
Leuchte (f)	šviestùvas (v)	[ʃvʲiɛ'stʊvas]
Stehlampe (f)	toršèras (v)	[tor'ʃɛras]
Kronleuchter (m)	sietýnas (v)	[sʲiɛ'tʲi:nas]

Bein (Tischbein usw.)	kojýtė (m)	[kɔ'ji:tʲe:]
Armlehne (f)	ranktūris (v)	['raŋktu:rʲɪs]
Lehne (f)	ãtlošas (v)	['a:tlʲoʃas]
Schublade (f)	stalčius (v)	['stalʲtsʲʊs]

70. Bettwäsche

Bettwäsche (f)	pãtalynė (m)	['pa:talʲi:nʲe:]
Kissen (n)	pagálvė (m)	[pa'galʲvʲe:]
Kissenbezug (m)	ùžvalkalas (v)	['ʊʒvalʲkalas]
Bettdecke (f)	užklótas (v)	[ʊʒ'klʲotas]
Laken (n)	paklõdė (m)	[pak'lʲo:dʲe:]
Tagesdecke (f)	lovãtiesė (m)	[lʲo'va:tʲiɛsʲe:]

71. Küche

Küche (f)	virtùvė (m)	[vʲɪr'tʊvʲe:]
Gas (n)	dùjos (m dgs)	['dʊjɔs]
Gasherd (m)	dùjinė (m)	['dʊjinʲe:]
Elektroherd (m)	elektrinė (m)	[ɛlʲɛk'trʲɪnʲe:]
Backofen (m)	órkaitė (v)	['orkʌɪtʲe:]
Mikrowollenherd (m)	mikrobangų krosnėlė (m)	[mʲɪkroban'gu: krɔs'nʲælʲe:]

Kühlschrank (m)	šaldytùvas (v)	[ʃalʲdʲi:'tʊvas]
Tiefkühltruhe (f)	šáldymo kãmera (m)	['ʃalʲdʲi:mɔ 'ka:mʲɛra]
Geschirrspülmaschine (f)	iñdų plovìmo mašinà (m)	['ɪndu: plʲo'vʲɪmɔ maʃʲr'na]

Fleischwolf (m)	mėsmalė (m)	['mʲe:smalʲe:]
Saftpresse (f)	sulčiãspaudė (v)	[sulʲ'tsʲæspaʊdʲe:]
Toaster (m)	tòsteris (v)	['tostʲɛrʲɪs]
Mixer (m)	mìkseris (v)	['mʲɪksʲɛrʲɪs]

Kaffeemaschine (f)	kavõs aparãtas (v)	[ka'vo:s apa'ra:tas]
Kaffeekanne (f)	kavinùkas (v)	[kavʲɪ'nʊkas]
Kaffeemühle (f)	kavãmalė (m)	[ka'va:malʲe:]

Wasserkessel (m)	arbatinùkas (v)	[arbatʲɪ'nʊkas]
Teekanne (f)	arbãtinis (v)	[arba:'tʲɪnʲɪs]
Deckel (m)	dangtēlis (v)	[daŋk'tʲælʲɪs]
Teesieb (n)	sietēlis (v)	[sʲiɛ'tʲælʲɪs]

Löffel (m)	šaukštas (v)	['ʃaukʃtas]
Teelöffel (m)	arbatinis šaukštēlis (v)	[ar'ba:tʲɪnʲɪs ʃaukʃ'tʲælʲɪs]
Esslöffel (m)	válgomasis šáukštas (v)	['valʲgomasʲɪs 'ʃaukʃtas]
Gabel (f)	šakutė (m)	[ʃa'kutʲe:]
Messer (n)	peĩlis (v)	['pʲɛɪlʲɪs]

Geschirr (n)	iñdai (v)	['ɪndʌɪ]
Teller (m)	lėkštė (m)	[lʲe:kʃ'tʲe:]
Untertasse (f)	lėkštēlė (m)	[lʲe:kʃ'tʲælʲe:]

Schnapsglas (n)	taurēlė (m)	[tau'rʲælʲe:]
Glas (n)	stiklìnė (m)	[stʲɪk'lʲɪnʲe:]
Tasse (f)	puodùkas (v)	[puɑ'dukas]

Zuckerdose (f)	cùkrinė (m)	['tsukrʲɪnʲe:]
Salzstreuer (m)	drùskinė (m)	['druskʲɪnʲe:]
Pfefferstreuer (m)	pipìrinė (m)	[pʲɪ'pʲɪrʲɪnʲe:]
Butterdose (f)	svíestinė (m)	['svʲiɛstʲɪnʲe:]

Kochtopf (m)	púodas (v)	['puɑdas]
Pfanne (f)	keptùvė (m)	[kʲɛp'tuvʲe:]
Schöpflöffel (m)	sámtis (v)	['samtʲɪs]
Durchschlag (m)	kiaurāsamtis (v)	[kʲɛu'ra:samtʲɪs]
Tablett (n)	padēklas (v)	[pa'dʲe:klʲas]

Flasche (f)	bùtelis (v)	['butʲɛlʲɪs]
Glas (Einmachglas)	stiklaìnis (v)	[stʲɪk'lʲʌɪnʲɪs]
Dose (f)	skardìnė (m)	[skar'dʲɪnʲe:]

Flaschenöffner (m)	atidarytùvas (v)	[atʲɪdarʲi:'tuvas]
Dosenöffner (m)	konservų atidarytùvas (v)	[kɔn'sʲervu: atʲɪdarʲi:'tuvas]
Korkenzieher (m)	kamščiātraukis (v)	[kamʃ'tʃʲætraukʲɪs]
Filter (n)	fìltras (v)	['fʲɪlʲtras]
filtern (vt)	filtrúoti	[fʲɪlʲ'truatʲɪ]

| Müll (m) | šiùkšlės (m dgs) | ['ʃukʃlʲe:s] |
| Mülleimer, Treteimer (m) | šiùkšlių kìbiras (v) | ['ʃukʃlʲu: 'kʲɪbʲɪras] |

72. Bad

Badezimmer (n)	voniõs kambarỹs (v)	[vo'nʲo:s kamba'rʲi:s]
Wasser (n)	vanduõ (v)	[van'duɑ]
Wasserhahn (m)	čiáupas (v)	['tʃʲæupas]
Warmwasser (n)	kárštas vanduõ (v)	['karʃtas van'duɑ]
Kaltwasser (n)	šáltas vanduõ (v)	['ʃalʲtas van'duɑ]

Zahnpasta (f)	dantų̃ pastà (m)	[dan'tu: pas'ta]
Zähne putzen	valýti dantìs	[va'lʲi:tʲɪ dan'tʲɪs]
Zahnbürste (f)	dantų̃ šepetēlis (v)	[dan'tu: ʃepe'tʲe:lʲɪs]
sich rasieren	skùstis	['skustʲɪs]

| Rasierschaum (m) | skutimosi putos (m dgs) | [sku'tʲɪmosʲɪ 'putos] |
| Rasierer (m) | skutimosi peiliukas (v) | [sku'tʲɪmosʲɪ pʲɛrˈlʲukas] |

waschen (vt)	plauti	['plʲautʲɪ]
sich waschen	maudytis, praustis	['maudʲiːtʲɪs], ['praustʲɪs]
Dusche (f)	dušas (v)	['duʃas]
sich duschen	praustis duše	['praustʲɪs duˈʃɛ]

Badewanne (f)	vonia (m)	[vo'nʲæ]
Klosettbecken (n)	unitazas (v)	[unʲɪ'taːzas]
Waschbecken (n)	kriauklė (m)	[krʲɛukˈlʲeː]

| Seife (f) | muilas (v) | ['muɪlʲas] |
| Seifenschale (f) | muilinė (m) | ['muɪlʲɪnʲeː] |

Schwamm (m)	kempinė (m)	[kʲɛm'pʲɪnʲeː]
Shampoo (n)	šampūnas (v)	[ʃam'puːnas]
Handtuch (n)	rankšluostis (v)	['raŋkʃlʲuostʲɪs]
Bademantel (m)	chalatas (v)	[xa'lʲaːtas]

Wäsche (f)	skalbimas (v)	[skalʲˈbʲɪmas]
Waschmaschine (f)	skalbimo mašina (m)	[skalʲˈbʲɪmo maʃɪ'na]
waschen (vt)	skalbti baltinius	['skʌlʲptʲɪ 'ba lʲtʲɪnʲus]
Waschpulver (n)	skalbimo milteliai (v dgs)	[skalʲˈbʲɪmo mʲɪlʲˈtʲælʲɛɪ]

73. Haushaltsgeräte

Fernseher (m)	televizorius (v)	[tʲɛlʲɛ'vʲɪzorʲus]
Tonbandgerät (n)	magnetofonas (v)	[magnʲɛto'fonas]
Videorekorder (m)	video magnetofonas (v)	[vʲɪdʲɛɔ magnʲɛto'fonas]
Empfänger (m)	imtuvas (v)	[ɪm'tuvas]
Player (m)	grotuvas (v)	[gro'tuvas]

Videoprojektor (m)	video projektorius (v)	['vʲɪdʲɛɔ pro'jæktorʲus]
Heimkino (n)	namų kino teatras (v)	[na'muː 'kʲɪnɔ tʲɛ'aːtras]
DVD-Player (m)	DVD grotuvas (v)	[dʲɪvʲɪ'dʲɪ gro'tuvas]
Verstärker (m)	stiprintuvas (v)	[stʲɪprʲɪn'tuvas]
Spielkonsole (f)	žaidimų priedėlis (v)	[ʒʌɪ'dʲɪmu: 'prʲiɛdʲeːlʲɪs]

Videokamera (f)	videokamera (m)	[vʲɪdʲɛo'kaːmʲɛra]
Kamera (f)	fotoaparatas (v)	[fotoapa'raːtas]
Digitalkamera (f)	skaitmeninis fotoaparatas (v)	[skʌɪtmʲɛ'nʲɪnʲɪs fotoapa'raːtas]

Staubsauger (m)	dulkių siurblys (v)	['dulʲkʲu: sʲur'blʲiːs]
Bügeleisen (n)	lygintuvas (v)	[lʲiːgʲɪn'tuvas]
Bügelbrett (n)	lyginimo lenta (m)	['lʲiːgʲɪnʲɪmɔ lʲɛn'ta]

| Telefon (n) | telefonas (v) | [tʲɛlʲɛ'fonas] |
| Mobiltelefon (n) | mobilusis telefonas (v) | [mobʲɪ'lʲusʲɪs tʲɛlʲɛ'fonas] |

Schreibmaschine (f)	**rãšymo mašinėlė** (m)	['ra:ʃɪ:mɔ maʃɪ'nʲe:lʲe:]
Nähmaschine (f)	**siuvìmo mašinà** (m)	[sʲʊ'vʲɪmɔ maʃɪ'na]
Mikrophon (n)	**mikrofònas** (v)	[mʲɪkro'fonas]
Kopfhörer (m)	**ausìnės** (m dgs)	[ɑʊ'sʲɪnʲe:s]
Fernbedienung (f)	**pùltas** (v)	['pʊlʲtas]
CD (f)	**kompãktinis dìskas** (v)	[kɔm'pa:ktʲɪnʲɪs 'dʲɪskas]
Kassette (f)	**kasetė̃** (m)	[ka'sʲɛtʲe:]
Schallplatte (f)	**plokštėlė̃** (m)	[plokʃ'tʲælʲe:]

T&P BOOKS

DIE ERDE. WETTER

T&P Books Publishing

Kosmos (m)	kòsmosas (v)	['kosmosas]
kosmisch, Raum-	kòsminis	['kosmʲɪnʲɪs]
Weltraum (m)	kòsminė erdvě (m)	['kosmʲɪnʲe: ɛrd'vʲe:]
All (n)	visatà (m)	[vʲɪsa'ta]
Universum (n)	pasáulis (v)	[pa'saʊlʲɪs]
Galaxie (f)	galãktika (m)	[ga'lʲa:ktʲɪka]
Stern (m)	žvaigždě (m)	[ʒvʌɪg'ʒdʲe:]
Gestirn (n)	žvaigždýnas (v)	[ʒvʌɪgʒ'dʲi:nas]
Planet (m)	planetà (m)	[plʲanʲɛ'ta]
Satellit (m)	palydõvas (v)	[palʲi:'do:vas]
Meteorit (m)	meteorìtas (v)	[mʲɛtʲɛo'rʲɪtas]
Komet (m)	kometà (m)	[komʲɛ'ta]
Asteroid (m)	asteròidas (v)	[astʲɛ'roɪdas]
Umlaufbahn (f)	orbità (m)	[orbʲɪ'ta]
sich drehen	sùktis	['sʊktʲɪs]
Atmosphäre (f)	atmosferà (m)	[atmosfʲɛ'ra]
Sonne (f)	Sáulė (m)	['saʊlʲe:]
Sonnensystem (n)	Sáulės sistemà (m)	['saʊlʲe:s sʲɪstʲe'ma]
Sonnenfinsternis (f)	Sáulės užtemìmas (v)	['saʊlʲe:s ʊʒtʲɛ'mʲɪmas]
Erde (f)	Žẽmė (m)	['ʒʲæmʲe:]
Mond (m)	Mėnùlis (v)	[mʲe:'nʊlʲɪs]
Mars (m)	Mársas (v)	['marsas]
Venus (f)	Venerà (m)	[vʲɛnʲɛ'ra]
Jupiter (m)	Jupìteris (v)	[jʊ'pʲɪtʲɛrʲɪs]
Saturn (m)	Satùrnas (v)	[sa'tʊrnas]
Merkur (m)	Merkùrijus (v)	[mʲɛr'kʊrʲɪjʊs]
Uran (m)	Urãnas (v)	[ʊ'ra:nas]
Neptun (m)	Neptūnas (v)	[nʲɛp'tu:nas]
Pluto (m)	Plutònas (v)	[plʲʊ'tonas]
Milchstraße (f)	Paũkščių Tãkas (v)	['paʊkʃtʂʲu: 'ta:kas]
Der Große Bär	Didíeji Grĩžulo Rãtai (v dgs)	[dʲɪ'dʲiɛjɪ 'grʲɪ:ʒʊlʲɔ 'ra:tʌɪ]
Polarstern (m)	Šiaurìnė žvaigždě (m)	[ʃʲɛʊ'rʲɪnʲe: ʒvʌɪg'ʒdʲe:]
Marsbewohner (m)	marsiẽtis (v)	[mar'sʲɛtʲɪs]
Außerirdischer (m)	ateĩvis (v)	[a'tʲɛɪvʲɪs]

| außerirdisches Wesen (n) | ateivis (v) | [a'tʲɛɪvʲɪs] |
| fliegende Untertasse (f) | skraidanti lėkštė (m) | ['skrʌɪdantʲɪ lʲe:kʃtʲe:] |

Raumschiff (n)	kosminis laivas (v)	['kosmʲɪnʲɪs 'lʲʌɪvas]
Raumstation (f)	orbitos stotis (m)	[or'bʲɪtos sto'tʲɪs]
Raketenstart (m)	startas (v)	['startas]

Triebwerk (n)	variklis (v)	[va'rʲɪklʲɪs]
Düse (f)	tūta (m)	[tu:'ta]
Treibstoff (m)	kuras (v)	['kuras]

Kabine (f)	kabina (m)	[kab'ɪ'na]
Antenne (f)	antena (m)	[antʲɛ'na]
Bullauge (n)	iliuminatorius (v)	[ɪlʲumʲɪ't'na:torʲus]
Sonnenbatterie (f)	saulės baterija (m)	['saulʲe:s ba'tʲɛrʲɪjɛ]
Raumanzug (m)	skafandras (v)	[ska'fandras]

| Schwerelosigkeit (f) | nesvarumas (v) | [nʲɛsva'rumas] |
| Sauerstoff (m) | deguonis (v) | [dʲɛ'guonʲɪs] |

| Ankopplung (f) | susijungimas (v) | [susʲɪjun'gʲɪmas] |
| koppeln (vi) | susijungti | [susʲɪ'junktʲɪ] |

Observatorium (n)	observatorija (m)	[obsʲɛrva'torʲɪjɛ]
Teleskop (n)	teleskopas (v)	[tʲɛlʲɛ'skopas]
beobachten (vt)	stebėti	[ste'bʲe:tʲɪ]
erforschen (vt)	tyrinėti	[tʲi:rʲɪ'nʲe:tʲɪ]

75. Die Erde

Erde (f)	Žemė (m)	['ʒʲæmʲe:]
Erdkugel (f)	žemės rutulys (v)	['ʒʲæmʲe:s rutu'lʲi:s]
Planet (m)	planeta (m)	[plʲanʲɛ'ta]

Atmosphäre (f)	atmosfera (m)	[atmosfʲɛ'ra]
Geographie (f)	geografija (m)	[gʲɛo'gra:fʲɪjɛ]
Natur (f)	gamta (m)	[gam'ta]

Globus (m)	gaublys (v)	[gaub'lʲi:s]
Landkarte (f)	žemėlapis (v)	[ʒe'mʲe:lʲapʲɪs]
Atlas (m)	atlasas (v)	['a:tlʲasas]

Europa (n)	Europa (m)	[ɛuro'pa]
Asien (n)	azija (m)	['a:zʲɪjɛ]
Afrika (n)	afrika (m)	['a:frʲɪka]
Australien (n)	Australija (m)	[aus'tra:lʲɪjɛ]

Amerika (n)	Amerika (m)	[a'mʲɛrʲɪka]
Nordamerika (n)	Šiaurės Amerika (m)	['ʃæurʲe:s a'mʲɛrʲɪka]
Südamerika (n)	Pietų Amerika (m)	[pʲɛ'tu: a'mʲɛrʲɪka]

| Antarktis (f) | Antarktidà (m) | [antarkt'ı'da] |
| Arktis (f) | Árktika (m) | ['arkt'ıka] |

76. Himmelsrichtungen

Norden (m)	šiáurė (m)	['ʃæur'e:]
nach Norden	į̃ šiáurę	[i: 'ʃæur'ɛ:]
im Norden	šiáurėje	['ʃæur'e:je]
nördlich	šiaurìnis	[ʃɛu'r'ın'ıs]

Süden (m)	pietùs (v)	[p'iɛ'tus]
nach Süden	į̃ pietùs	[i: p'iɛ'tus]
im Süden	pietuosè	[p'ietuɑ's'ɛ]
südlich	pietìnis	[p'iɛ't'ın'ıs]

Westen (m)	vakaraĩ (v dgs)	[vaka'rʌı]
nach Westen	į̃ vãkarus	[i: 'va:karus]
im Westen	vakaruosè	[vakaruɑ's'ɛ]
westlich, West-	vakariẽtiškas	[vaka'r'ɛt'ıʃkas]

Osten (m)	rytaĩ (v dgs)	[r'i:'tʌı]
nach Osten	į̃ rýtus	[i: 'r'ı:tus]
im Osten	rytuosè	[r'i:tuɑ's'ɛ]
östlich	rytiẽtiškas	[r'i:'t'ɛt'ıʃkas]

77. Meer. Ozean

Meer (n), See (f)	jū́ra (m)	['ju:ra]
Ozean (m)	vandenýnas (v)	[vand'ɛ'n'i:nas]
Golf (m)	į́lanka (m)	['i:l'aŋka]
Meerenge (f)	są́siauris (v)	['sa:s'ɛur'ıs]

Kontinent (m)	žemýnas (v)	[ʒ'ɛ'm'i:nas]
Insel (f)	salà (m)	[sa'l'a]
Halbinsel (f)	pusiã̃salis (v)	[pu's'æsal'ıs]
Archipel (m)	archipelã̃gas (v)	[arx'ıp'ɛ'l'a:gas]

Bucht (f)	užùtekis (v)	[uʒut'ɛk'ıs]
Hafen (m)	úostas (v)	['uostas]
Lagune (f)	lagūnà (m)	[l'agu:'na]
Kap (n)	iškyšulỹs (v)	[ıʃk'i:ʃu'l'i:s]

Atoll (n)	atólas (v)	[a'tol'as]
Riff (n)	rìfas (v)	['r'ıfas]
Koralle (f)	korãlas (v)	[kɔ'ra:l'as]
Korallenriff (n)	korãlų rìfas (v)	[kɔ'ra:l'u: 'r'ıfas]
tief (Adj)	gilùs	[g'ı'l'us]
Tiefe (f)	gỹlis (v)	['g'i:l'ıs]

| Abgrund (m) | bedugnė (m) | [bʲɛ'dʊgnʲeː] |
| Graben (m) | įduba (m) | ['iːdʊba] |

| Strom (m) | srovė (m) | [sro'vʲeː] |
| umspülen (vt) | skalauti | [ska'lʲɑʊtʲɪ] |

| Ufer (n) | pajūris (v) | ['pajūris] |
| Küste (f) | pakrantė (m) | [pak'rantʲeː] |

Flut (f)	antplūdis (v)	['antplʲuːdʲɪs]
Ebbe (f)	atoslūgis (v)	[a'toslʲuːgʲɪs]
Sandbank (f)	atābradas (v)	[a'taːbradas]
Boden (m)	dugnas (v)	['dʊgnas]

Welle (f)	banga (m)	[ban'ga]
Wellenkamm (m)	bangos ketera (m)	[ban'goːs kʲɛtʲɛ'ra]
Schaum (m)	putos (m dgs)	['pʊtos]

Sturm (m)	audra (m)	[ɑʊd'ra]
Orkan (m)	uraganas (v)	[ʊra'ga:nas]
Tsunami (m)	cunamis (v)	[tsʊ'na:mʲɪs]
Windstille (f)	štilius (v)	[ʃtʲɪ'lʲʲʊs]
ruhig	ramus	[ra'mʊs]

| Pol (m) | ašigalis (v) | [a'ʃɪgalʲɪs] |
| Polar- | poliārinis | [po'lʲæɾʲɪnʲɪs] |

Breite (f)	platuma (m)	[plʲatʊ'ma]
Länge (f)	ilguma (m)	[ɪlʲgʊ'ma]
Breitenkreis (m)	paralelė (m)	[para'lʲɛlʲeː]
Äquator (m)	ekvātorius (v)	[ɛk'va:torʲʊs]

Himmel (m)	dangus (v)	[dan'gʊs]
Horizont (m)	horizontas (v)	[ɣorʲɪ'zontas]
Luft (f)	oras (v)	['oras]

Leuchtturm (m)	švyturys (v)	[ʃvʲɪ:tʊ'rʲiːs]
tauchen (vi)	nardyti	['nardʲi:tʲɪ]
versinken (vi)	nuskęsti	[nʊ'skʲɛ:stʲɪ]
Schätze (pl)	lobis (v)	['lʲoːbʲɪs]

78. Namen der Meere und Ozeane

Atlantischer Ozean (m)	Atlanto vandenynas (v)	[at'lʲanto vandʲɛ'nʲiːnas]
Indischer Ozean (m)	Indijos vandenynas (v)	['ɪndʲɪjos vandʲɛ'nʲiːnas]
Pazifischer Ozean (m)	Ramusis vandenynas (v)	[ra'mʊsʲɪs vandʲɛ'nʲiːnas]
Arktischer Ozean (m)	Arkties vandenynas (v)	['arktʲiɛs vandʲɛ'nʲiːnas]

| Schwarzes Meer (n) | Juodoji jūra (m) | [jʊɑ'doːjɪ 'juːra] |
| Rotes Meer (n) | Raudonoji jūra (m) | [rɑʊdo'noːjɪ 'juːra] |

| Gelbes Meer (n) | Geltonóji jūra (m) | [gʲɛlʲto'noːjɪ 'juːra] |
| Weißes Meer (n) | Baltóji jūra (m) | [balʲ'toːjɪ 'juːra] |

Kaspisches Meer (n)	Kãspijos jūra (m)	['ka:spʲɪjɔs 'juːra]
Totes Meer (n)	Negyvóji jūra (m)	[nʲɛgʲi:'voːjɪ 'juːra]
Mittelmeer (n)	Vidurřemio jūra (m)	[vʲɪ'durʒʲɛmʲɔ 'juːra]

| Ägäisches Meer (n) | Egéjo jūra (m) | [ɛ'gʲæjɔ 'juːra] |
| Adriatisches Meer (n) | ãdrijos jūra (m) | ['a:drʲɪjɔs 'juːra] |

Arabisches Meer (n)	Arãbijos jūra (m)	[a'rabʲɪjɔs 'juːra]
Japanisches Meer (n)	Japònijos jūra (m)	[ja'ponʲɪjɔs ju:ra]
Beringmeer (n)	Bèringo jūra (m)	['bʲɛrʲɪngɔ 'juːra]
Südchinesisches Meer (n)	Pietų Kìnijos jūra (m)	[pʲiɛ'tu: 'kʲɪnʲɪjɔs 'juːra]

Korallenmeer (n)	Korãlų jūra (m)	[kɔ'ra:lʲu: 'juːra]
Tasmansee (f)	Tasmãnų jūra (m)	[tas'manu: 'juːra]
Karibisches Meer (n)	Karìbų jūra (m)	[ka'rʲɪbu: 'juːra]

| Barentssee (f) | Bãrenco jūra (m) | [barʲɛntsɔ 'juːra] |
| Karasee (f) | Kãrsko jūra (m) | ['karskɔ 'juːra] |

Nordsee (f)	Šiáurės jūra (m)	['ʃæʊrʲeːs 'juːra]
Ostsee (f)	Báltijos jūra (m)	['balʲtʲɪjɔs 'juːra]
Nordmeer (n)	Norvègijos jūra (m)	[nor'vʲɛgʲɪjɔs 'juːra]

79. Berge

Berg (m)	kálnas (v)	['kalʲnas]
Gebirgskette (f)	kalnų vìrtinė (m)	[kalʲ'nu: vʲɪrtʲɪnʲeː]
Bergrücken (m)	kalnãgūbris (v)	[kalʲ'na:gu:brʲɪs]

Gipfel (m)	viršūnė (m)	[vʲɪrʃuːnʲeː]
Spitze (f)	pìkas (v)	['pʲɪkas]
Bergfuß (m)	papédė (m)	[pa'pʲeːdʲeː]
Abhang (m)	núokalnė (m)	['nuɑkalʲnʲeː]

Vulkan (m)	ugnìkalnis (v)	[ʊg'nʲɪkalʲnʲɪs]
tätiger Vulkan (m)	veìkiantis ugnìkalnis (v)	['vʲɛɪkʲæntʲɪs ʊg'nʲɪkalʲnʲɪs]
schlafender Vulkan (m)	užgèsęs ugnìkalnis (v)	[ʊʒ'gʲæsʲɛːs ʊg'nʲɪkalʲnʲɪs]

Ausbruch (m)	išsivéržimas (v)	[ɪʃsʲɪvʲɛr'ʒʲɪmas]
Krater (m)	krãteris (v)	['kra:tʲɛrʲɪs]
Magma (n)	magmà (m)	[mag'ma]
Lava (f)	lavà (m)	[lʲa'va]
glühend heiß (-e Lava)	įkaĩtęs	[iː'kʌɪtʲɛːs]

Cañon (m)	kanjònas (v)	[ka'njɔ nas]
Schlucht (f)	tarpùkalnė (m)	[tar'pʊkalʲnʲeː]
Spalte (f)	tarpéklis (m)	[tar'pʲæklʲɪs]

Gebirgspass (m)	kalnãkelis (m)	[kalʲˈnakʲɛlʲɪs]
Plateau (n)	gulstě (m)	[gʊlʲˈstʲeː]
Fels (m)	uolà (m)	[ʊɑˈlʲa]
Hügel (m)	kalvà (m)	[kalʲˈva]

Gletscher (m)	ledýnas (v)	[lʲɛˈdʲiːnas]
Wasserfall (m)	krioklỹs (v)	[krʲokʲˈlʲiːs]
Geiser (m)	geĩzeris (v)	[ˈgʲɛɪzʲɛrʲɪs]
See (m)	ẽžeras (v)	[ˈɛʒʲɛras]

Ebene (f)	lygumà (m)	[lʲiːgʊˈma]
Landschaft (f)	peizãžas (v)	[pʲɛɪˈzaːʒas]
Echo (n)	áidas (v)	[ˈʌɪdas]

Bergsteiger (m)	alpinìstas (v)	[alʲpʲɪˈnʲɪstas]
Kletterer (m)	uolakopỹs (v)	[ʊɑlʲako'pʲiːs]
bezwingen (vt)	pavérgti	[paˈvʲɛrktʲɪ]
Aufstieg (m)	kopìmas (v)	[kɔˈpʲɪmas]

80. Namen der Berge

Alpen (pl)	Álpės (m dgs)	[ˈalʲpʲeːs]
Montblanc (m)	Monblãnas (v)	[monˈblʲaːnas]
Pyrenäen (pl)	Pirénai (v)	[pʲɪˈrʲeːnʌɪ]

Karpaten (pl)	Karpãtai (v dgs)	[karˈpaːtʌɪ]
Uralgebirge (n)	Urãlo kalnaĩ (v dgs)	[ʊˈraːlɔ kalʲˈnʌɪ]
Kaukasus (m)	Kaukãzas (v)	[kɑʊˈkaːzas]
Elbrus (m)	Elbrùsas (v)	[ɛlʲˈbrʊsas]

Altai (m)	Altãjus (v)	[alʲˈtaːjʊs]
Tian Shan (m)	Tian Šãnis (v)	[tʲæn ˈʃaːnʲɪs]
Pamir (m)	Pamýras (v)	[paˈmʲiːras]
Himalaja (m)	Himalãjai (v dgs)	[ɣʲɪmaˈlʲaːjʌɪ]
Everest (m)	Everèstas (v)	[ɛvʲɛˈrʲɛstas]

| Anden (pl) | Añdai (v) | [ˈandʌɪ] |
| Kilimandscharo (m) | Kilimandžãras (v) | [kʲɪlʲɪmanˈdʒaːras] |

81. Flüsse

Fluss (m)	ùpė (m)	[ˈʊpʲeː]
Quelle (f)	šaltìnis (v)	[ʃalʲˈtʲɪnʲɪs]
Flussbett (n)	vagà (m)	[vaˈga]
Stromgebiet (n)	baseĩnas (v)	[baˈsʲɛɪnas]
einmünden in ...	įtekéti į̃ ...	[iːtʲɛˈkʲeːtʲɪ iː ..]
Nebenfluss (m)	añtplūdis (v)	[ˈantplʲuːdʲɪs]
Ufer (n)	krañtas (v)	[ˈkrantas]

Strom (m)	srovė (m)	[sro'vʲe:]
stromabwärts	pasroviuì	[pasro'vʲuɪ]
stromaufwärts	priẽš sróvę	['prʲɛʃ 'sro:vʲɛ:]

Überschwemmung (f)	pótvynis (v)	['potvʲi:nʲɪs]
Hochwasser (n)	póplūdis (v)	['poplʲu:dʲɪs]
aus den Ufern treten	išsilíeti	[ɪʃsʲɪ'lʲiɛtʲɪ]
überfluten (vt)	tvìndyti	['tvʲɪndʲi:tʲɪ]

| Sandbank (f) | seklumà (m) | [sʲeklʲʊ'ma] |
| Stromschnelle (f) | sleñkstis (v) | ['slʲɛŋkstʲɪs] |

Damm (m)	užtvanka (m)	['ʊʒtvaŋka]
Kanal (m)	kanãlas (v)	[ka'na:lʲas]
Stausee (m)	vandeñs saugyklà (m)	[van'dʲɛns saʊgʲi:k'lʲa]
Schleuse (f)	šliùzas (v)	['ʃlʲʊzas]

Gewässer (n)	vandeñs telkinỹs (v)	[van'dʲɛns tʲɛlʲkʲɪr'nʲi:s]
Sumpf (m), Moor (n)	pélkė (m)	['pʲɛlʲkʲe:]
Marsch (f)	liū́nas (v)	['lʲu:nas]
Strudel (m)	verpė̃tas (v)	[vʲɛr'pʲætas]

Bach (m)	upẽlis (v)	[ʊ'pʲælʲɪs]
Trink- (z.B. Trinkwasser)	gėriamas	['gʲærʲæmas]
Süß- (Wasser)	gė́las	['gʲe:lʲas]

| Eis (n) | lẽdas (v) | ['lʲædas] |
| zufrieren (vi) | užšálti | [ʊʒ'ʃalʲtʲɪ] |

82. Namen der Flüsse

| Seine (f) | Senà (m) | [sʲɛ'na] |
| Loire (f) | Luarà (m) | [lʲʊa'ra] |

Themse (f)	Temzė̃ (m)	['tʲɛmzʲe:]
Rhein (m)	Reìnas (v)	['rʲɛɪnas]
Donau (f)	Dunõjus (v)	[dʊ'no:jus]

Wolga (f)	Vòlga (m)	['volʲga]
Don (m)	Dònas (v)	['donas]
Lena (f)	Lenà (m)	[lʲɛ'na]

Gelber Fluss (m)	Geltonóji ùpė (m)	[gʲɛlʲto'no:jɪ 'ʊpʲe:]
Jangtse (m)	Jangdzė̃ (m)	[jang'dzʲe:]
Mekong (m)	Mekòngas (v)	[mʲɛ'kongas]
Ganges (m)	Gángas (v)	['gangas]

Nil (m)	Nìlas (v)	['nʲɪlʲas]
Kongo (m)	Kòngas (v)	['kongas]
Okavango (m)	Okavángas (v)	[oka'va ngas]

Sambesi (m)	Zambėzė (m)	[zam'bʲɛzʲeː]
Limpopo (m)	Limpopò (v)	[lʲɪmpo'po]
Mississippi (m)	Misisìpė (m)	[mʲɪsʲɪ'sʲɪpʲeː]

83. Wald

| Wald (m) | mìškas (v) | ['mʲɪʃkas] |
| Wald- | miškìnis | [mʲɪʃ'kʲɪnʲɪs] |

Dickicht (n)	tankumýnas (v)	[taŋkʊ'mʲiːnas]
Gehölz (n)	giráitė (m)	[gʲɪ'rʌɪtʲeː]
Lichtung (f)	laūkas (v)	['lʲɑʊkas]

| Dickicht (n) | žolýnas, beržýnas (v) | [ʒo'lʲiːnas], [bʲɛr'ʒʲiːnas] |
| Gebüsch (n) | krūmýnas (v) | [kruː'mʲiːnas] |

| Fußweg (m) | takēlis (v) | [ta'kʲælʲɪs] |
| Erosionsrinne (f) | griovỹs (v) | [grʲo'vʲiːs] |

Baum (m)	mēdis (v)	['mʲædʲɪs]
Blatt (n)	lãpas (v)	['lʲaːpas]
Laub (n)	lapijà (m)	[lʲapʲɪ'ja]

Laubfall (m)	lãpų kritìmas (v)	['lʲaːpu: krʲɪ'tʲɪmas]
fallen (Blätter)	krìsti	['krʲɪstʲɪ]
Wipfel (m)	viršūnė (m)	[vʲɪr'ʃuːnʲeː]

Zweig (m)	šakà (m)	[ʃa'ka]
Ast (m)	šakà (m)	[ʃa'ka]
Knospe (f)	pumpuras (v)	['pumpʊras]
Nadel (f)	spyglỹs (v)	[spʲiːg'lʲiːs]
Zapfen (m)	kankorėžis (v)	[kaŋ'korʲeːʒʲɪs]

Höhlung (f)	úoksas (v)	['ʊaksas]
Nest (n)	lìzdas (v)	['lʲɪzdas]
Höhle (f)	olà (m)	[o'lʲa]

Stamm (m)	kamíenas (v)	[ka'mʲiɛnas]
Wurzel (f)	šaknìs (v)	[ʃak'nʲɪs]
Rinde (f)	žievě (m)	[ʒʲiɛ'vʲeː]
Moos (n)	sãmana (m)	['sa:mana]

entwurzeln (vt)	ráuti	['rɑʊtʲɪ]
fällen (vt)	kírsti	['kʲɪrstʲɪ]
abholzen (vt)	iškìrsti	[ɪʃ'kʲɪrstʲɪ]
Baumstumpf (m)	kélmas (v)	['kʲɛlʲmas]

Lagerfeuer (n)	láužas (v)	['lʲɑʊʒas]
Waldbrand (m)	gaĩsras (v)	['gʌɪsras]
löschen (vt)	gesìnti	[gʲɛ'sʲɪntʲɪ]

Förster (m)	mìškininkas (v)	['mʲɪʃkʲɪnʲɪŋkas]
Schutz (m)	apsaugà (m)	[apsɑʊˈga]
beschützen (vt)	sáugoti	[ˈsɑʊgotʲɪ]
Wilddieb (m)	brakoniẽrius (v)	[brakoˈnʲɛrʲʊs]
Falle (f)	spą́stai (v dgs)	[ˈspaːstʌɪ]

sammeln (Pilze ~)	grybáuti	[grʲiːˈbɑʊtʲɪ]
pflücken (Beeren ~)	uogáuti	[ʊɑˈgɑʊtʲɪ]
sich verirren	pasiklýsti	[pasʲɪˈklʲiːstʲɪ]

84. natürliche Lebensgrundlagen

Naturressourcen (pl)	gamtìniai ìštekliai (v dgs)	[gamˈtʲɪnʲɛɪ ˈɪʃtʲɛklʲɛɪ]
Bodenschätze (pl)	naudìngos iškasenos (m dgs)	[nɑʊˈdʲɪngos ˈɪʃkasˈɛnos]
Vorkommen (n)	telkiniaĩ (v dgs)	[tʲɛlʲkʲɪˈrʲnʲɛɪ]
Feld (Ölfeld usw.)	telkinỹs (v)	[tʲɛlʲkʲɪˈrʲnʲiːs]

gewinnen (vt)	iškàsti	[ɪʃˈkastʲɪ]
Gewinnung (f)	laimìkis (v)	[lʲʌɪˈmʲɪkʲɪs]
Erz (n)	rūdà (m)	[ruːˈda]
Bergwerk (n)	rūdýnas (v)	[ruːˈdʲiːnas]
Schacht (m)	šachtà (m)	[ʃaxˈta]
Bergarbeiter (m)	šáchtininkas (v)	[ˈʃaːxtʲɪnʲɪŋkas]

| Erdgas (n) | dùjos (m dgs) | [ˈdʊjos] |
| Gasleitung (f) | dujótiekis (v) | [dʊˈjotʲiɛkʲɪs] |

Erdöl (n)	naftà (m)	[nafˈta]
Erdölleitung (f)	naftótiekis (v)	[nafˈtotʲiɛkʲɪs]
Ölquelle (f)	náftos bókštas (v)	[ˈnaːftos ˈbokʃtas]
Bohrturm (m)	grẽžimo bókštas (v)	[ˈgrʲɛːʒʲɪmɔ ˈbokʃtas]
Tanker (m)	tánklaivis (v)	[ˈtaŋklʲʌɪvʲɪs]

Sand (m)	smėlis (v)	[ˈsmʲeːlʲɪs]
Kalkstein (m)	kálkinis akmuõ (v)	[ˈkalʲkʲɪnʲɪs akˈmʊɑ]
Kies (m)	žvỹras (v)	[ˈʒvʲiːras]
Torf (m)	dùrpės (m dgs)	[ˈdʊrpʲeːs]
Ton (m)	mólis (v)	[ˈmolʲɪs]
Kohle (f)	anglìs (m)	[angˈlʲɪs]

Eisen (n)	geležìs (v)	[gʲɛlʲɛˈʒʲɪs]
Gold (n)	áuksas (v)	[ˈɑʊksas]
Silber (n)	sidãbras (v)	[sʲɪˈdaːbras]
Nickel (n)	nìkelis (v)	[ˈnʲɪkʲɛlʲɪs]
Kupfer (n)	vãris (v)	[ˈvaːrʲɪs]

Zink (n)	cìnkas (v)	[ˈtsʲɪŋkas]
Mangan (n)	mangãnas (v)	[manˈgaːnas]
Quecksilber (n)	gývsidabris (v)	[ˈgʲiːvsʲɪdabrʲɪs]

Blei (n)	švìnas (v)	['ʃvʲɪnas]
Mineral (n)	minerãlas (v)	[mʲɪnʲɛ'ra:lʲas]
Kristall (m)	kristãlas (v)	[krʲɪs'ta:lʲas]
Marmor (m)	mármuras (v)	['marmʊras]
Uran (n)	urãnas (v)	[ʊ'ra:nas]

85. Wetter

Wetter (n)	óras (v)	['oras]
Wetterbericht (m)	óro prognòzė (m)	['orɔ prog'nozʲe:]
Temperatur (f)	temperatūrà (m)	[tʲɛmpʲɛratu:'ra]
Thermometer (n)	termomètras (v)	[tʲɛrmo'mʲɛtras]
Barometer (n)	baromètras (v)	[baro'mʲɛtras]

feucht	drégnas	['drʲe:gnas]
Feuchtigkeit (f)	drėgmě (m)	[drʲe:g'mʲe:]
Hitze (f)	kar̃štis (v)	['karʃtʲɪs]
glutheiß	kárštas	['karʃtas]
ist heiß	kar̃šta	['karʃta]

| ist warm | šílta | ['ʃɪlʲta] |
| warm (Adj) | šíltas | ['ʃɪlʲtas] |

| ist kalt | šálta | ['ʃalʲta] |
| kalt (Adj) | šáltas | ['ʃalʲtas] |

Sonne (f)	sáulė (m)	['saʊlʲe:]
scheinen (vi)	šviẽsti	['ʃvʲɛstʲɪ]
sonnig (Adj)	sauléta	[saʊ'lʲe:ta]
aufgehen (vi)	pakìlti	[pa'kʲɪlʲtʲɪ]
untergehen (vi)	léistis	['lʲɛɪstʲɪs]

Wolke (f)	debesìs (v)	[dʲɛbʲɛ'sʲɪs]
bewölkt, wolkig	debesúota	[dʲɛbʲɛ'suɑta]
Regenwolke (f)	debesìs (v)	[dʲɛbʲɛ'sʲɪs]
trüb (-er Tag)	apsiniáukę	[apsʲɪ'nʲæʊkʲɛ:]

Regen (m)	lietùs (v)	[lʲɛ'tʊs]
Es regnet	lỹja	['lʲi:ja]
regnerisch (-er Tag)	lietìngas	[lʲɛ'tʲɪngas]
nieseln (vi)	lynóti	[lʲi:'notʲɪ]

strömender Regen (m)	liūtis (m)	['lʲu:tʲɪs]
Regenschauer (m)	liūtis (m)	['lʲu:tʲɪs]
stark (-er Regen)	stiprùs	[stʲɪp'rʊs]
Pfütze (f)	balà (m)	[ba'lʲa]
nass werden (vi)	šlàpti	['ʃlʲaptʲɪ]

| Nebel (m) | rū̃kas (v) | ['ru:kas] |
| neblig (-er Tag) | miglótas | [mʲɪg'lʲotas] |

| Schnee (m) | sniẽgas (v) | ['snʲɛgas] |
| Es schneit | sniñga | ['snʲɪŋga] |

86. Unwetter Naturkatastrophen

Gewitter (n)	perkū́nija (m)	[pʲɛr'ku:nʲɪjɛ]
Blitz (m)	žaĩbas (v)	['ʒʌɪbas]
blitzen (vi)	žaibúoti	[ʒʌɪ'buɑtʲɪ]

Donner (m)	griaustìnis (v)	[grʲɛus'tʲɪnʲɪs]
donnern (vi)	griáudėti	['grʲæudʲe:tʲɪ]
Es donnert	griáudėja griaustìnis	['grʲæudʲe:ja grʲɛus'tʲɪnʲɪs]

| Hagel (m) | krušà (m) | [kru'ʃa] |
| Es hagelt | kriñta krušà | ['krʲɪnta kru'ʃa] |

| überfluten (vt) | užlíeti | [uʒ'lʲiɛtʲɪ] |
| Überschwemmung (f) | pótvynis (v) | ['potvʲi:nʲɪs] |

Erdbeben (n)	žẽmės drebė́jimas (v)	['ʒʲæmʲe:s dre'bʲɛjɪmas]
Erschütterung (f)	smū́gis (m)	['smu:gʲɪs]
Epizentrum (n)	epiceñtras (v)	[ɛpʲɪ'tsʲɛntras]

| Ausbruch (m) | išsiveržìmas (v) | [ɪʃʲɪvʲɛr'ʒʲɪmas] |
| Lava (f) | lavà (m) | [lʲa'va] |

Wirbelsturm (m)	víesulas (v)	['vʲiɛsulʲas]
Tornado (m)	tornãdo (v)	[tor'na:dɔ]
Taifun (m)	taifū́nas (v)	[tʌɪ'fu:nas]

Orkan (m)	uragã́nas (v)	[ura'ga:nas]
Sturm (m)	audrà (m)	[ɑud'ra]
Tsunami (m)	cunã́mis (v)	[tsu'na:mʲɪs]

Zyklon (m)	ciklònas (v)	[tsʲɪk'lʲonas]
Unwetter (n)	dárgana (m)	['dargana]
Brand (m)	gaĩsras (v)	['gʌɪsras]
Katastrophe (f)	katastrofà (m)	[katastro'fa]
Meteorit (m)	meteorìtas (v)	[mʲɛtʲɛo'rʲɪtas]

Lawine (f)	lavinà (m)	[lʲavʲɪ'na]
Schneelawine (f)	griūtìs (m)	[grʲu:'tʲɪs]
Schneegestöber (n)	pū́gà (m)	[pu:'ga]
Schneesturm (m)	pū́gà (m)	[pu:'ga]

T&P BOOKS

FAUNA

T&P Books Publishing

87. Säugetiere. Raubtiere

Raubtier (n)	plėšrūnas (v)	[pˡˈeːʃruːnas]
Tiger (m)	tigras (v)	[ˈtˠɪgras]
Löwe (m)	liūtas (v)	[ˈlˠuːtas]
Wolf (m)	vilkas (v)	[ˈvˠɪlˠkas]
Fuchs (m)	lāpė (m)	[ˈlˠaːpˡeː]
Jaguar (m)	jaguāras (v)	[jagʊˈaːras]
Leopard (m)	leopárdas (v)	[lˡɛoˈpardas]
Gepard (m)	gepárdas (v)	[gˡɛˈpardas]
Panther (m)	panterà (m)	[pantˡɛˈra]
Puma (m)	pumà (m)	[pʊˈma]
Schneeleopard (m)	snieginis leopárdas (v)	[snˡiɛˈgˡɪnˡɪs lˡɛoˈpardas]
Luchs (m)	lūšis (m)	[ˈlˠuːʃɪs]
Kojote (m)	kojòtas (v)	[kɔˈjɔ tas]
Schakal (m)	šakālas (v)	[ʃaˈkaːlˠas]
Hyäne (f)	hienà (m)	[ɣˡiɛˈna]

88. Tiere in freier Wildbahn

Tier (n)	gyvūnas (v)	[gˡiːˈvuːnas]
Bestie (f)	žvėrìs (v)	[ʒvˡeːˈrˡɪs]
Eichhörnchen (n)	voverě (m)	[voveˈrˡeː]
Igel (m)	ežỹs (v)	[ɛʒˡiːs]
Hase (m)	kìškis, zuìkis (v)	[ˈkˡɪʃkɪs], [ˈzʊɪkˡɪs]
Kaninchen (n)	triùšis (v)	[ˈtrˡʊʃɪs]
Dachs (m)	barsùkas (v)	[barˈsʊkas]
Waschbär (m)	meškénas (v)	[mˡɛʃˈkˡeːnas]
Hamster (m)	žiurkénas (v)	[ʒˡʊrˈkˡeːnas]
Murmeltier (n)	švilpìkas (v)	[ʃvˡɪlˠˈpˡɪkas]
Maulwurf (m)	kùrmis (v)	[ˈkʊrmˡɪs]
Maus (f)	pelě (m)	[pˡɛˈlˡeː]
Ratte (f)	žiùrkė (m)	[ˈʒˡʊrkˡeː]
Fledermaus (f)	šikšnósparnis (v)	[ʃɪkʃˈnosparnˡɪs]
Hermelin (n)	šermuonělis (v)	[ʃermʊɑˈnˡeːlˡɪs]
Zobel (m)	sābalas (v)	[ˈsa:balˠas]
Marder (m)	kiáunė (m)	[ˈkˡæʊnˡeː]

| Wiesel (n) | žebenkštis (m) | [ʒʲɛbʲɛŋkʃʲtʲɪs] |
| Nerz (m) | audinė (m) | [ɑuˈdʲɪnʲeː] |

| Biber (m) | bebras (v) | [ˈbʲæbras] |
| Fischotter (m) | ūdra (m) | [ˈuːdra] |

Pferd (n)	arklys (v)	[arkˈlʲiːs]
Elch (m)	briedis (v)	[ˈbrʲiɛdʲɪs]
Hirsch (m)	elnias (v)	[ˈɛlʲnʲæs]
Kamel (n)	kupranugaris (v)	[kupranuˈgaːrʲɪs]

Bison (m)	bizonas (v)	[bʲɪˈzonas]
Wisent (m)	stumbras (v)	[ˈstumbras]
Büffel (m)	buivolas (v)	[ˈbuivolʲas]

Zebra (n)	zebras (v)	[ˈzʲɛbras]
Antilope (f)	antilopė (m)	[antʲɪˈlʲopʲeː]
Reh (n)	stirna (m)	[ˈstʲɪrna]
Damhirsch (m)	danielius (v)	[daˈnʲɛlʲus]
Gämse (f)	gemzė (m)	[ˈgʲɛmzʲeː]
Wildschwein (n)	šernas (v)	[ˈʃʲɛrnas]

Wal (m)	banginis (v)	[banˈgʲɪnʲɪs]
Seehund (m)	ruonis (v)	[ˈruɑnʲɪs]
Walroß (n)	veplys (v)	[vʲeːpˈlʲiːs]
Seebär (m)	kotikas (v)	[ˈkotʲɪkas]
Delfin (m)	delfinas (v)	[dʲɛlʲˈfʲɪnas]

Bär (m)	lokys (v), meška (m)	[lʲoˈkʲiːs], [mʲɛʃˈka]
Eisbär (m)	baltasis lokys (v)	[balʲˈtasʲɪs lʲoˈkʲiːs]
Panda (m)	panda (m)	[ˈpanda]

Affe (m)	beždžionė (m)	[bʲɛʒˈdʒʲoːnʲeː]
Schimpanse (m)	šimpanzė (m)	[ʃʲɪmˈpanzʲeː]
Orang-Utan (m)	orangutangas (v)	[oranguˈtangas]
Gorilla (m)	gorila (m)	[gorʲɪˈlʲa]
Makak (m)	makaka (m)	[makaˈka]
Gibbon (m)	gibonas (v)	[gʲɪˈbonas]

| Elefant (m) | dramblys (v) | [dramˈblʲiːs] |
| Nashorn (n) | raganosis (v) | [ragaˈno:sʲɪs] |

| Giraffe (f) | žirafa (m) | [ʒʲɪraˈfa] |
| Flusspferd (n) | begemotas (v) | [bʲɛgʲɛˈmotas] |

| Känguru (n) | kengūra (m) | [kʲɛnˈguːˈra] |
| Koala (m) | koala (m) | [kɔaˈlʲa] |

Manguste (f)	mangusta (m)	[mangusˈta]
Chinchilla (f)	šinšila (m)	[ʃʲɪnʃʲɪˈlʲa]
Stinktier (n)	skunkas (v)	[ˈskuŋkas]
Stachelschwein (n)	dygliuotis (v)	[dʲiːgˈlʲuotʲɪs]

89. Haustiere

Katze (f)	**katė** (m)	[ka'tʲeː]
Kater (m)	**kātinas** (v)	['kaːtʲɪnas]
Hund (m)	**šuõ** (v)	['ʃʊɑ]
Pferd (n)	**arklỹs** (v)	[ark'lʲiːs]
Hengst (m)	**eřžilas** (v)	['ɛrʒɪlʲas]
Stute (f)	**kumēlė** (m)	[kʊ'mʲælʲeː]
Kuh (f)	**kárvė** (m)	['karvʲeː]
Stier (m)	**bùlius** (v)	['bʊlʲʊs]
Ochse (m)	**jáutis** (v)	['jɑʊtʲɪs]
Schaf (n)	**avìs** (m)	[a'vʲɪs]
Widder (m)	**ãvinas** (v)	['aːvʲɪnas]
Ziege (f)	**ožkà** (m)	[oʒ'ka]
Ziegenbock (m)	**ožỹs** (v)	[o'ʒʲiːs]
Esel (m)	**āsilas** (v)	['aːsʲɪlʲas]
Maultier (n)	**mùlas** (v)	['mʊlʲas]
Schwein (n)	**kiaũlė** (m)	['kʲɛʊlʲeː]
Ferkel (n)	**paršėlis** (v)	[par'ʃælʲɪs]
Kaninchen (n)	**triùšis** (v)	['trʲʊʃɪs]
Huhn (n)	**vištà** (m)	[vʲɪʃ'ta]
Hahn (m)	**gaidỹs** (v)	[gʌɪ'dʲiːs]
Ente (f)	**ántis** (m)	['antʲɪs]
Enterich (m)	**añtinas** (v)	['antʲɪnas]
Gans (f)	**žąsinas** (v)	['ʒaːsʲɪnas]
Puter (m)	**kalakùtas** (v)	[kalʲa'kʊtas]
Pute (f)	**kalakùtė** (m)	[kalʲa'kʊtʲeː]
Haustiere (pl)	**namìniai gyvūnai** (v dgs)	[na'mʲɪnʲɛɪ gʲiː'vuːnʌɪ]
zahm	**prijaukìntas**	[prʲɪ'jɛʊ'kʲɪntas]
zähmen (vt)	**prijaukìnti**	[prʲɪ'jɛʊ'kʲɪntʲɪ]
züchten (vt)	**augìnti**	[ɑʊ'gʲɪntʲɪ]
Farm (f)	**fèrma** (m)	['fʲɛrma]
Geflügel (n)	**namìnis paūkštis** (v)	[na'mʲɪnʲɪs 'pɑʊkʃtʲɪs]
Vieh (n)	**galvìjas** (v)	[gal'vʲɪjɛs]
Herde (f)	**bandà** (m)	[ban'da]
Pferdestall (m)	**arklìdė** (m)	[ark'lʲɪdʲeː]
Schweinestall (m)	**kiaulìdė** (m)	[kʲɛʊ'lʲɪdʲeː]
Kuhstall (m)	**karvìdė** (m)	[kar'vʲɪdʲeː]
Kaninchenstall (m)	**triušìdė** (m)	[trʲʊ'ʃɪdʲeː]
Hühnerstall (m)	**vištìdė** (m)	[vʲɪʃ'tʲɪdʲeː]

90. Vögel

Vogel (m)	**paūkštis** (v)	['pɑukʃt'ɪs]
Taube (f)	**balañdis** (v)	[ba'l'and'ɪs]
Spatz (m)	**žvìrblis** (v)	['ʒv'ɪrbl'ɪs]
Meise (f)	**zýlė** (m)	['z'i:l'e:]
Elster (f)	**šárka** (m)	['ʃarka]
Rabe (m)	**varnas** (v)	['varnas]
Krähe (f)	**várna** (m)	['varna]
Dohle (f)	**kúosa** (m)	['kuɑsa]
Saatkrähe (f)	**kovàs** (v)	[kɔ'vas]
Ente (f)	**ántis** (m)	['ant'ɪs]
Gans (f)	**žą̄sinas** (v)	['ʒa:s'ɪnas]
Fasan (m)	**fazānas** (v)	[fa'za:nas]
Adler (m)	**erēlis** (v)	[ɛ'r'æl'ɪs]
Habicht (m)	**vānagas** (v)	['va:nagas]
Falke (m)	**sākalas** (v)	['sa:kal'as]
Greif (m)	**grìfas** (v)	['gr'ɪfas]
Kondor (m)	**kondòras** (v)	[kɔn'doras]
Schwan (m)	**gul̃bė** (m)	['guʎb'e:]
Kranich (m)	**gérvė** (m)	['g'ɛrv'e:]
Storch (m)	**gañdras** (v)	['gandras]
Papagei (m)	**papū̃gà** (m)	[papu:'ga]
Kolibri (m)	**kolìbris** (v)	[kɔ'l'ɪbr'ɪs]
Pfau (m)	**póvas** (v)	['povas]
Strauß (m)	**strùtis** (v)	['strʊt'ɪs]
Reiher (m)	**garnỹs** (v)	[gar'n'i:s]
Flamingo (m)	**flamìngas** (v)	[fl'a'm'ɪngas]
Pelikan (m)	**pelikānas** (v)	[p'ɛl'ɪ'ka:nas]
Nachtigall (f)	**lakštiñgala** (m)	[l'akʃt'ɪŋgal'a]
Schwalbe (f)	**kregždė̃** (m)	[kr'ɛgʒ'd'e:]
Drossel (f)	**strãzdas** (v)	['stra:zdas]
Singdrossel (f)	**strãzdas** **giesminiñkas** (v)	['stra:zdas g'iɛsm'ɪ'n'ɪŋkas]
Amsel (f)	**juodàsis strãzdas** (v)	[juɑ'das'ɪs s'tra:zdas]
Segler (m)	**čiurlỹs** (v)	[tʃ'ʊr'l'i:s]
Lerche (f)	**vytūrỹs, vieversỹs** (v)	[v'i:tʊ'r'i:s], [v'iɛvɛr's'i:s]
Wachtel (f)	**pùtpelė** (m)	['pʊtpel'e:]
Specht (m)	**genỹs** (v)	[g'ɛ'n'i:s]
Kuckuck (m)	**gegùtė** (m)	[g'ɛ'gʊt'e:]
Eule (f)	**pelė́da** (m)	[p'ɛ'l'e:da]

Uhu (m)	apúokas (v)	[a'pʊɑkas]
Auerhahn (m)	kurtinỹs (v)	[kʊrtʲɪˈrʲnʲiːs]
Birkhahn (m)	tẽtervinas (v)	['tʲætʲɛrvʲɪnas]
Rebhuhn (n)	kurapkà (m)	[kʊrapˈka]

Star (m)	varnénas (v)	[varˈnʲeːnas]
Kanarienvogel (m)	kanarė́lė (m)	[kanaˈrʲeːlʲeː]
Haselhuhn (n)	jerubė̃ (m)	[jerʊˈbʲeː]
Buchfink (m)	kikìlis (v)	[kʲɪˈkʲɪlʲɪs]
Gimpel (m)	sniẽgena (m)	['snʲɛɡʲɛna]

Möwe (f)	žuvédra (m)	[ʒʊˈvʲeːdra]
Albatros (m)	albatròsas (v)	[alʲbaˈtʲrosas]
Pinguin (m)	pingvìnas (v)	[pʲɪŋgˈvʲɪnas]

91. Fische. Meerestiere

Brachse (f)	karšis (v)	['karʃɪs]
Karpfen (m)	kárpis (v)	['karpʲɪs]
Barsch (m)	ešerỹs (v)	[ɛʃɛˈrʲiːs]
Wels (m)	šãmas (v)	['ʃaːmas]
Hecht (m)	lydekà (m)	[lʲiːdʲɛˈka]

Lachs (m)	lašišà (m)	[lʲaʃɪˈʃa]
Stör (m)	eršketas (v)	[erʃˈkʲeːtas]

Hering (m)	sìlkė (m)	['sʲɪlʲkʲeː]
atlantische Lachs (m)	lašišà (m)	[lʲaʃɪˈʃa]
Makrele (f)	skùmbrė (m)	['skʊmbrʲeː]
Scholle (f)	plẽkšnė (m)	['plʲækʃnʲeː]

Zander (m)	starkis (v)	['starkʲɪs]
Dorsch (m)	ménkė (m)	['mʲɛŋkʲeː]
Tunfisch (m)	tùnas (v)	['tʊnas]
Forelle (f)	upétakis (v)	[ʊˈpʲeːtakʲɪs]

Aal (m)	ungurỹs (v)	[ʊŋgʊˈrʲiːs]
Zitterrochen (m)	elektrìnė rajà (m)	[ɛlʲɛkˈtʲrʲɪnʲe: raˈja]
Muräne (f)	murėnà (m)	[mʊrʲɛˈna]
Piranha (m)	pirãnija (m)	[pʲɪˈraːnʲɪjɛ]

Hai (m)	ryklỹs (v)	[rʲɪkˈlʲiːs]
Delfin (m)	delfìnas (v)	[dʲɛlʲˈfʲɪnas]
Wal (m)	bangìnis (v)	[banˈgʲɪnʲɪs]

Krabbe (f)	krãbas (v)	['kra:bas]
Meduse (f)	medūzà (m)	[mʲɛduːˈza]
Krake (m)	aštuonkõjis (v)	[aʃtʊɑŋˈkoːjis]
Seestern (m)	jū́ros žvaigždė̃ (m)	['ju:ros ʒvʌɪgʒ'dʲeː]
Seeigel (m)	jū́ros ežỹs (v)	['ju:ros ɛ'ʒʲiːs]

Seepferdchen (n)	jūros arkliùkas (v)	['ju:ros ark'lʲukas]
Auster (f)	áustrė (m)	['austrʲe:]
Garnele (f)	krevètė (m)	[krʲɛ'vʲɛtʲe:]
Hummer (m)	omãras (v)	[o'ma:ras]
Languste (f)	langùstas (v)	[lʲan'gustas]

92. Amphibien Reptilien

| Schlange (f) | gyvãtė (m) | [gʲi:'va:tʲe:] |
| Gift-, giftig | nuodìngas | [nuɑ'dʲɪngas] |

Viper (f)	angìs (v)	[an'gʲɪs]
Kobra (f)	kobrà (m)	[kɔb'ra]
Python (m)	pitònas (v)	[pʲɪ'tonas]
Boa (f)	smauglỹs (v)	[smɑug'lʲi:s]

Ringelnatter (f)	žaltỹs (v)	[ʒalʲ'tʲi:s]
Klapperschlange (f)	barškuõlė (m)	[barʃ'kuɑlʲe:]
Anakonda (f)	anakònda (m)	[ana'konda]

Eidechse (f)	dríežas (v)	['drʲiɛʒas]
Leguan (m)	iguanà (m)	[ɪguɑ'na]
Waran (m)	varãnas (v)	[va'ra:nas]
Salamander (m)	salamándra (m)	[salʲa'mandra]
Chamäleon (n)	chameleònas (v)	[xamʲɛlʲɛ'onas]
Skorpion (m)	skorpiònas (v)	[skorpʲɪ'onas]

Schildkröte (f)	vėžlỹs (v)	[vʲe:ʒ'lʲi:s]
Frosch (m)	varlė̃ (m)	[var'lʲe:]
Kröte (f)	rùpūžė (m)	['rupu:ʒʲe:]
Krokodil (n)	krokodìlas (v)	[kroko'dʲɪlʲas]

93. Insekten

Insekt (n)	vabzdỹs (v)	[vabz'dʲi:s]
Schmetterling (m)	drugẽlis (v)	[dru'gʲælʲɪs]
Ameise (f)	skruzdė̃lė (m)	[skruz'dʲælʲe:]
Fliege (f)	mùsė (m)	['musʲe:]
Mücke (f)	úodas (v)	['uodas]
Käfer (m)	vãbalas (v)	['va:balʲas]

Wespe (f)	vapsvà (m)	[vaps'va]
Biene (f)	bìtė (m)	['bʲɪtʲe:]
Hummel (f)	kamãnė (m)	[ka'ma:nʲe:]
Bremse (f)	gylỹs (v)	[gʲi:'lʲi:s]

| Spinne (f) | vóras (v) | ['voras] |
| Spinnennetz (n) | vorãtinklis (v) | [vo'ra:tʲɪŋklʲɪs] |

Libelle (f)	**laũmžirgis** (v)	[ˈlʲɑʊmʒʲɪrgʲɪs]
Grashüpfer (m)	**žiõgas** (v)	[ˈʒʲogas]
Schmetterling (m)	**petelìškė** (m)	[pʲɛtʲɛˈlʲɪʃkʲeː]
Schabe (f)	**tarakõnas** (v)	[taraˈkoːnas]
Zecke (f)	**érkė** (m)	[ˈærkʲeː]
Floh (m)	**blusà** (m)	[blʲʊˈsa]
Kriebelmücke (f)	**mãšalas** (v)	[ˈmaːʃalʲas]
Heuschrecke (f)	**skėrỹs** (v)	[skʲeːˈrʲiːs]
Schnecke (f)	**sraĩgė** (m)	[ˈsrʌɪgʲeː]
Heimchen (n)	**svirplỹs** (v)	[svʲɪrpˈlʲiːs]
Leuchtkäfer (m)	**jõnvabalis** (v)	[ˈjoːnvabalʲɪs]
Marienkäfer (m)	**borùžė** (m)	[boˈrʊʒʲeː]
Maikäfer (m)	**grambuolỹs** (v)	[grambʊɑˈlʲiːs]
Blutegel (m)	**dėlė̃** (m)	[dʲeːˈlʲeː]
Raupe (f)	**vìkšras** (v)	[ˈvʲɪkʃras]
Wurm (m)	**slíekas** (v)	[ˈslʲiɛkas]
Larve (f)	**kirmėlė** (m)	[kʲɪrmeˈlʲeː]

FLORA

T&P Books Publishing

Baum (m)	**mẽdis** (v)	['mʲædʲɪs]
Laub-	**lapuõtis**	[lʲapʊ'atʲɪs]
Nadel-	**spygliuõtis**	[spʲiːgʲlʲʊoːtʲɪs]
immergrün	**vìsžalis**	['vʲɪsȝalʲɪs]
Apfelbaum (m)	**obelìs** (m)	[obʲɛ'lʲɪs]
Birnbaum (m)	**kriáušė** (m)	['krʲæʊʃe:]
Süßkirschbaum (m)	**trẽšnė** (m)	['trʲæʃnʲe:]
Sauerkirschbaum (m)	**vyšnià** (m)	[vʲiːʃnʲæ]
Pflaumenbaum (m)	**slyvà** (m)	[slʲiː'va]
Birke (f)	**béržas** (v)	['bʲɛrȝas]
Eiche (f)	**ãžuolas** (v)	['a:ȝualʲas]
Linde (f)	**líepa** (m)	['lʲiepa]
Espe (f)	**drebulẽ** (m)	[drebʊ'lʲe:]
Ahorn (m)	**klẽvas** (v)	['klʲævas]
Fichte (f)	**ẽglė** (m)	['ʲægʲle:]
Kiefer (f)	**pušìs** (m)	[pʊ'ʃɪs]
Lärche (f)	**maũmedis** (v)	['maʊmʲɛdʲɪs]
Tanne (f)	**kẽnis** (v)	['kʲeːnʲɪs]
Zeder (f)	**kẽdras** (v)	['kʲɛdras]
Pappel (f)	**túopa** (m)	['tʊapa]
Vogelbeerbaum (m)	**šermùkšnis** (v)	[ʃɛr'mʊkʃnʲɪs]
Weide (f)	**glúosnis** (v)	['glʲʊasnʲɪs]
Erle (f)	**ãlksnis** (v)	['alʲksnʲɪs]
Buche (f)	**bùkas** (v)	['bʊkas]
Ulme (f)	**gúoba** (m)	['gʊaba]
Esche (f)	**úosis** (v)	['ʊasʲɪs]
Kastanie (f)	**kaštõnas** (v)	[kaʃ'to:nas]
Magnolie (f)	**magnòlija** (m)	[mag'nolʲɪjɛ]
Palme (f)	**pálmė** (m)	['palʲmʲe:]
Zypresse (f)	**kiparìsas** (v)	[kʲɪpa'rʲɪsas]
Mangrovenbaum (m)	**mañgro mẽdis** (v)	['mañgrɔ 'mʲædʲɪs]
Baobab (m)	**baobãbas** (v)	[bao'ba:bas]
Eukalyptus (m)	**eukalìptas** (v)	[ɛʊka'lʲɪptas]
Mammutbaum (m)	**sekvojà** (m)	[sʲɛkvo:'jɛ]

95. Büsche

Strauch (m)	krū́mas (v)	['kru:mas]
Gebüsch (n)	krūmýnas (v)	[kru:'mⁱi:nas]
Weinstock (m)	vynuogýnas (v)	[vⁱi:nʊɑ'gⁱi:nas]
Weinberg (m)	vynuogýnas (v)	[vⁱi:nʊɑ'gⁱi:nas]
Himbeerstrauch (m)	avietė̃ (m)	[a'vⁱɛtⁱe:]
rote Johannisbeere (f)	raudonãsis serbeñtas (v)	[raʊdo'nasⁱɪs sⁱɛr'bⁱɛntas]
Stachelbeerstrauch (m)	agrãstas (v)	[ag'ra:stas]
Akazie (f)	akācija (m)	[a'ka:tsⁱɪjɛ]
Berberitze (f)	raugeŕškis (m)	[raʊ'gⁱɛrʃkⁱɪs]
Jasmin (m)	jazmìnas (v)	[jaz'mⁱɪnas]
Wacholder (m)	kadagŷs (v)	[kada'gⁱi:s]
Rosenstrauch (m)	rõžių krū́mas (v)	['ro:ʒⁱu: 'kru:mas]
Heckenrose (f)	erškė̃tis (v)	[erʃ'kⁱe:tⁱɪs]

96. Obst. Beeren

Frucht (f)	vaĩsius (v)	['vʌɪsⁱʊs]
Früchte (pl)	vaĩsiai (v dgs)	['vʌɪsⁱɛɪ]
Apfel (m)	obuolŷs (v)	[obʊɑ'lⁱi:s]
Birne (f)	kriáušė (m)	['krⁱæʊʃe:]
Pflaume (f)	slyvà (m)	[slⁱi:'va]
Erdbeere (f)	brãškė (m)	['bra:ʃkⁱe:]
Sauerkirsche (f)	vyšnià (m)	[vⁱi:ʃ'nⁱæ]
Süßkirsche (f)	trẽšnė (m)	['trⁱæʃnⁱe:]
Weintrauben (pl)	výnuogés (m dgs)	['vⁱi:nʊagⁱe:s]
Himbeere (f)	avietė̃ (m)	[a'vⁱɛtⁱe:]
schwarze Johannisbeere (f)	juodíeji serbeñtai (v dgs)	[jʊɑ'dⁱiɛjɪ sⁱɛr'bⁱɛntʌɪ]
rote Johannisbeere (f)	raudoníeji serbeñtai (v dgs)	[raʊdo'nⁱɛjɪ sⁱɛr'bⁱɛntʌɪ]
Stachelbeere (f)	agrãstas (v)	[ag'ra:stas]
Moosbeere (f)	spañguolė (m)	['spaŋgʊalⁱe:]
Apfelsine (f)	apelsìnas (v)	[apⁱɛlⁱ'sⁱɪnas]
Mandarine (f)	mandarìnas (v)	[manda'rⁱɪnas]
Ananas (f)	ananãsas (v)	[ana'na:sas]
Banane (f)	banãnas (v)	[ba'na:nas]
Dattel (f)	datùlė (m)	[da'tʊlⁱe:]
Zitrone (f)	citrinà (m)	[tsⁱɪtrⁱɪ'na]
Aprikose (f)	abrikòsas (v)	[abrⁱɪ'kosas]
Pfirsich (m)	pèrsikas (v)	['pⁱɛrsⁱɪkas]

| Kiwi (f) | kìvis (v) | ['kʲɪvʲɪs] |
| Grapefruit (f) | greĩpfrutas (v) | ['grʲɛɪpfrʊtas] |

Beere (f)	úoga (m)	['ʊaga]
Beeren (pl)	úogos (m dgs)	['ʊagos]
Preiselbeere (f)	bruknės (m dgs)	['brʊknʲe:s]
Walderdbeere (f)	žémuogės (m dgs)	['ʒʲæmʊagʲe:s]
Heidelbeere (f)	mėlýnės (m dgs)	[mʲe:'lʲi:nʲe:s]

97. Blumen. Pflanzen

| Blume (f) | gėlě̃ (m) | [gʲe:'lʲe:] |
| Blumenstrauß (m) | púokštė (m) | ['pʊakʃtʲe:] |

Rose (f)	rõžė (m)	['ro:ʒʲe:]
Tulpe (f)	tùlpė (m)	['tʊlʲpʲe:]
Nelke (f)	gvazdìkas (v)	[gvaz'dʲɪkas]
Gladiole (f)	kardėlis (v)	[kar'dʲælʲɪs]

Kornblume (f)	rùgiagėlė (m)	['rʊgʲægʲe:lʲe:]
Glockenblume (f)	varpẽlis (v)	[var'pʲælʲɪs]
Löwenzahn (m)	piẽnė (m)	['pʲɛnʲe:]
Kamille (f)	ramùnė (m)	[ra'mʊnʲe:]

Aloe (f)	alijõšius (v)	[alʲɪ'jo:ʃʊs]
Kaktus (m)	kãktusas (v)	['ka:ktʊsas]
Gummibaum (m)	fìkusas (v)	['fɪkʊsas]

Lilie (f)	lelijà (m)	[lʲɛlʲɪ'ja]
Geranie (f)	pelargònija (m)	[pʲɛlʲar'gonʲɪjɛ]
Hyazinthe (f)	hiacìntas (v)	[ɣʲɪja'tsʲɪntas]

Mimose (f)	mimozà (m)	[mʲɪmo'za]
Narzisse (f)	narcìzas (v)	[nar'tsʲɪzas]
Kapuzinerkresse (f)	nastùrta (m)	[nas'tʊrta]

Orchidee (f)	orchidéja (m)	[orxʲɪ'dʲe:ja]
Pfingstrose (f)	bijū̃nas (v)	[bʲɪ'ju:nas]
Veilchen (n)	našlaitė (m)	[naʃlʲʌɪtʲe:]

Stiefmütterchen (n)	darželinė našláitė (m)	[dar'ʒʲælʲɪnʲe: naʃlʌɪtʲe:]
Vergissmeinnicht (n)	neužmiřštuõlė (m)	[nʲɛʊʒmʲɪrʃtʊalʲe:]
Gänseblümchen (n)	saulùtė (m)	[sɑʊ'lʲʊtʲe:]

Mohn (m)	aguonà (m)	[agʊa'na]
Hanf (m)	kanãpė (m)	[ka'na:pʲe:]
Minze (f)	mėtà (m)	[mʲe:'ta]

| Maiglöckchen (n) | pakalnùtė (m) | [pakalʲ'nʊtʲe:] |
| Schneeglöckchen (n) | sniẽgena (m) | ['snʲɛgʲɛna] |

Brennnessel (f)	dilgėlė (m)	[dʲIlʲ'glælʲe:]
Sauerampfer (m)	rūgštynė (m)	[ru:gʃ'tʲi:nʲe:]
Seerose (f)	vandeñs lelijà (m)	[van'dʲɛns lʲɛlʲɪ'ja]
Farn (m)	papartis (v)	[pa'partʲɪs]
Flechte (f)	kerpė (m)	['kʲɛrpʲe:]

Gewächshaus (n)	oranžèrija (m)	[oran'ʒʲɛrʲɪjɛ]
Rasen (m)	gazònas (v)	[ga'zonas]
Blumenbeet (n)	klòmba (m)	['klʲomba]

Pflanze (f)	áugalas (v)	['aʊgalʲas]
Gras (n)	žolė̃ (m)	[ʒo'lʲe:]
Grashalm (m)	žolẽlė (m)	[ʒo'lʲælʲe:]

Blatt (n)	lãpas (v)	['lʲa:pas]
Blütenblatt (n)	žíedlapis (v)	['ʒʲiɛdlʲapʲɪs]
Stiel (m)	stíebas (v)	['stʲiɛbas]
Knolle (f)	gumbas (v)	['gʊmbas]

| Jungpflanze (f) | želmuõ (v) | [ʒʲɛlʲ'mʊɑ] |
| Dorn (m) | spyglỹs (v) | [spʲi:g'lʲi:s] |

blühen (vi)	žydėti	[ʒʲi:'dʲe:tʲɪ]
welken (vi)	výsti	['vʲi:stʲɪ]
Geruch (m)	kvãpas (v)	['kva:pas]
abschneiden (vt)	nupjáuti	[nʊ'pjaʊtʲɪ]
pflücken (vt)	nuskìnti	[nʊ'skʲɪntʲɪ]

98. Getreide, Körner

Getreide (n)	grū́das (v)	['gru:das]
Getreidepflanzen (pl)	grūdìnės kultū̃ros (m dgs)	[gru:'dʲɪnʲe:s kʊlʲ'tu:ros]
Ähre (f)	várpa (m)	['varpa]

Weizen (m)	kviečiaĩ (v dgs)	[kvʲiɛ'tsʲɛɪ]
Roggen (m)	rugiaĩ (v dgs)	[rʊ'gʲɛɪ]
Hafer (m)	ãvižos (m dgs)	['a:vʲɪʒos]

| Hirse (f) | sóra (m) | ['sora] |
| Gerste (f) | miẽžiai (v dgs) | ['mʲɛʒʲɛɪ] |

Mais (m)	kukurū̃zas (v)	[kʊkʊ'ru:zas]
Reis (m)	rýžiai (v)	['rʲi:ʒʲɛɪ]
Buchweizen (m)	grìkiai (v dgs)	['grʲɪkʲɛɪ]

Erbse (f)	žìrniai (v dgs)	['ʒʲɪrnʲɛɪ]
weiße Bohne (f)	pupẽlės (m dgs)	[pʊ'pʲælʲe:s]
Sojabohne (f)	sojà (m)	[so:'jɛ]
Linse (f)	lę̃šiai (v dgs)	['lʲɛ:ʃɛɪ]
Bohnen (pl)	pùpos (m dgs)	['pʊpos]

LÄNDER DER WELT

T&P Books Publishing

Afghanistan	**Afganistānas** (v)	[afganⁱɪ'sta:nas]
Ägypten	**Egìptas** (v)	[ε'gⁱɪptas]
Albanien	**Albānija** (m)	[alⁱ'ba:nⁱɪjε]
Argentinien	**Argentinà** (m)	[argⁱεntⁱɪ'na]
Armenien	**Arménija** (m)	[ar'mⁱe:nⁱɪjε]
Aserbaidschan	**Azerbaidžānas** (v)	[azⁱεrbʌɪ'dʒa:nas]
Australien	**Austrālija** (m)	[ɑʊs'tra:lⁱɪjε]

Bangladesch	**Bangladèšas** (v)	[banglⁱa'dⁱεʃas]
Belgien	**Belgija** (m)	['bⁱεlʲgⁱɪjε]
Bolivien	**Bolìvija** (m)	[bo'lʲɪvⁱɪjε]
Bosnien und Herzegowina	**Bòsnija ìr Hercegovinà** (m)	['bosnⁱɪja ir ɣⁱεrtsⁱεgovⁱɪ'na]
Brasilien	**Brazìlija** (m)	[bra'zⁱɪlⁱɪjε]
Bulgarien	**Bulgārija** (m)	[bʊlⁱ'ga:rⁱɪjε]

Chile	**Čìlė** (m)	['tʂⁱɪlⁱe:]
China	**Kìnija** (m)	['kⁱɪnⁱɪjε]
Dänemark	**Dānija** (m)	['da:nⁱɪjε]
Deutschland	**Vokietija** (m)	[vokⁱiɛ'tⁱɪja]
Die Bahamas	**Bahāmų salõs** (m dgs)	[ba'ɣamu: 'salⁱo:s]
Die Vereinigten Staaten	**Jungtìnės Amèrikos Valstìjos** (m dgs)	[jʊŋk'tⁱɪnⁱe:s a'mⁱεrⁱɪkos valⁱs'tⁱɪjɔs]
Dominikanische Republik	**Dominìkos Respùblika** (m)	[domⁱɪ'nⁱɪkos rⁱεs'pʊblⁱɪka]

Ecuador	**Ekvadòras** (v)	[εkva'doras]
England	**Ánglija** (m)	['anglⁱɪjε]
Estland	**Èstija** (m)	['εstⁱɪjε]
Finnland	**Sùomija** (m)	['sʊɑmⁱɪjε]
Frankreich	**Prancūzijà** (m)	[prantsu:'zⁱɪ'ja]
Französisch-Polynesien	**Prancūzìjos Polinèzija** (m)	[prantsu:'zⁱɪjos polⁱɪ'nⁱεzⁱɪjε]

Georgien	**Grùzija** (m)	['grʊzⁱɪjε]
Ghana	**Ganà** (m)	[ga'na]
Griechenland	**Graìkija** (m)	['grʌɪkⁱɪjε]
Großbritannien	**Didžiòji Britānija** (m)	[dⁱɪ'dʒⁱo:jɪ brⁱɪ'ta:nⁱɪjε]
Haiti	**Haìtis** (v)	[ɣʌ'ɪtⁱɪs]

Indien	**Ìndija** (m)	['ɪndⁱɪjε]
Indonesien	**Indonezijà** (m)	[ɪndon'ⁱεzⁱɪ'ja]
Irak	**Irākas** (v)	[ɪ'ra:kas]
Iran	**Irānas** (v)	[ɪ'ra:nas]
Irland	**Aìrija** (m)	['ʌɪrⁱɪjε]

Island	Islándija (m)	[ɪsˈlʲandʲɪjɛ]
Israel	Izraėlis (v)	[ɪzraʲˈɛlʲɪs]
Italien	Itālija (m)	[ɪˈtaːlʲɪjɛ]

100. Länder. Teil 2

Jamaika	Jamáika (m)	[jaˈmʌɪka]
Japan	Japónija (m)	[jaˈponʲɪjɛ]
Jordanien	Jordānija (m)	[jɔrˈdaːnʲɪjɛ]

Kambodscha	Kambodžà (m)	[kamboˈdʒa]
Kanada	Kanadà (m)	[kanaˈda]
Kasachstan	Kazāchija (m)	[kaˈzaːxʲɪjɛ]
Kenia	Kènija (m)	[ˈkʲɛnʲɪjɛ]
Kirgisien	Kirgìzija (m)	[kʲɪrˈgʲɪzʲɪjɛ]
Kolumbien	Kolùmbija (m)	[kɔˈlʲumbʲɪjɛ]
Kroatien	Kroātija (m)	[kroˈaːtʲɪjɛ]

| Kuba | Kubà (m) | [kʊˈba] |
| Kuwait | Kuveìtas (v) | [kʊˈvʲɛɪtas] |

Laos	Laòsas (v)	[lʲaˈosas]
Lettland	Lātvija (m)	[ˈlʲaːtvʲɪjɛ]
Libanon (m)	Libānas (v)	[lʲɪˈbanas]
Libyen	Lìbija (m)	[ˈlʲɪbʲɪjɛ]
Liechtenstein	Lìchtenšteinas (v)	[ˈlʲɪxtʲɛnʃtʲɛɪnas]

| Litauen | Lietuvà (m) | [lʲiɛtʊˈva] |
| Luxemburg | Liùksemburgas (v) | [ˈlʲuksʲɛmbʊrgas] |

Madagaskar	Madagaskāras (v)	[madagasˈkaːras]
Makedonien	Makedònija (m)	[makʲɛˈdonʲɪjɛ]
Malaysia	Maláizija (m)	[maˈlʲʌɪzʲɪjɛ]
Malta	Málta (m)	[ˈmalʲta]
Marokko	Maròkas (v)	[maˈrokas]
Mexiko	Mèksika (m)	[ˈmʲɛksʲɪka]
Moldawien	Moldāvija (m)	[molʲˈdaːvʲɪjɛ]
Monaco	Mònakas (v)	[ˈmonakas]
Mongolei (f)	Mongòlija (m)	[monˈgolʲɪjɛ]

| Montenegro | Juodkalnijà (m) | [jʊɑdkalʲnʲɪˈja] |
| Myanmar | Mianmāras (v) | [mʲænˈmaːras] |

Namibia	Namìbija (m)	[naˈmʲɪbʲɪjɛ]
Nepal	Nepālas (v)	[nʲɛˈpaːlʲas]
Neuseeland	Naujóji Zelándija (m)	[nɑʊˈjoːjɪ zʲɛˈlʲandʲɪjɛ]
Niederlande (f)	Nýderlandai (v dgs)	[ˈnʲiːdʲɛrlʲandʌɪ]
Nordkorea	Šiáurės Koréja (m)	[ˈʃæʊrʲeːs koˈrʲeːja]
Norwegen	Norvėgija (m)	[norˈvʲɛgʲɪjɛ]
Österreich	Áustrija (m)	[ˈɑʊstrʲɪjɛ]

101. Länder. Teil 3

Pakistan	**Pakistānas** (v)	[pakʲɪ'sta:nas]
Palästina	**Palestìna** (m)	[palʲɛs'tʲɪna]
Panama	**Panamà** (m)	[pana'ma]
Paraguay	**Paragvājus** (v)	[parag'va:jʊs]
Peru	**Perù** (v)	[pʲɛ'rʊ]
Polen	**Lénkija** (m)	[ˈlʲɛŋkʲɪjɛ]
Portugal	**Portugālija** (m)	[portʊ'ga:lʲɪjɛ]
Republik Südafrika	**Pietų̃ āfrikos** **respùblika** (m)	[pʲiɛ'tu: 'a:frʲɪkos rʲɛs'pʊblʲɪka]
Rumänien	**Rumùnija** (m)	[rʊ'mʊnʲɪjɛ]
Russland	**Rùsija** (m)	[ˈrʊsʲɪjɛ]
Sansibar	**Zanzibāras** (v)	[zanzʲɪ'ba:ras]
Saudi-Arabien	**Saũdo Arābija** (m)	[sa'ʊdo a'ra:bʲɪjɛ]
Schottland	**Škòtija** (m)	[ˈʃkotʲɪjɛ]
Schweden	**Švèdija** (m)	[ˈʃvʲɛdʲɪjɛ]
Schweiz (f)	**Šveicārija** (m)	[ʃvʲɛɪ'tsa:rʲɪjɛ]
Senegal	**Senegālas** (v)	[sʲɛnʲɛ'ga:lʲas]
Serbien	**Seřbija** (m)	[ˈsʲɛrbʲɪjɛ]
Slowakei (f)	**Slovākija** (m)	[slʲo'va:kʲɪjɛ]
Slowenien	**Slovénija** (m)	[slʲo'vʲe:nʲɪjɛ]
Spanien	**Ispānija** (m)	[ɪs'pa:nʲɪjɛ]
Südkorea	**Pietų̃ Koréja** (m)	[pʲiɛ'tu: ko'rʲe:ja]
Suriname	**Surināmis** (v)	[sʊrʲɪ'namʲɪs]
Syrien	**Sìrija** (m)	[ˈsʲɪrʲɪjɛ]
Tadschikistan	**Tadžìkija** (m)	[tad'ʒʲɪkʲɪjɛ]
Taiwan	**Taivānis** (v)	[tʌɪ'vanʲɪs]
Tansania	**Tanzānija** (m)	[tan'za:nʲɪjɛ]
Tasmanien	**Tasmānija** (m)	[tas'ma:nʲɪjɛ]
Thailand	**Tailándas** (v)	[tʌɪ'lʲandas]
Tschechien	**Čèkija** (m)	[ˈtʃʲɛkʲɪjɛ]
Tunesien	**Tunìsas** (v)	[tʊ'nʲɪsas]
Türkei (f)	**Tuřkija** (m)	[ˈtʊrkʲɪjɛ]
Turkmenistan	**Turkménija** (m)	[tʊrk'mʲe:nʲɪjɛ]
Ukraine (f)	**Ukrainà** (m)	[ʊkrʌɪ'na]
Ungarn	**Veñgrija** (m)	[ˈvʲɛŋgrʲɪjɛ]
Uruguay	**Urugvājus** (v)	[ʊrʊg'va:jʊs]
Usbekistan	**Uzbèkija** (m)	[ʊz'bʲɛkʲɪjɛ]
Vatikan (m)	**Vatikānas** (v)	[vatʲɪka:nas]
Venezuela	**Venesuelà** (m)	[vʲɛnʲɛsʊ'ɛˈlʲa]
Vereinigten Arabischen Emirate	**Jungtìniai Arābų Emìratai** (v dgs)	[jʊŋk'tʲɪnʲɛɪ a'ra:bu: ɛmʲɪratʌɪ]
Vietnam	**Vietnāmas** (v)	[vʲɛt'na:mas]
Weißrussland	**Baltarùsija** (m)	[balʲta'rʊsʲɪjɛ]
Zypern	**Kìpras** (v)	[ˈkʲɪpras]

T&P BOOKS

GASTRONOMISCHES WÖRTERBUCH

Dieser Teil beinhaltet viele
Wörter und Begriffe im
Zusammenhang mit
Lebensmitteln.
Dieses Wörterbuch wird es
einfacher für Sie machen,
um das Menü in einem
Restaurant zu verstehen
und die richtige Speise
zu wählen

T&P Books Publishing

Deutsch-Litauisch gastronomisches wörterbuch

Ähre (f)	várpa (m)	['varpa]
Aal (m)	ungurỹs (v)	[ʊŋgʊ'rʲi:s]
Abendessen (n)	vakariẽnė (m)	[vaka'rʲɛnʲe:]
alkoholfrei	nealkohòlonis	[nʲɛalʲko'ɣolonʲɪs]
alkoholfreies Getränk (n)	nealkohòlonis gérimas (v)	[nʲɛalʲko'ɣolonʲɪs 'gʲe:rʲɪmas]
Ananas (f)	ananãsas (v)	[ana'na:sas]
Anis (m)	anýžius (v)	[a'nʲi:ʒʲʊs]
Aperitif (m)	aperitỹvas (v)	[apʲɛrʲɪ'tʲi:vas]
Apfel (m)	obuolỹs (v)	[obʊa'lʲi:s]
Apfelsine (f)	apelsìnas (v)	[apʲɛlʲ'sʲɪnas]
Appetit (m)	apetìtas (v)	[apʲɛ'tʲɪtas]
Aprikose (f)	abrikòsas (v)	[abrʲɪ'kosas]
Artischocke (f)	artišòkas (v)	[artʲɪ'ʃokas]
atlantische Lachs (m)	lašišà (m)	[lʲaʃɪ'ʃa]
Aubergine (f)	baklažãnas (v)	[baklʲa'ʒa:nas]
Auster (f)	áustrė (m)	['ɑʊstrʲe:]
Avocado (f)	avokádas (v)	[avo'kadas]
Banane (f)	banãnas (v)	[ba'na:nas]
Bar (f)	bãras (v)	['ba:ras]
Barmixer (m)	bármenas (v)	['barmʲɛnas]
Barsch (m)	ešerỹs (v)	[ɛʃɛ'rʲi:s]
Basilikum (n)	bazìlikas (v)	[ba'zʲɪlʲɪkas]
Beefsteak (n)	bifštèksas (v)	[bʲɪfʃtʲɛksas]
Beere (f)	úoga (m)	['ʊaga]
Beeren (pl)	úogos (m dgs)	['ʊagos]
Beigeschmack (m)	príeskonis (v)	['prʲɪɛskonʲɪs]
Beilage (f)	garnỹras (v)	[gar'nʲi:ras]
belegtes Brot (n)	sumuštìnis (v)	[sʊmʊʃ'tʲɪnʲɪs]
Bier (n)	alùs (v)	[a'lʲʊs]
Birkenpilz (m)	lėpšis (v)	['lʲæpʃɪs]
Birne (f)	kriáušė (m)	['krʲæʊʃe:]
bitter	kartùs	[kar'tʊs]
Blumenkohl (m)	kalafiòras (v)	[kalʲa'fʲoras]
Bohnen (pl)	pupos (m dgs)	['pʊpos]
Bonbon (m, n)	saldaìnis (v)	[salʲ'dʌɪnʲɪs]
Brühe (f), Bouillon (f)	sultinỹs (v)	[sʊlʲtʲɪ'nʲi:s]
Brachse (f)	karšis (v)	['karʃɪs]
Brei (m)	kõšė (m)	['ko:ʃe:]
Brokkoli (m)	brokolių kopũstas (v)	['brokolʲu: ko'pu:stas]
Brombeere (f)	gérvuogės (m dgs)	['gʲɛrvʊagʲe:s]
Brot (n)	dúona (v)	['dʊana]
Buchweizen (m)	grìkiai (v dgs)	['grʲɪkʲɛɪ]
Butter (f)	svíestas (v)	['svʲɪɛstas]

Buttercreme (f)	krèmas (v)	['krʲɛmas]
Cappuccino (m)	kapučìno kavà (m)	[kapuˈtʂɪnɔ kaˈva]
Champagner (m)	šampãnas (v)	[ʃamˈpaːnas]
Cocktail (m)	koktèilis (v)	[kɔkˈtʲɛɪlʲɪs]
Dattel (f)	datùlė (m)	[daˈtʊlʲeː]
Diät (f)	dietà (m)	[dʲiɛˈta]
Dill (m)	krãpas (v)	[ˈkraːpas]
Dorsch (m)	mènkė (m)	[ˈmʲɛŋkʲe:]
Dosenöffner (m)	konsèrvų atidarytùvas (v)	[kɔnˈsʲɛrvu: atʲɪdarʲiːˈtʊvas]
Dunkelbier (n)	tamsùs alùs (v)	[tamˈsʊs aˈlʲʊs]
Ei (n)	kiaušìnis (v)	[kʲɛʊˈʃɪnʲɪs]
Eier (pl)	kiaušìniai (v dgs)	[kʲɛʊˈʃɪnʲɛɪ]
Eigelb (n)	trynỹs (v)	[trʲiːˈnʲiːs]
Eis (n)	lèdas (v)	[ˈlʲædas]
Eis (n)	ledaĩ (v dgs)	[lʲɛˈdʌɪ]
Eiweiß (n)	báltymas (v)	[ˈbalʲtʲiːmas]
Ente (f)	ántis (m)	[ˈantʲɪs]
Erbse (f)	žìrniai (v dgs)	[ˈʒʲɪrnʲɛɪ]
Erdbeere (f)	brãškė (m)	[ˈbraːʃkʲe:]
Erdnuss (f)	žẽmės riešutaĩ (v)	[ˈʒʲæmʲe:s rʲiɛʃuˈtʌɪ]
Erfrischungsgetränk (n)	gaivùsis gėrimas (v)	[gʌɪˈvʊsʲɪs ˈgʲe:rʲɪmas]
essbarer Pilz (m)	válgomas grỹbas (v)	[ˈvalʲgomas ˈgrʲiːbas]
Essen (n)	valgìs (v)	[ˈvalʲgʲɪs]
Essig (m)	āctas (v)	[ˈaːtstas]
Esslöffel (m)	válgomasis šáukštas (v)	[ˈvalʲgomasʲɪs ˈʃɑʊkʃtas]
Füllung (f)	įdaras (v)	[ˈiːdaras]
Feige (f)	figà (m)	[fɪˈga]
Fett (n)	riebalaĩ (v dgs)	[rʲiɛbaˈlʲʌɪ]
Fisch (m)	žuvìs (m)	[ʒʊˈvʲɪs]
Flaschenöffner (m)	atidarytùvas (v)	[atʲɪdarʲiːˈtʊvas]
Fleisch (n)	mėsà (m)	[mʲe:ˈsa]
Fliegenpilz (m)	mùsmirė (m)	[ˈmʊsmʲɪrʲe:]
Forelle (f)	upėtakis (v)	[ʊˈpʲe:takʲɪs]
Früchte (pl)	vaĩsiai (v dgs)	[ˈvʌɪsʲɛɪ]
Frühstück (n)	pùsryčiai (v dgs)	[ˈpʊsrʲiːtʲɛɪ]
frisch gepresster Saft (m)	šviežiaĩ spáustos sùltys (m dgs)	[ʃvʲiɛˈʒʲɛɪ ˈspɑʊstos ˈsʊlʲtʲiːs]
Frucht (f)	vaĩsius (v)	[ˈvʌɪsʲʊs]
Gabel (f)	šakùtė (m)	[ʃaˈkutʲe:]
Gans (f)	žą̃sinas (v)	[ˈʒaːsʲɪnas]
Garnele (f)	krevètė (m)	[krʲɛˈvʲɛtʲe:]
gebraten	kẽptas	[ˈkʲæptas]
gekocht	vìrtas	[ˈvʲɪrtas]
Gemüse (n)	daržóvės (m dgs)	[darˈʒovʲe:s]
geräuchert	rūkýtas	[ru:ˈkʲiːtas]
Gericht (n)	pātiekalas (v)	[ˈpaːtʲiɛkalʲas]
Gerste (f)	miẽžiai (v dgs)	[ˈmʲɛʒʲɛɪ]
Geschmack (m)	skõnis (v)	[ˈskoːnʲɪs]
Getreide (n)	grū̃das (v)	[ˈgru:das]
Getreidepflanzen (pl)	grūdìnės kultūros (m dgs)	[gru:ˈdʲɪnʲe:s kʊlʲˈtu:ros]
getrocknet	džiovìntas	[dʒʲoˈvʲɪntas]
Gewürz (n)	príeskonis (v)	[ˈprʲiɛskonʲɪs]

Gewürz (n)	príeskonis (v)	['prʲiɛskonʲɪs]
Giftpilz (m)	nuodìngas grỹbas (v)	[nʊɑ'dʲɪngas 'grʲiːbas]
Gin (m)	džìnas (v)	['dʒɪnas]
Grüner Knollenblätterpilz (m)	šùngrybis (v)	['ʃungrʲiːbʲɪs]
grüner Tee (m)	žalià arbatà (m)	[ʒa'lʲæ arba'ta]
grünes Gemüse (pl)	žalumýnai (v)	[ʒalʲʊ'mʲiːnʌɪ]
Grütze (f)	kruõpos (m dgs)	['kruɑpos]
Granatapfel (m)	granãtas (v)	[gra'naːtas]
Grapefruit (f)	greìpfrutas (v)	['grʲɛɪpfrutas]
Gurke (f)	agùrkas (v)	[a'gʊrkas]
Guten Appetit!	Gẽro apetìto!	['gʲærɔ apʲɛ'tʲɪtɔ!]
Hühnerfleisch (n)	vištà (m)	[vʲɪʃ'ta]
Hackfleisch (n)	fáršas (v)	['farʃas]
Hafer (m)	ãvižos (m dgs)	['aːvʲɪʒos]
Hai (m)	ryklỹs (v)	[rʲɪk'lʲiːs]
Hamburger (m)	mėsaìnis (v)	[mʲeː'sʌɪnʲɪs]
Hammelfleisch (n)	avíena (m)	[a'vʲiɛna]
Haselnuss (f)	ríešutas (v)	['rʲiɛʃutas]
Hecht (m)	lydekà (m)	[lʲiːdʲɛ'ka]
heiß	kárštas	['karʃtas]
Heidelbeere (f)	mėlỹnės (m dgs)	[mʲeː'lʲiːnʲeːs]
Heilbutt (m)	õtas (v)	['oːtas]
Helles (n)	šviesùs alùs (v)	[ʃvʲiɛ'sʊs a'lʲʊs]
Hering (m)	sìlkė (m)	['sʲɪlkʲeː]
Himbeere (f)	aviẽtė (m)	[a'vʲɛtʲeː]
Hirse (f)	sóra (m)	['sora]
Honig (m)	medùs (v)	[mʲɛ'dʊs]
Ingwer (m)	imbíeras (v)	['ɪmbʲiɛras]
Joghurt (m, f)	jogùrtas (v)	[jɔ'gʊrtas]
Käse (m)	sùris (v)	['suːrʲɪs]
Küche (f)	virtùvė (m)	[vʲɪr'tuvʲeː]
Kümmel (m)	kmỹnai (v)	['kmʲiːnʌɪ]
Kürbis (m)	rópė (m)	['ropʲeː]
Kaffee (m)	kavà (m)	[ka'va]
Kalbfleisch (n)	veršíena (m)	[vʲɛr'ʃʲiɛna]
Kalmar (m)	kalmãras (v)	[kalʲ'maːras]
Kalorie (f)	kalòrija (m)	[ka'lʲorʲɪjɛ]
kalt	šáltas	['ʃalʲtas]
Kaninchenfleisch (n)	triùšis (v)	['trʲʊʃʲɪs]
Karotte (f)	morkà (m)	[mor'ka]
Karpfen (m)	kárpis (v)	['karpʲɪs]
Kartoffel (f)	bùlvė (m)	['bʊlʲvʲeː]
Kartoffelpüree (n)	bùlvių kõšė (m)	['bʊlʲvʲu ˈkoːʃeː]
Kaugummi (m, n)	kramtomoji gumà (m)	[kramto'mojɪ gʊ'ma]
Kaviar (m)	ìkrai (v dgs)	['ɪkrʌɪ]
Keks (m, n)	sausaìniai (v)	[sɑʊ'sʌɪnʲɛɪ]
Kellner (m)	padavéjas (v)	[pada'vʲeːjas]
Kellnerin (f)	padavéja (m)	[pada'vʲeːja]
Kiwi, Kiwifrucht (f)	kìvis (v)	['kʲɪvʲɪs]
Knoblauch (m)	česnãkas (v)	[tʂɛs'naːkas]
Kognak (m)	konjãkas (v)	[kɔn'jaːkas]

Kohl (m)	kopūstas (v)	[kɔ'pu:stas]
Kohlenhydrat (n)	angliāvandeniai (v dgs)	[anˈɡlʲævandʲɛnʲɛɪ]
Kokosnuss (f)	kokoso ríešutas (v)	[ˈkokosɔ ˈrʲiɛʃʊtas]
Kondensmilch (f)	sutīrštintas píenas (v)	[sʊˈtʲɪrʃtʲɪntas ˈpʲiɛnas]
Konditorwaren (pl)	konditèrijos gaminiaĩ (v)	[kɔndʲɪˈtʲɛrʲɪjɔs gamʲɪˈnʲɪɛɪ]
Konfitüre (f)	uogiēnė (m)	[ʊɑˈɡʲɛnʲe:]
Konserven (pl)	konsèrvai (v dgs)	[kɔnˈsʲɛrvʌɪ]
Kopf Salat (m)	salõta (m)	[saˈlʲo:ta]
Koriander (m)	kalendra (m)	[kaˈlʲɛndra]
Korkenzieher (m)	kamščiātraukis (v)	[kamʃˈtʃʲætrɑʊkʲɪs]
Krümel (m)	trupinỹs (v)	[trʊpʲɪˈnʲiː:s]
Krabbe (f)	krãbas (v)	[ˈkra:bas]
Krebstiere (pl)	vėžiāgyviai (v dgs)	[vʲeˈʒʲæɡʲiːvʲɛɪ]
Kuchen (m)	pyragáitis (v)	[pʲiːraˈɡʌɪtʲɪs]
Kuchen (m)	pyrãgas (v)	[pʲiːˈra:gas]
Löffel (m)	šáukštas (v)	[ˈʃɑʊkʃtas]
Lachs (m)	lašišà (m)	[lʲaʃˈɪʃa]
Languste (f)	langùstas (v)	[lʲanˈgʊstas]
Leber (f)	kēpenys (m dgs)	[kʲɛpeˈnʲiː:s]
lecker	skanùs	[skaˈnʊs]
Likör (m)	lìkeris (v)	[ˈlʲɪkʲɛrʲɪs]
Limonade (f)	limonãdas (v)	[lʲɪmoˈna:das]
Linse (f)	lę̃šiai (v dgs)	[ˈlʲɛ:ʃɛɪ]
Lorbeerblatt (n)	láuro lãpas (v)	[ˈlʲɑʊrɔ ˈlʲa:pas]
Mais (m)	kukurū̃zas (v)	[kʊkʊˈru:zas]
Mais (m)	kukurū̃zas (v)	[kʊkʊˈru:zas]
Maisflocken (pl)	kukurū̃zų drìbsniai (v dgs)	[kʊkʊˈru:zu: ˈdrʲɪbsnʲɛɪ]
Makrele (f)	skùmbrė (m)	[ˈskʊmbrʲe:]
Mandarine (f)	mandarìnas (v)	[mandaˈrʲɪnas]
Mandel (f)	migdõlas (v)	[mʲɪgˈdo:lʲas]
Mango (f)	mángo (v)	[ˈmangɔ]
Margarine (f)	margarìnas (v)	[margaˈrʲɪnas]
mariniert	marinúotas	[marʲɪˈnʊatas]
Marmelade (f)	džèmas (v)	[ˈdʒʲɛmas]
Marmelade (f)	marmelãdas (v)	[marmʲɛˈlʲa:das]
Mayonnaise (f)	majonèzas (v)	[majɔˈnʲɛzas]
Meeresfrüchte (pl)	jū̃ros gérybės (m dgs)	[ˈju:ros ɡʲeːˈrʲiː:bʲe:s]
Meerrettich (m)	krienaĩ (v dgs)	[krʲiɛˈnʌɪ]
Mehl (n)	mìltai (v dgs)	[ˈmʲɪlʲtʌɪ]
Melone (f)	meliõnas (v)	[mʲɛˈlʲiɔnas]
Messer (n)	peìlis (v)	[ˈpʲɛɪlʲɪs]
Milch (f)	píenas (v)	[ˈpʲiɛnas]
Milchcocktail (m)	píeniškas kokteìlis (v)	[ˈpʲiɛnʲɪʃkas kokˈtʲɛɪlʲɪs]
Milchkaffee (m)	kavà sù píenu (m)	[kaˈva ˈsʊ ˈpʲiɛnʊ]
Mineralwasser (n)	minerãlinis vanduõ (v)	[mʲɪnʲɛˈra:lʲɪnʲɪs vanˈdʊɑ]
mit Eis	sù ledaĩs	[ˈsʊ lʲɛˈdʌɪs]
mit Gas	gazúotas	[gaˈzʊatas]
mit Kohlensäure	gazúotas	[gaˈzʊatas]
Mittagessen (n)	piẽtūs (v)	[ˈpʲɛ'tu:s]
Moosbeere (f)	spanguolė̃ (m)	[ˈspangʊalʲe:]
Morchel (f)	briedžiùkas (v)	[brʲiɛˈdʒʲʊkas]
Nachtisch (m)	desèrtas (v)	[dʲɛ'sʲɛrtas]

197

Nelke (f)	gvazdìkas (v)	[gvaz'dʲɪkas]
Nudeln (pl)	lãkštiniai (v dgs)	['lʲaːkʃtʲɪnʲɛɪ]
Oliven (pl)	alỹvuogės (m dgs)	[a'lʲiːvʊagʲeːs]
Olivenöl (n)	alỹvuogių aliẽjus (v)	[a'lʲiːvʊagʲuː a'lʲɛjʊs]
Omelett (n)	omlètas (v)	[om'lʲɛtas]
Orangensaft (m)	apelsìnų sùltys (m dgs)	[apʲɛlʲ'sʲɪnʊ: 'sʊlʲtʲiːs]
Papaya (f)	papája (m)	[pa'pa ja]
Paprika (m)	pipìras (v)	[pʲɪ'pʲɪras]
Paprika (m)	pãprika (m)	['pa:prʲɪka]
Pastete (f)	paštètas (v)	[paʃ'tʲɛtas]
Petersilie (f)	petrãžolė (m)	[pʲɛ'tra:ʒolʲe:]
Pfifferling (m)	voveráitė (m)	[vove'rʌɪtʲe:]
Pfirsich (m)	pèrsikas (v)	['pʲɛrsʲɪkas]
Pflanzenöl (n)	augalìnis aliẽjus (v)	[aʊga'lʲɪnʲɪs a'lʲɛjʊs]
Pflaume (f)	slyvà (m)	[slʲi:'va]
Pilz (m)	grỹbas (v)	['grʲi:bas]
Pistazien (pl)	pistãcijos (m dgs)	[pʲɪs'ta:tsʲɪjɔs]
Pizza (f)	picà (m)	[pʲɪ'tsa]
Portion (f)	pòrcija (m)	['portsʲɪjɛ]
Preiselbeere (f)	brùknės (m dgs)	['brʊknʲe:s]
Protein (n)	baltymaĩ (v dgs)	[balʲtʲi:'mʌɪ]
Pudding (m)	pùdingas (v)	['pʊdʲɪngas]
Pulverkaffee (m)	tirpì kavà (m)	[tʲɪr'pʲɪ ka'va]
Pute (f)	kalakutíena (m)	[kalʲaku'tʲiɛna]
Räucherschinken (m)	kum̃pis (v)	['kʊmpʲɪs]
Rübe (f)	moliū̃gas (v)	[mo'lʲu:gas]
Radieschen (n)	ridìkas (v)	[rʲɪ'dʲɪkas]
Rechnung (f)	sąskaita (m)	['sa:skʌɪta]
Reis (m)	rỹžiai (v)	['rʲi:ʒʲɛɪ]
Rezept (n)	recèptas (v)	[rʲɛ'tsʲɛptas]
Rindfleisch (n)	jáutiena (m)	['jaʊtʲiɛna]
Roggen (m)	rugiaĩ (v dgs)	[rʊ'gʲɛɪ]
Rosenkohl (m)	briùselio kopū̃stas (v)	['brʲʊsʲɛlʲɔ ko'pu:stas]
Rosinen (pl)	razìnos (m dgs)	[ra'zʲɪnos]
Rote Bete (f)	ruñkelis, burõkas (v)	['rʊŋkʲɛlʲɪs], [bʊ'ro:kas]
rote Johannisbeere (f)	raudoníeji serbeñtai (v dgs)	[raʊdo'nʲɛjɪ sʲɛr'bʲɛntʌɪ]
roter Pfeffer (m)	raudoníeji pipìrai (v)	[raʊdo'nʲɛjɪ pʲɪ'pʲɪrʌɪ]
Rotkappe (f)	raudonvìršis (v)	[raʊdon'vʲɪrʃʲɪs]
Rotwein (m)	raudónas vỹnas (v)	[raʊ'donas 'vʲi:nas]
Rum (m)	ròmas (v)	['romas]
süß	saldùs	[salʲ'dʊs]
Süßkirsche (f)	trẽšnė (m)	['træʃnʲe:]
Safran (m)	šafrãnas (v)	[ʃaf'ra:nas]
Saft (m)	sùltys (m dgs)	['sʊlʲtʲiːs]
Sahne (f)	grietinė̃lė (m)	[grʲiɛtʲɪ'nʲe:lʲe:]
Salat (m)	salõtos (m)	[sa'lʲo:tos]
Salz (n)	druskà (m)	[drʊs'ka]
salzig	sūrùs	[su:'rʊs]
Sardine (f)	sardìnė (m)	[sar'dʲɪnʲe:]
Sauerkirsche (f)	vyšnià (m)	[vʲi:ʃnʲæ]
saure Sahne (f)	grietinė̀ (m)	[grʲiɛ'tʲɪnʲe:]
Schale (f)	lúoba (m)	['lʲʊaba]

Scheibchen (n)	griežinỹs (v)	[grʲiɛʒɪˈrʲnʲiːs]
Schinken (m)	kumpis (v)	[ˈkumpʲɪs]
Schinkenspeck (m)	bekonas (v)	[bʲɛˈkonas]
Schokolade (f)	šokoladas (v)	[ʃokoˈlʲaːdas]
Schokoladen-	šokoladinis	[ʃokoˈlʲaːdʲɪnʲɪs]
Scholle (f)	plėkšnė (m)	[ˈplʲækʃnʲeː]
schwarze Johannisbeere (f)	juodieji serbentai (v dgs)	[juɑˈdʲiɛjɪ sʲɛrˈbʲɛntʌɪ]
schwarzer Kaffee (m)	juoda kava (m)	[juɑˈda kaˈva]
schwarzer Pfeffer (m)	juodieji pipirai (v)	[juɑˈdʲiɛjɪ pʲɪˈpʲɪrʌɪ]
schwarzer Tee (m)	juoda arbata (m)	[juɑˈda arbaˈta]
Schweinefleisch (n)	kiauliena (m)	[kʲɛʊˈlʲiɛna]
Sellerie (m)	salieras (v)	[saˈlʲɛras]
Senf (m)	garstyčios (v)	[garˈstʲiːtʃʲos]
Sesam (m)	sezamas (v)	[sʲɛˈzaːmas]
Soße (f)	padažas (v)	[ˈpa:daʒas]
Sojabohne (f)	soja (m)	[soːˈjɛ]
Sonnenblumenöl (n)	saulėgrąžų aliejus (v)	[sɑʊˈlʲeːgraːʒuː aˈlʲɛjʊs]
Spaghetti (pl)	spagečiai (v dgs)	[spaˈgʲɛtʂʲɛɪ]
Spargel (m)	smidras (v)	[ˈsmʲɪdras]
Speisekarte (f)	meniu (v)	[mʲɛˈnʲʊ]
Spiegelei (n)	kiaušinienė (m)	[kʲɛʊʃʲɪˈnʲɛnʲeː]
Spinat (m)	špinatas (v)	[ʃpʲɪˈna:tas]
Spirituosen (pl)	alkoholiniai gėrimai (v dgs)	[alʲkoˈyolʲɪnʲɛɪ ˈgʲeːrʲɪmʌɪ]
Störfleisch (n)	eršketiena (m)	[ɛrʃkʲɛˈtʲiɛna]
Stück (n)	gabalas (v)	[ˈga:balʲas]
Stachelbeere (f)	agrastas (v)	[agˈra:stas]
Steinpilz (m)	baravykas (v)	[baraˈvʲiːkas]
still	be gazo	[ˈbʲɛ ˈga:zɔ]
Suppe (f)	sriuba (m)	[srʲʊˈba]
Täubling (m)	ūmėdė (m)	[uːmʲeːˈdʲeː]
Tasse (f)	puodukas (v)	[pʊɑˈdʊkas]
Tee (m)	arbata (m)	[arbaˈta]
Teelöffel (m)	arbatinis šaukštelis (v)	[arˈba:tʲɪnʲɪs ʃɑʊkʃˈtʲælʲɪs]
Teigwaren (pl)	makaronai (v dgs)	[makaˈroːnʌɪ]
Teller (m)	lėkštė (m)	[lʲeːkʃˈtʲeː]
tiefgekühlt	šaldytas	[ˈʃalʲdʲiːtas]
Tomate (f)	pomidoras (v)	[pomʲɪˈdoras]
Tomatensaft (m)	pomidorų sultys (m dgs)	[pomʲɪˈdoru: ˈsʊlʲtʲiːs]
Torte (f)	tortas (v)	[ˈtortas]
Trinkgeld (n)	arbatpinigiai (v dgs)	[arˈba:tpʲɪnʲɪgʲɛɪ]
Trinkwasser (n)	geriamas vanduo (v)	[ˈgʲærʲæmas vanˈdʊɑ]
Tunfisch (m)	tunas (v)	[ˈtʊnas]
Untertasse (f)	lėkštelė (m)	[lʲeːkʃˈtʲælʲe:]
Vegetarier (m)	vegetaras (v)	[vʲɛgʲɛˈta:ras]
vegetarisch	vegetariškas	[vʲɛgʲɛˈta:rʲɪʃkas]
Vitamin (n)	vitaminas (v)	[vʲɪtaˈmʲɪnas]
Vorspeise (f)	užkandis (v)	[ˈʊʒkandʲɪs]
Würstchen (n)	dešrėlė (m)	[dʲɛʃˈrʲælʲe:]
Waffeln (pl)	vafliai (v dgs)	[ˈva:flʲɛɪ]
Walderdbeere (f)	žemuogės (m dgs)	[ˈʒʲæmuɑgʲeːs]
Walnuss (f)	graikinis riešutas (v)	[ˈgrʌɪkʲɪnʲɪs ˈrʲiɛʃʊtas]

Wasser (n)	vanduõ (v)	[van'dʊɑ]
Wasserglas (n)	stìklas (v)	['stʲɪklʲas]
Wassermelone (f)	arbūzas (v)	[ar'bu:zas]
weiße Bohne (f)	pupēlės (m dgs)	[pʊ'pʲælʲe:s]
Weißwein (m)	báltas vȳnas (v)	['balʲtas 'vʲi:nas]
Wein (m)	vȳnas (v)	['vʲi:nas]
Weinglas (n)	taurė̃ (m)	[taʊ'rʲe:]
Weinkarte (f)	vȳnų žemélapis (v)	['vʲi:nu: ʒe'mʲe:lʲapʲɪs]
Weintrauben (pl)	vȳnuogės (m dgs)	['vʲi:nʊɑgʲe:s]
Weizen (m)	kviečiaĩ (v dgs)	[kvʲiɛ'tʂʲɛɪ]
Wels (m)	šãmas (v)	['ʃa:mas]
Wermut (m)	vèrmutas (v)	['vʲɛrmʊtas]
Whisky (m)	vìskis (v)	['vʲɪskʲɪs]
Wild (n)	žvėríena (v)	[ʒvʲe:'rʲiɛna]
Wodka (m)	degtìnė (m)	[dʲɛk'tʲɪnʲe:]
Wurst (f)	dešrà (m)	[dʲɛʃ'ra]
Zahnstocher (m)	dantų̃ krapštùkas (v)	[dan'tu: krapʃ'tʊkas]
Zander (m)	star̃kis (v)	['starkʲɪs]
Zimt (m)	cinamònas (v)	[tsʲɪna'monas]
Zitrone (f)	citrinà (m)	[tsʲɪtrʲɪ'na]
Zucchini (f)	agurõtis (v)	[agʊ'ro:tʲɪs]
Zucker (m)	cùkrus (v)	['tsʊkrʊs]
Zunge (f)	liežùvis (v)	[lʲiɛ'ʒʊvʲɪs]
Zwiebel (f)	svogū̃nas (v)	[svo'gu:nas]

česnãkas (v)	[tʃʲɛs'naːkas]	Knoblauch (m)
į́daras (v)	['iːdaras]	Füllung (f)
šáldytas	['ʃalʲdʲiːtas]	tiefgekühlt
šáltas	['ʃalʲtas]	kalt
šáukštas (v)	['ʃɑʊkʃtas]	Löffel (m)
šãmas (v)	['ʃaːmas]	Wels (m)
šafrãnas (v)	[ʃafˈraːnas]	Safran (m)
šakùtė (m)	[ʃa'kʊtʲeː]	Gabel (f)
šampãnas (v)	[ʃam'paːnas]	Champagner (m)
šokolãdas (v)	[ʃoko'lʲaːdas]	Schokolade (f)
šokolãdinis	[ʃoko'lʲaːdʲɪnʲɪs]	Schokoladen-
špinãtas (v)	[ʃpʲɪ'naːtas]	Spinat (m)
šùngrybis (v)	['ʃʊngrʲiːbʲɪs]	Grüner Knollenblätterpilz (m)
šviežiaĩ spáustos sùltys (m dgs)	[ʃvʲɪɛ'ʒʲɛɪ 'spɑʊstos 'sʊlʲtʲiːs]	frisch gepresster Saft (m)
šviesùs alùs (v)	[ʃvʲɪɛ'sʊs a'lʲʊs]	Helles (n)
ūmédė (m)	[uːmʲe'dʲeː]	Täubling (m)
žą̃sinas (v)	['ʒaː-sʲɪnas]	Gans (f)
žalià arbatà (m)	[ʒa'lʲæ arba'ta]	grüner Tee (m)
žalumýnai (v)	[ʒalʲʊ'mʲiːnʌɪ]	grünes Gemüse (pl)
žémuogės (m dgs)	['ʒʲæmʊagʲeːs]	Walderdbeere (f)
žémės riešutaĩ (v)	['ʒʲæmʲeːs rʲɪɛʃʊ'tʌɪ]	Erdnuss (f)
žìrniai (v dgs)	['ʒʲɪrnʲɛɪ]	Erbse (f)
žuvìs (m)	[ʒʊ'vʲɪs]	Fisch (m)
žvėríena (m)	[ʒvʲeː'rʲɪɛna]	Wild (n)
ántis (m)	['antʲɪs]	Ente (f)
áustrė (m)	['ɑʊstrʲeː]	Auster (f)
ãctas (v)	['aːtstas]	Essig (m)
ãvižos (m dgs)	['aːvʲɪʒos]	Hafer (m)
abrikòsas (v)	[abrʲɪ'kosas]	Aprikose (f)
agrãstas (v)	[ag'raːstas]	Stachelbeere (f)
agur̃kas (v)	[a'gʊrkas]	Gurke (f)
agurõtis (v)	[agʊ'roːtʲɪs]	Zucchini (f)
alkohòliniai gérimai (v dgs)	[alʲko'ɣolʲɪnʲɛɪ 'gʲeːrʲɪmʌɪ]	Spirituosen (pl)
alùs (v)	[a'lʲʊs]	Bier (n)
alỹvuogės (m dgs)	[a'lʲiːvʊagʲeːs]	Oliven (pl)
alỹvuogių aliẽjus (v)	[a'lʲiːvʊagʲʊ a'lʲɛjʊs]	Olivenöl (n)
ananãsas (v)	[ana'naːsas]	Ananas (f)
angliãvandeniai (v dgs)	[an'glʲæævandʲɛnʲɛɪ]	Kohlenhydrat (n)
anýžius (v)	[a'nʲiːʒʊs]	Anis (m)
apelsìnų sùltys (m dgs)	[apʲɛlʲ'sʲɪnu: 'sʊlʲtʲiːs]	Orangensaft (m)
apelsìnas (v)	[apʲɛlʲ'sʲɪnas]	Apfelsine (f)
aperitỹvas (v)	[apʲɛrʲɪ'tʲiːvas]	Aperitif (m)

apetitas (v)	[apʲɛ'tʲɪtas]	Appetit (m)
arbūzas (v)	[arˈbu:zas]	Wassermelone (f)
arbatinis šaukštelis (v)	[arˈbaːtʲɪnʲɪs ʃɑʊkʃˈtʲælʲɪs]	Teelöffel (m)
arbatpinigiai (v dgs)	[arˈbaːtpʲɪnʲɪgʲɛɪ]	Trinkgeld (n)
arbata (m)	[arbaˈta]	Tee (m)
artišokas (v)	[artʲɪˈʃokas]	Artischocke (f)
atidarytuvas (v)	[atʲɪdarʲiːˈtʊvas]	Flaschenöffner (m)
augalinis aliejus (v)	[ɑʊɡalʲɪnʲɪs aˈlʲɛjʊs]	Pflanzenöl (n)
aviena (m)	[aˈvʲiɛna]	Hammelfleisch (n)
avietė (m)	[aˈvʲɛtʲe:]	Himbeere (f)
avokadas (v)	[avoˈkadas]	Avocado (f)
baltas vynas (v)	['balʲtas ˈvʲi:nas]	Weißwein (m)
baltymas (v)	['balʲtʲi:mas]	Eiweiß (n)
barmenas (v)	['barmʲɛnas]	Barmixer (m)
baras (v)	['ba:ras]	Bar (f)
baklažanas (v)	[baklʲaˈʒa:nas]	Aubergine (f)
baltymai (v dgs)	[balʲtʲi:ˈmʌɪ]	Protein (n)
bananas (v)	[baˈna:nas]	Banane (f)
baravykas (v)	[baraˈvʲi:kas]	Steinpilz (m)
bazilikas (v)	[baˈzʲɪlʲɪkas]	Basilikum (n)
be gazo	['bʲɛ 'ga:zɔ]	still
bekonas (v)	[bʲɛˈkonas]	Schinkenspeck (m)
bifšteksas (v)	[bʲɪfʃtʲɛksas]	Beefsteak (n)
braškė (m)	['bra:ʃkʲe:]	Erdbeere (f)
briedžiukas (v)	[brʲɛˈdʒʲʊkas]	Morchel (f)
briuselio kopūstas (v)	['brʲʊsʲɛlʲɔ koˈpu:stas]	Rosenkohl (m)
brokolių kopūstas (v)	['brokolʲʊ: koˈpu:stas]	Brokkoli (m)
bruknės (m dgs)	['brʊknʲe:s]	Preiselbeere (f)
bulvė (m)	['bulʲvʲe:]	Kartoffel (f)
bulvių košė (m)	['bulʲvʲʊ: 'koːʃe:]	Kartoffelpüree (n)
cinamonas (v)	[tsʲɪnaˈmonas]	Zimt (m)
citrina (m)	[tsʲɪtrʲɪˈna]	Zitrone (f)
cukrus (v)	['tsʊkrʊs]	Zucker (m)
džemas (v)	['dʒʲɛmas]	Marmelade (f)
džinas (v)	['dʒʲɪnas]	Gin (m)
džiovintas	[dʒʲoˈvʲɪntas]	getrocknet
dantų krapštukas (v)	[danˈtu: krapʃˈtʊkas]	Zahnstocher (m)
daržovės (m dgs)	[darˈʒovʲe:s]	Gemüse (n)
datulė (m)	[daˈtulʲe:]	Dattel (f)
dešra (m)	[dʲɛʃˈra]	Wurst (f)
dešrelė (m)	[dʲɛʃrʲæˈlʲe:]	Würstchen (n)
degtinė (m)	[dʲɛkˈtʲɪnʲe:]	Wodka (m)
desertas (v)	[dʲɛ'sʲɛrtas]	Nachtisch (m)
dieta (m)	[dʲiɛˈta]	Diät (f)
druska (m)	[drʊsˈka]	Salz (n)
duona (m)	['dʊɑna]	Brot (n)
ešerys (v)	[ɛʃɛˈrʲi:s]	Barsch (m)
eršketiena (m)	[ɛrʃkʲɛˈtʲiɛna]	Störfleisch (n)
faršas (v)	['farʃas]	Hackfleisch (n)
figa (m)	[fʲɪˈga]	Feige (f)
gabalas (v)	['ga:balʲas]	Stück (n)
gaivusis gėrimas (v)	[gʌɪ'vʊsʲɪs 'gʲe:rʲɪmas]	Erfrischungsgetränk (n)

garnȳras (v)	[gar'nʲiːras]	Beilage (f)
garstýčios (v)	[gar'stʲiːtʂʲos]	Senf (m)
gazúotas	[ga'zuɑtas]	mit Kohlensäure
gazúotas	[ga'zuɑtas]	mit Gas
gérvuogės (m dgs)	['gʲɛrvuagʲeːs]	Brombeere (f)
gėriamas vanduõ (v)	['gʲærʲæmas van'duɑ]	Trinkwasser (n)
Gẽro apetìto!	['gʲærɔ apʲɛ'tʲɪtɔ!]	Guten Appetit!
grū́das (v)	['gruːdas]	Getreide (n)
grūdìnės kultū́ros (m dgs)	[gruːˈdʲɪnʲeːs kʊlʲiʲ'tuːros]	Getreidepflanzen (pl)
graĩkinis ríešutas (v)	['grʌɪkʲɪnʲɪs 'rʲiɛʃutas]	Walnuss (f)
granãtas (v)	[gra'naːtas]	Granatapfel (m)
greĩpfrutas (v)	['grʲɛɪpfrutas]	Grapefruit (f)
grìkiai (v dgs)	['grʲɪkʲɛɪ]	Buchweizen (m)
griežinỹs (v)	[grʲiɛʒʲɪ'nʲiːs]	Scheibchen (n)
grietìnė (m)	[grʲiɛ'tʲɪnʲeː]	saure Sahne (f)
grietinėlė (m)	[grʲiɛtʲɪ'nʲeːlʲeː]	Sahne (f)
grỹbas (v)	['grʲiːbas]	Pilz (m)
gvazdìkas (v)	[gvaz'dʲɪkas]	Nelke (f)
ìkrai (v dgs)	['ɪkrʌɪ]	Kaviar (m)
ìmbieras (v)	['ɪmbʲiɛras]	Ingwer (m)
jū́ros gérybės (m dgs)	['juːros gʲeː'rʲiːbʲeːs]	Meeresfrüchte (pl)
jáutiena (m)	['jɑutʲiɛna]	Rindfleisch (n)
jogùrtas (v)	[jɔ'gurtas]	Joghurt (m, f)
juodà arbatà (m)	[juɑ'da arba'ta]	schwarzer Tee (m)
juodà kavà (m)	[juɑ'da ka'va]	schwarzer Kaffee (m)
juodíeji pipìrai (v)	[juɑ'dʲiɛɪ pʲɪ'pʲɪrʌɪ]	schwarzer Pfeffer (m)
juodíeji serbeñtai (v dgs)	[juɑ'dʲiɛɪ sʲɛr'bʲɛntʌɪ]	schwarze Johannisbeere (f)
kárštas	['karʃtas]	heiß
kárpis (v)	['karpʲɪs]	Karpfen (m)
kalafiòras (v)	[kalʲa'fʲoras]	Blumenkohl (m)
kalakutíena (m)	[kalʲakuʲ'tʲiɛna]	Pute (f)
kaléndra (m)	[ka'lʲɛndra]	Koriander (m)
kalmãras (v)	[kalʲ'maːras]	Kalmar (m)
kalòrija (m)	[ka'lʲorʲijɛ]	Kalorie (f)
kamščiãtraukis (v)	[kamʲtʂʲæːtrɑukʲɪs]	Korkenzieher (m)
kapučìno kavà (m)	[kapu'tʂɪnɔ ka'va]	Cappuccino (m)
kar̃šis (v)	['karʃɪs]	Brachse (f)
kartùs	[kar'tus]	bitter
kavà (m)	[ka'va]	Kaffee (m)
kavà sù píenu (m)	[ka'va 'su 'pʲiɛnʊ]	Milchkaffee (m)
kėpenys (m dgs)	[kʲɛpe'nʲiːs]	Leber (f)
kẽptas	['kʲæptas]	gebraten
kìvis (v)	['kʲɪvʲɪs]	Kiwi, Kiwifrucht (f)
kiaušìniai (v dgs)	[kʲɛʊ'ʃɪnʲɛɪ]	Eier (pl)
kiaušìnis (v)	[kʲɛʊ'ʃɪnʲɪs]	Ei (n)
kiaušinìenė (m)	[kʲɛʊʃɪ'nʲɛnʲeː]	Spiegelei (n)
kiaulíena (m)	[kʲɛʊ'lʲiɛna]	Schweinefleisch (n)
kmỹnai (v)	['kmʲiːnʌɪ]	Kümmel (m)
kòkoso ríešutas (v)	['kokoso 'rʲiɛʃutas]	Kokosnuss (f)
kõšė (m)	['koːʃeː]	Brei (m)
kokteĩlis (v)	[kɔk'tʲɛɪlʲɪs]	Cocktail (m)

konditèrijos gaminiaĩ (v)	[kɔndʲɪ'tʲɛrʲɪjɔs gamʲɪ'nʲɛɪ]	Konditorwaren (pl)
konjãkas (v)	[kɔnʲja:kas]	Kognak (m)
konsèrvų atidarytùvas (v)	[kɔnʲsʲɛrvu: atʲɪdarʲiːˈtʊvas]	Dosenöffner (m)
konsèrvai (v dgs)	[kɔnʲsʲɛrvʌɪ]	Konserven (pl)
kopũstas (v)	[kɔˈpuːstas]	Kohl (m)
krãbas (v)	['kra:bas]	Krabbe (f)
krãpas (v)	['kra:pas]	Dill (m)
kram̃tomoji gumà (m)	[kramtoˈmojɪ gʊˈma]	Kaugummi (m, n)
krèmas (v)	['krʲɛmas]	Buttercreme (f)
krevètė (m)	[krʲɛ'vʲɛtʲeː]	Garnele (f)
kriáušė (m)	['krʲæʊʃeː]	Birne (f)
krienaĩ (v dgs)	[krʲiɛ'nʌɪ]	Meerrettich (m)
kruõpos (m dgs)	['krʊɑpɔs]	Grütze (f)
kukurū̃zų drìbsniai (v dgs)	[kʊkuˈruːzu: 'drʲɪbsnʲɛɪ]	Maisflocken (pl)
kukurū̃zas (v)	[kʊkuˈruːzas]	Mais (m)
kukurū̃zas (v)	[kʊkuˈruːzas]	Mais (m)
kum̃pis (v)	['kʊmpʲɪs]	Schinken (m)
kum̃pis (v)	['kʊmpʲɪs]	Räucherschinken (m)
kviečiaĩ (v dgs)	[kvʲiɛ'tʂʲɛɪ]	Weizen (m)
lėkštė̃ (m)	[lʲeːkʃʲtʲeː]	Teller (m)
lėkštėlė̃ (m)	[lʲeːkʃʲtʲælʲeː]	Untertasse (f)
lę̃šiai (v dgs)	['lʲɛ:ʃɛɪ]	Linse (f)
lašišà (m)	[lʲaʃɪʃʲa]	Lachs (m)
lašišà (m)	[lʲaʃɪʃʲa]	atlantische Lachs (m)
láuro lãpas (v)	['lʲɑʊrɔ 'lʲa:pas]	Lorbeerblatt (n)
lãkštiniai (v dgs)	['lʲa:kʃʲtʲɪnʲɛɪ]	Nudeln (pl)
langùstas (v)	[lʲanˈgʊstas]	Languste (f)
lẽdas (v)	['lʲædas]	Eis (n)
lẽpšis (v)	['lʲæpʃʲɪs]	Birkenpilz (m)
ledaĩ (v dgs)	[lʲɛ'dʌɪ]	Eis (n)
lìkeris (v)	['lʲɪkʲɛrʲɪs]	Likör (m)
liežùvis (v)	[lʲiɛ'ʒʊvʲɪs]	Zunge (f)
limonãdas (v)	[lʲɪmo'na:das]	Limonade (f)
lúoba (m)	['lʲʊɑba]	Schale (f)
lydekà (m)	[lʲi:dʲɛ'ka]	Hecht (m)
mėlỹnės (m dgs)	[mʲeː'lʲiːnʲeːs]	Heidelbeere (f)
mėsà (m)	[mʲeː'sa]	Fleisch (n)
mėsaĩnis (v)	[mʲeː'sʌɪnʲɪs]	Hamburger (m)
mángo (v)	['mangɔ]	Mango (f)
majonèzas (v)	[majo'nʲɛzas]	Mayonnaise (f)
makarõnai (v dgs)	[maka'ro:nʌɪ]	Teigwaren (pl)
mandarìnas (v)	[manda'rʲɪnas]	Mandarine (f)
margarìnas (v)	[marga'rʲɪnas]	Margarine (f)
marinúotas	[marʲɪ'nʊatas]	mariniert
marmelãdas (v)	[marmʲɛ'lʲa:das]	Marmelade (f)
menkė̃ (m)	['mʲɛnkʲeː]	Dorsch (m)
medùs (v)	[mʲɛ'dʊs]	Honig (m)
meliònas (v)	[mʲɛ'lʲonas]	Melone (f)
meniù (v)	[mʲɛ'nʲʊ]	Speisekarte (f)
mìltai (v dgs)	['mʲɪlʲtʌɪ]	Mehl (n)
miẽžiai (v dgs)	['mʲɛʒʲɛɪ]	Gerste (f)
migdõlas (v)	[mʲɪg'do:lʲas]	Mandel (f)

mineralinis vanduõ (v)	[mʲɪnʲɛ'ra:lʲɪnʲɪs van'dʊɑ]	Mineralwasser (n)
moliũgas (v)	[mo'lʲu:gas]	Rübe (f)
morka (m)	[mor'ka]	Karotte (f)
musmirė (m)	['mʊsmʲɪrʲe:]	Fliegenpilz (m)
nealkoholonis	[nʲɛalʲko'ɣolonʲɪs]	alkoholfrei
nealkoholonis gėrimas (v)	[nʲɛalʲko'ɣolonʲɪs 'gʲe:rʲɪmas]	alkoholfreies Getränk (n)
nuodìngas grỹbas (v)	[nʊɑ'dʲɪngas 'grʲi:bas]	Giftpilz (m)
ōtas (v)	['o:tas]	Heilbutt (m)
obuolỹs (v)	[obʊɑ'lʲi:s]	Apfel (m)
omletas (v)	[om'lʲɛtas]	Omelett (n)
paštetas (v)	[paʃ'tʲɛtas]	Pastete (f)
pādažas (v)	['pa:daʒas]	Soße (f)
pāprika (m)	['pa:prʲɪka]	Paprika (m)
pātiekalas (v)	['pa:tʲiɛkalʲas]	Gericht (n)
padavéja (m)	[pada'vʲe:ja]	Kellnerin (f)
padavéjas (v)	[pada'vʲe:jas]	Kellner (m)
papája (m)	[pa'pa ja]	Papaya (f)
persikas (v)	['pʲɛrsʲɪkas]	Pfirsich (m)
peĩlis (v)	['pʲɛɪlʲɪs]	Messer (n)
petrāžolė (m)	[pʲɛ'tra:ʒolʲe:]	Petersilie (f)
píenas (v)	['pʲiɛnas]	Milch (f)
píeniškas kokteĩlis (v)	['pʲiɛnʲɪʃkas kok'tʲɛɪlʲɪs]	Milchcocktail (m)
picà (m)	[pʲɪ'tsa]	Pizza (f)
piētūs (v)	['pʲɛ'tu:s]	Mittagessen (n)
pipìras (v)	[pʲɪ'pʲɪras]	Paprika (m)
pistācijos (m dgs)	[pʲɪs'ta:tsʲɪjos]	Pistazien (pl)
plēkšnė (m)	['plʲæːkʃnʲe:]	Scholle (f)
porcija (m)	['portsʲɪjɛ]	Portion (f)
pomidorų sùltys (m dgs)	[pomʲɪ'doru: 'sʊlʲtʲi:s]	Tomatensaft (m)
pomidòras (v)	[pomʲɪ'doras]	Tomate (f)
príeskonis (v)	['prʲiɛskonʲɪs]	Gewürz (n)
príeskonis (v)	['prʲiɛskonʲɪs]	Gewürz (n)
príeskonis (v)	['prʲiɛskonʲɪs]	Beigeschmack (m)
pùdingas (v)	['pʊdʲɪngas]	Pudding (m)
pùpos (m dgs)	['pʊpos]	Bohnen (pl)
pusryčiai (v dgs)	['pʊsrʲi:tʃʲɛɪ]	Frühstück (n)
puodùkas (v)	[pʊɑ'dʊkas]	Tasse (f)
pupēlės (m dgs)	[pʊ'pʲæːlʲe:s]	weiße Bohne (f)
pyrāgas (v)	[pʲi:'ra:gas]	Kuchen (m)
pyragáitis (v)	[pʲi:ra'gʌɪtʲɪs]	Kuchen (m)
rūkỹtas	[ru:'kʲi:tas]	geräuchert
raudónas vỹnas (v)	[rɑʊ'donas 'vʲi:nas]	Rotwein (m)
raudoníeji pipìrai (v)	[rɑʊdo'nʲiɛjɪ pʲɪ'pʲɪrʌɪ]	roter Pfeffer (m)
raudoníeji serbeñtai (v dgs)	[rɑʊdo'nʲiɛjɪ sʲɛr'bʲɛntʌɪ]	rote Johannisbeere (f)
raudonvìršis (v)	[rɑʊdon'vʲɪrʃɪs]	Rotkappe (f)
razìnos (m dgs)	[ra'zʲɪnos]	Rosinen (pl)
receptas (v)	[rʲɛ'tsʲɛptas]	Rezept (n)
ríešutas (v)	['rʲiɛʃʊtas]	Haselnuss (f)
ridìkas (v)	[rʲɪ'dʲɪkas]	Radieschen (n)
riebalaĩ (v dgs)	[rʲiɛba'lʲʌɪ]	Fett (n)
ròmas (v)	['romas]	Rum (m)

rópė (m)	['rop⁣e:]	Kürbis (m)
rugiaĩ (v dgs)	[rʊ'gⁱɛɪ]	Roggen (m)
ruñkelis, burõkas (v)	['rʊŋkⁱɛlⁱɪs], [bʊ'ro:kas]	Rote Bete (f)
rȳžiai (v)	['rⁱi:ʒⁱɛɪ]	Reis (m)
ryklȳs (v)	[rⁱɪk'lⁱi:s]	Hai (m)
sąskaita (m)	['sa:skʌɪta]	Rechnung (f)
sūris (v)	['su:rⁱɪs]	Käse (m)
sūrùs	[su:'rʊs]	salzig
saldaĩnis (v)	[salⁱ'dʌⁱɪnⁱɪs]	Bonbon (m, n)
saldùs	[salⁱ'dʊs]	süß
saliẽras (v)	[sa'lⁱɛras]	Sellerie (m)
salõta (m)	[sa'lⁱo:ta]	Kopf Salat (m)
salõtos (m)	[sa'lⁱo:tos]	Salat (m)
sardinė (m)	[sar'dⁱɪnⁱe:]	Sardine (f)
saulégrąžų aliẽjus (v)	[sɑʊ'lⁱe:gra:ʒu: a'lⁱɛjʊs]	Sonnenblumenöl (n)
sausaĩniai (v)	[sɑʊ'sʌɪnⁱɛɪ]	Keks (m, n)
sezãmas (v)	[sⁱɛ'za:mas]	Sesam (m)
sìlkė (m)	['sⁱɪlkⁱe:]	Hering (m)
skanùs	[ska'nʊs]	lecker
skõnis (v)	['sko:nⁱɪs]	Geschmack (m)
skùmbrė (m)	['skʊmbrⁱe:]	Makrele (f)
slyvà (m)	[slⁱi:'va]	Pflaume (f)
smìdras (v)	['smⁱɪdras]	Spargel (m)
sóra (m)	['sora]	Hirse (f)
sojà (m)	[so:'jɛ]	Sojabohne (f)
spagečiai (v dgs)	[spa'gⁱɛtʂⁱɛɪ]	Spaghetti (pl)
spanguolė (m)	['spaŋgʊalⁱe:]	Moosbeere (f)
sriubà (m)	[srⁱʊ'ba]	Suppe (f)
starkis (v)	['starkⁱɪs]	Zander (m)
stìklas (v)	['stⁱɪklⁱas]	Wasserglas (n)
sù ledaìs	['sʊ lⁱɛ'dʌɪs]	mit Eis
sùltys (m dgs)	['sʊlⁱtⁱi:s]	Saft (m)
sultinȳs (v)	[sʊlⁱtⁱɪ'nⁱi:s]	Brühe (f), Bouillon (f)
sumuštìnis (v)	[sʊmʊʃ'tⁱɪnⁱɪs]	belegtes Brot (n)
sutírštintas píenas (v)	[sʊ'tⁱɪrʃtⁱɪntas 'pⁱɛnas]	Kondensmilch (f)
svíestas (v)	['svⁱɛstas]	Butter (m)
svogūnas (v)	[svo'gu:nas]	Zwiebel (f)
tamsùs alùs (v)	[tam'sʊs a'lⁱʊs]	Dunkelbier (n)
taurė̃ (m)	[tɑʊ'rⁱe:]	Weinglas (n)
tirpì kavà (m)	[tⁱɪr'pⁱɪ ka'va]	Pulverkaffee (m)
tòrtas (v)	['tortas]	Torte (f)
trẽšnė (m)	['trⁱæʃnⁱe:]	Süßkirsche (f)
triùšis (v)	['trⁱʊʃɪs]	Kaninchenfleisch (n)
trupinȳs (v)	[trʊpⁱɪ'nⁱi:s]	Krümel (m)
trynȳs (v)	[trⁱi:'nⁱi:s]	Eigelb (n)
tùnas (v)	['tʊnas]	Tunfisch (m)
ùžkandis (v)	['ʊʒkandⁱɪs]	Vorspeise (f)
úoga (m)	['ʊaga]	Beere (f)
úogos (m dgs)	['ʊagos]	Beeren (pl)
ungurȳs (v)	[ʊŋgʊ'rⁱi:s]	Aal (m)
uogiẽnė (m)	[ʊa'gⁱɛnⁱe:]	Konfitüre (f)
upétakis (v)	[ʊ'pⁱe:takⁱɪs]	Forelle (f)

vėžiãgyviai (v dgs)	[vⁱeː'ʒⁱægⁱiːvⁱɛɪ]	Krebstiere (pl)
válgomas grỹbas (v)	['valⁱgomas 'grⁱiːbas]	essbarer Pilz (m)
válgomasis šáukštas (v)	['valⁱgomasⁱɪs 'ʃɑʊkʃtas]	Esslöffel (m)
várpa (m)	['varpa]	Ähre (f)
vãfliai (v dgs)	['vaːflⁱɛɪ]	Waffeln (pl)
vaĩsiai (v dgs)	['vʌɪsⁱɛɪ]	Früchte (pl)
vaĩsius (v)	['vʌɪsⁱʊs]	Frucht (f)
vakariẽnė (m)	[vaka'rⁱɛnⁱeː]	Abendessen (n)
valˇgis (v)	['valⁱgⁱɪs]	Essen (n)
vanduõ (v)	[van'dʊɑ]	Wasser (n)
vèrmutas (v)	['vⁱɛrmʊtas]	Wermut (m)
vegetãras (v)	[vⁱɛgⁱɛ'taːras]	Vegetarier (m)
vegetãriškas	[vⁱɛgⁱɛ'taːrⁱɪʃkas]	vegetarisch
veršíena (m)	[vⁱɛr'ʃⁱiɛna]	Kalbfleisch (n)
vištà (m)	[vⁱɪʃ'ta]	Hühnerfleisch (n)
vìrtas	['vⁱɪrtas]	gekocht
vìskis (v)	['vⁱɪskⁱɪs]	Whisky (m)
virtùvė (m)	[vⁱɪr'tʊvⁱeː]	Küche (f)
vitamìnas (v)	[vⁱɪta'mⁱɪnas]	Vitamin (n)
voveráitė (m)	[vove'rʌɪtⁱeː]	Pfifferling (m)
vyšnià (m)	[vⁱiː'ʃⁱnⁱæ]	Sauerkirsche (f)
vỹnų žemélapis (v)	['vⁱiːnu: ʒe'mⁱeːlⁱapⁱɪs]	Weinkarte (f)
vỹnas (v)	['vⁱiːnas]	Wein (m)
vỹnuogės (m dgs)	['vⁱiːnʊɑgⁱeːs]	Weintrauben (pl)